阅读推广：理念·方法·案例

赵俊玲　郭腊梅　杨绍志　主编

國家圖書館出版社
National Library of China Publishing House

图书在版编目(CIP)数据

阅读推广:理念·方法·案例/赵俊玲,郭腊梅,杨绍志主编.
--北京:国家图书馆出版社,2013.6(2016.3 重印)

ISBN 978-7-5013-5073-5

Ⅰ.①阅… Ⅱ.①赵… ②郭… ③杨… Ⅲ.①读书活动
Ⅳ.①G252.17

中国版本图书馆 CIP 数据核字(2013)第 103737 号

书　　名　阅读推广:理念·方法·案例
著　　者　赵俊玲　郭腊梅　杨绍志　主编
责任编辑　高　爽　王炳乾

出　　版　国家图书馆出版社(100034　北京市西城区文津街 7 号)
　　　　　(原书目文献出版社　北京图书馆出版社)
发　　行　010-66114536　66126153　66151313　66175620
　　　　　66121706(传真),66126156(门市部)
E-mail　nlcpress@ nlc. cn(邮购)
Website　www. nlcpress. com ——→投稿中心
经　　销　新华书店
印　　装　北京玥实印刷有限公司
版　　次　2013 年 6 月第 1 版　2016 年 3 月第 3 次印刷

开　　本　710 毫米×1000 毫米　1/16
印　　张　17.75
字　　数　320 千字

书　　号　ISBN 978-7-5013-5073-5
定　　价　48.00 元

编 委 会

目　录

一个书香盈邑的现代化都市人文愿景

今年4月23日，是“世界读书日”设立的第19个年头。全民阅读推广工作，作为中国政府和各界有识之士认同并推动的文化惠民举措之一，在以往既发挥了“暗香浮动沁心脾”的精神文明渗透力，又赢得了“红杏枝头春意闹”的媒体关注度，其社会成效颇为显著。

当下的中国，无论是通都，还是大邑，宝车名牌，高楼华厦，乃至城雕街园，绿地红花，举目所及无不呈现出现代化都市的规格和豪派。但作息其间，总是让人感到似乎还欠缺着什么精神文明的元素。想来想去，大概还是缺少了些许风土人情和书香雅气吧。

如果说风土人情是联结千家万户的生活纽带的话，那么，书香雅气则可提振邑人市民的人文精神。书店、书城和图书馆里默默无声的阅览者，博物馆和美术馆中川流不息的参观者，学堂中莘莘学子的琅琅书声，它们所组合和酝酿着的，正是一个城市可持续发展的知识力。

书香盈邑，首先呼唤的是政府对文化公益事业建设的大投入。一个书香型城市，不应该仅仅有地标式的公共图书馆和中心书城，更应该有布局得当的社区阅览室和书、刊、报小卖部；一个书香型城市，应该有阅读爱好者的雅集，阅读爱好者在“书友会”“书香爱好者协会”之类的社团组织中，共同交流好书、老书乃至旧书的阅读观感和心得，弘扬“书香理念”，以浓化社会阅读风气；一个书香型城市的大众传播媒体，还须有一份公益性的导读小杂志，让城市中来往的人唾手可得；一个书香型城市，需要拥有至少一个旧书店或旧物市场，让怀旧的人们在精神上有所寄托；一个书香型城市，应当把城市史上最有名的读书人塑成城雕，让他成为家喻户晓的“读书劝谕使”……总之，一个有人文底蕴、书香氛围的城市，应该让历劫幸存的古迹名胜与现代的文化建树和谐共存。苦难的史实，可以向人们诉说过往的教训；而知识的理性，更能引导人们努力追求未来的光明。

书香盈邑，当然离不开面向公众积极进行阅读推广工作。所以，我在为深圳海天出版社主编的《全民阅读推广手册》和《全民阅读参考读本》的前言中曾经表示，“全民阅读推广”这个概念，首先意味着要倡导“全员阅读”的学风，即社会三百六十行都是阅读推广活动的服务对象；其次，它还意味着“终身阅读”，也就是对于社会个体来说，阅读是一种贯穿人生全过程的学习使命；再次，它对于图书馆、书店来说，还意味着是一种“全品种的读物推广”，要尽量尽力地对各个品种的读物进行导读和推送，使一切图书资源尽可能多和快地实现阅读接受，向社会知识力转化。

书香盈邑，更期待着社会的细胞——家庭对全民阅读推广工作的撑持。多年来我一直在呼吁，有条件的人家不仅要有“机房”（指电脑房），更应建构好自己的“书房”，主人个人要拥有一定数量和质量的“基础性藏书”，建构自己的“读物结构”。

“花香何及书香远，美味怎比诗味长？”家庭书房的文化元素，除了古今中外的经典读物外，还应该有字画和古典样式的家具等文化载体。因为在当今这种日新月异的动感时代，我们要为心灵、为家人保留一个宁静澹泊的地方——在书林中明志，在学海中致远。同时，这也是使自己的孩子养成安静求学、积极求知的良好阅读习性的所在。

我向来认为，一个孩子如能在师长的及时熏陶和指点下，将其天生的多动性和好奇心，转化成为强烈的求知欲，及早培养起爱读书、爱学习的阅读习性，那么，他将来上了学，肯定会是个悦纳知识的好学生；他还会自己跑去图书馆，走进书店，做一个求知若渴的勤奋读者；走向社会人了职，也必然是一个肯钻研业务的“学习型人才”。这种种的“果”，都离不开家庭文化温室的启蒙和培育，离不开学校的文化氛围和素质教育。

而今，无论是花枝招展的群众性广场图书推广活动，还是丰富多彩的阅读节、读书月活动；无论是琳琅满目的名家书目推荐，还是此起彼伏的“图书漂流”节目；无论是冠盖云集的阅读论坛，还是以书会友式的专题研讨……几乎各种能够被聪明人想得出来的阅读推广行动，都被全国各地有关单位做过不止一遍。于是近年来，全民阅读推广工作，日渐表现出激情不足的疲软状态，其可持续性逐渐令人担忧。

他山之石，可以攻玉。在这种形势下，赵俊玲、郭腊梅、杨绍志主编的《阅读推广：理念·方法·案例》一书的问世，无疑义地将为我国阅读推广工作提供新的信息、新的知识和新的智慧。

本书共六章，依次叙述了阅读和阅读推广工作的内涵，以及海外阅读推广活动的基本特点和趋势；介绍了国际图书馆协会联合会（IFLA）、国际阅读学会（IRA）、国际儿童读物联盟（IBBY）三个相关组织的构建和主旨；编译了美国、俄罗斯、德国、加拿大、新加坡、日本、韩国有关部门从事阅读推广的实践经验；叙述了图书馆、幼儿园、民间公益性团体和私人经营的阅读推广组织，面向不同社会群体所开展的业务。尤其是本书所搜集并分析的“读遍美国”、美国“一城一书”导读活动、“2012 澳大利亚国家阅读年”、英国“夏季阅读挑战”等丰富案例，向读者揭示了其筹备、工作程序和活动特点等细节，对于我国阅读界同行来说，很有借鉴性。

总之，本书编者以比较开阔的专业视界，凝聚了海内外阅读推广工作的智慧，对于进一步提升阅读文化的价值观，并为有关各界具体构思、策划、操作和执行全民阅读推广活动，提供了必要的文化创意素材乃至直接的思想启迪。

与本书编者一样，我衷心期待在各界有识之士的共同努力下，一个书香盈邑的现代化都市人文愿景能够逐步转化成为美好的现实生活。

徐　雁

2013 年 3 月 29 日

第一章　阅读和阅读推广

第一节　阅读

一、阅读的含义

阅读之于心灵，犹如运动之于身体，阅读是人类所特有的一种社会活动，是人类认识世界，从而改造世界的重要手段。阿尔维托·曼古埃尔在其著名的《阅读史》中写道："阅读，几乎就如同呼吸一般，是我们的基本功能。"我国自古就有"忠厚传家久，诗书继世长"的民谚。究竟什么是阅读？对于阅读的概念，目前学术界还没有一个大家都认可的定论，但比较有代表性的有以下几种：

"阅读是理解图文、阐释意义、产生共鸣或启迪思想的复杂的脑力活动。"（约翰·凯里）

"阅读乃是从文本中提取意义的过程。"（吉布森）

"阅读是一种从书面语言中获得意义的心理过程。"（《中国大百科全书·教育卷》）

"阅读是一种积极的过程，阅读是读者与文章（或作者）的交流过程，成功的阅读是一个创造过程，读者和阅读材料相互交流创造意义。"（维德森）

"阅读是作为一种特殊的交际方式而存在的社会现象，它是以书面材料作为社会交际的中介。作者—文本—读者是构成一个完整的书面交际过程的三个基本要素。"（徐雁　王余光）

二、阅读主体

阅读主体是指具备阅读能力的人，因其在阅读过程中处于主动的地位，故又称为阅读主体。然而并不是每个人都能够成为阅读主体。李长喜等主编的《中国大学生百科全书》就指出："一个人成为阅读主体应该具有三方面的条件：一是有阅读欲望；二是具备一定阅读能力；三是从事阅读活动。三者兼备，才是真正意义上的阅读主体。”

1. 阅读动机

阅读动机是指由与阅读有关的目标所引导、激发和维持的个体阅读活动的内在心理活动和内部动力过程。Elkin、Train、Eenham 等人认为阅读动机包括愉悦、减缓紧张、交流、增强社会意识、获取关于生活的教育与信息。这些动机受时间、地点、情绪、记忆、经验、愿望、读书兴趣的影响。因此，阅读可以被看做是一项活动，它被读者的许多内在变量影响。

2. 阅读能力

笔者认为阅读能力包括以下 4 个方面：

(1)选择文献的能力

阅读的第一步是要有适合自己的读物，因此选择文献（读物）的能力是阅读能力的基础。

(2)理解内容的能力

读者的阅读活动能否收到预期的效果，最基本的要求是读者能真正地懂得文献，能准确地理解并掌握文献的中心内容，能深入准确地领会文献的精神实质。一般地说，读者理解文献内容的能力的高低，无不与读者原有知识储备的广度和深度相联系。读者的知识基础越扎实，其理解能力就越强，阅读效果就越好。而理解能力的训练，理解能力的提高，有赖于反复的阅读实践活动。

(3)阐释能力

在理解的基础上，一个好的阅读者能够将他阅读的内容以一种适合的方式阐释出来，这实际上涉及对内容的选择性吸收和表达能力。

(4)批判分析创新能力

作为一个读者，应该具备分析、推理、想象、思考和判断的能力。这些技能的缺失将会影响阅读内容的理解。

阅读能力包括 4 个方面，因此我们进行阅读推广时不能单纯提升读者的阅读理解能力，同时要关注读者的选择能力、阐释能力和批判性分析创新能力。

第二节　阅读推广

关于阅读推广，国内外并没有特别明确的定义，Cruz 曾经提出“阅读推广就是激发人们对阅读的热爱”。有人提出阅读推广和图书推广是不同的概念,阅读推广更加强调阅读的乐趣。Glasshoff 认为,阅读推广的目的在于使读者更好地阅读,推广个人阅读经验,发觉阅读的快乐之处,因此,阅读推广也可以看做是书籍推广、读者推广、阅读意识的推广,但其最终目的是相同的,即推广阅读。

笔者认为要理解阅读推广,必须从 4 个方面进行解释,即阅读推广主体、阅读推广客体、阅读推广对象、阅读推广方式,也就是说谁来推广、推广什么、向谁推广和如何推广的问题。

阅读推广主体是特定阅读推广项目的策划者、组织者、实施者和管理者。由于各自职能、拥有资源、所处角色不同,所启动的阅读推广项目的目的不同,推广主体的特点和职能也有所区别。

阅读推广客体是指要推广什么,笔者认为阅读推广的客体应该是阅读读物、阅读能力和阅读兴趣三者的结合。

阅读推广对象即阅读推广项目的目标群体,每一项阅读推广项目必须清楚地分析其推广对象的需求、目的,从而有针对性地策划主题、推广符合其目标群体特点的阅读活动,使受众需求达到最大限度的满足。

阅读推广方式是指采用哪种方式、策略向特定目标群体进行推广。曾经有学者将阅读推广策略主要分成两大类,一是以阅读读物为中心,一是以读者发展为中心。

在这四方面中,阅读推广对象是阅读推广的核心。阅读客体和阅读推广方式都要围绕推广对象展开,不同的目标群体,其阅读推广的读物选择、阅读推广的侧重点都会有所区别。下面就结合这四方面对国际阅读推广现状及趋势进行深入分析。

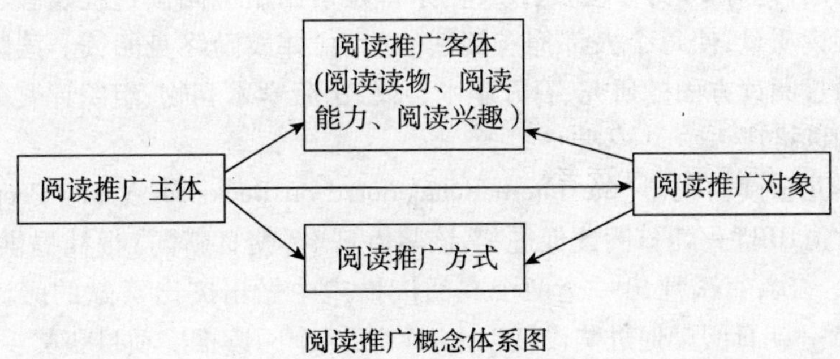

阅读推广概念体系图

第三节　国际阅读推广特点和趋势

一、阅读推广主体分析

通过对国际范围内阅读推广主体的分析，发现推广主体呈现以下特点：

1. 推广主体多元化

从国际上看，推广主体多样，从国际组织，到各国政府、图书馆界、出版界、非营利机构、教育机构、医疗领域、大众传媒等均推出了相应的阅读推广项目。

(1)国际组织的阅读推广

联合国教科文组织(United Nations Educational, Scientific and cultural Organization, 简称 UNESCO)倡导了多项包含阅读推广的活动，如1972年提出的"国际图书十年"(1970—1980: International Book Decade), 1982年提出的"走向阅读社会——八十年的目标"(Towards Reading Society: Targets for the 1980s), 1992年提出的"全民阅读"(Reading for all)。

国际图书馆联合会(International Federation of Library Associations and Institutions, 简称 IFLA)一直致力于提升民众的阅读素养，成立了阅读和素养分委员会，专门致力于素养和阅读方面的研究和实践的推广，制定了《基于图书馆的素养项目指南》(Guidelines for Library-based Literacy)、《易读材料指南》(Guidelines for Easy To Read)等，为实际开展阅读推广的机构提供大量实用性建议。

国际阅读协会(International Reading Association, 简称 IRA)有100多个国家参与，世界各地有10万多会员，IRA的宗旨是借由研究阅读过程及教学方法提升全民阅读质量，使每个人都拥有阅读的能力，并鼓励终身阅读。国际阅读协会主要通过阅读方面的研究、召开学术会议、出版学术刊物、组织评奖等多种方式推动阅读推广。

国际儿童读物联盟(the International Board on Books for Young People, 简称 IBBY)设立 IBBY—朝日阅读促进奖，该奖由日本《朝日新闻》报社提供赞助，每两年评选一次，每次评出一至两个在阅读推广中做出突出贡献的阅读推广项目。IBBY—朝日阅读促进奖设置以来，共有25个阅读推广项目获奖。

(2)各国政府

阅读推广需要政府部门的大力倡导和有效组织，各国政府通过制定相关法律、开展全国范围内的阅读活动等推动阅读推广的发展。

2001 年日本公布和实施了《儿童阅读推进法》，该法的目的是确定儿童阅读推进法的基本理念，在明确国家、地方公共团体责任的同时，确定推进儿童阅读相关的必要事项，全面而有计划地推进与儿童阅读有关的政策；2005 年 7 月，日本国会通过了《文字、活字和文化振兴法》，并于同月 29 日开始实施。该法的主要内容之一是推进国语教育和阅读推广，同时在该法中将读书周的第一天 10 月 27 日设立为“文字、活字文化日”。

韩国 1994 年制定了《图书馆与读书振兴法》，2006 年 12 月 29 日通过的《阅读文化振兴法》规定：文化体育观光部为国民阅读推广的官方机构，每五年需制订一份读书文化振兴基本规划；成立读书振兴委员会，指导和推动国民阅读的开展；规定中央和地方政府必须为全体公民提供均等的阅读教育的机会；明确社区、学校、公司企业等各非营利和营利机构在推行全民阅读中的责任。

俄罗斯联邦出版、广播电视和公众媒体传播部在 2006 年 11 月联合俄罗斯图书联盟，共同制定推出了《国家支持与发展阅读纲要》，并在具体实施上由政府给予财力和政策上的大力支持。

除了制定相关法律和规划，很多政府部门开展了声势浩大的阅读运动，这些阅读运动一般都有国家政要的极力支持。2006 年英国首相布莱尔发起“快速阅读”倡议，鼓励畅销书作家为成年人编写简略本图书，以鼓励繁忙的成年人读书。美国每位总统上任后，几乎都大力提倡阅读，克林顿总统倡导“美国阅读挑战”运动，布什总统提出“阅读优先”方案，现任美国总统奥巴马刚上任不久，便与妻子米歇尔到首都华盛顿一所小学，一起为孩子们朗读介绍美国登月宇航员阿姆斯特朗的儿童读物片断。

（3）图书馆界

图书馆，是履行公共服务职能的文化教育机构，是国民继续教育和国民阅读的重要基地。它的社会职能主要有保存人类文化遗产、开展社会教育、传递科学情报和开发智力资源。其中，倡导阅读是图书馆开展社会教育的一个重要方面。图书馆是倡导和推进全民阅读最主要、最有力的组织者、实施者，是推进全民阅读的重要力量。

不同类型的图书馆开展了丰富多样的阅读推广活动，公共图书馆尤其引人关注。公共图书馆因其服务人群的多样性决定了其阅读推广活动的多样性，推出面向婴儿、幼儿、青少年、成年人、老年人不同群体的阅读活动。同时图书馆界作为一个整体，致力于整个社会阅读意识和能力的培养，美国图书馆界在美国国会图书馆的领导下以著名的卡通形象为代表，拍摄了一系列宣传阅读的公益视频。这些活动极大地推动了全面阅读的开展。

(4)社会组织

除了图书馆界，在阅读推广领域活跃着大量的社会组织和个人，这些机构规模不一，方式多样。在英国，英国素养信托基金和英国图书基金是非常重要的从事阅读推广的机构，它们开展了大量的影响深远的阅读推广项目。在美国有"每方都是赢家"这种分支机构遍及美国十几个州的大型志愿阅读推广机构，也有社区的读书会。近年来，我国也出现了很多从事阅读推广的民间机构，比如公益小书房采用加盟的方式推进加盟地区儿童阅读活动的开展。

(5)大众传媒和出版等机构

大众传媒泛指传递新闻信息的载体，是报纸、通讯社、广播、电视、新闻纪录影片和新闻性期刊的总称。大众传媒机构中阅读推广最突出的案例是电视节目"奥普拉图书俱乐部"。自其开播以来，已经连续促成了几十本畅销书，共销售小说几千万册。我国也有很多关于阅读的电视节目，比如中央电视台10套的"子午书简"、河北卫视的"读书"、凤凰卫视的"开卷八分钟"等。除了电视栏目，还有很多阅读类报纸和刊物，如《中国图书评论》《文汇读书周报》《博览群书》《中国图书商报》《图书馆报》等，这些报纸和刊物或推荐读物，或展示阅读心得，从不同侧面推动阅读。

(6)医疗领域

几乎每个孩子的成长过程中都会接触医疗机构，因此医疗机构结合自身的特点推出了各种阅读推广项目，其中比较典型的代表是美国医疗领域的"触手可读"(Reach Out and Read)：孩子到医院进行体检时，医生向父母介绍如何促进孩子阅读，并送给孩子一本书，并且在候诊室设立阅读区供儿童候诊时阅读。加拿大新斯科舍省的"读给我听"项目联合全省11家医院在婴儿出生24小时内为每个新生儿送去一本书。

2. 推广主体合作化

通常而言，图书馆、作家、出版商和图书销售商是阅读推广活动的重要参与者。开展阅读推广活动的合作者并不局限于此。政府机构、商业企业、银行、医院、咖啡馆，甚至篮球协会这样的非营利组织，都可以成为阅读推广活动的参与者。比如"英超俱乐部阅读之星"就是通过和英超各个足球俱乐部的合作，结合大家对足球的热爱来开展阅读；"触手可读"项目和NBA合作，通过那些篮球明星的阅读海报来推动阅读。澳大利亚国家阅读年活动中和新光食品(Sunbeam

Foods)以及企鹅图书出版公司(Penguin Books)合作,宣传健康阅读和健康零食的理念,在阅读推广期间,只要孩子购买3袋新光公司推出的零食产品就可以免费获得一本图书,目前已经免费送出超过10 000本书。

3. 推广主体角色层次化

一个阅读推广项目需要各种不同的角色,包括项目的组织和实施者。阅读项目的组织主要包括对项目进行规划,对资源进行整合,对相关机构进行指导。它和实施方可以是同一个机构,也可以是不同的机构,从目前国际趋势来看,组织方和实施方不是同一个机构的偏多。比如说英国的"夏季阅读挑战",该活动由英国阅读社组织策划,发布活动方案,对图书馆员进行培训,设计奖牌、奖励证书、悠悠球等活动产品。但是该机构并不组织具体的读书活动,具体活动由各个图书馆组织,各个图书馆要到学校、社区进行宣传,招募志愿者,组织相应的阅读活动。国内阅读推广机构往往将阅读推广的组织和实施这两个角色合一,主要方式是举办各种各样的读书活动,如故事姐姐、征文比赛等。这些读书活动为阅读的推广起到了很重要的作用,但是由于每次读书活动的人数有限,其影响的范围也有限,因此**需要阅读推广机构突破"阅读推广就是举办阅读活动"**这种认识,**专业阅读推广机构不仅仅是阅读活动的举办者,还应该成为阅读活动的指导者和组织者**,特别是大型图书馆,比如国家图书馆。这些机构的角色定位更多的应该放在设计活动框架和指导方案,当然地区性质的机构也应该突破这种思维局限,比如某省或某地区的图书馆在阅读推广方面具备比较多的经验,需要及时将这些经验进行总结,制定出可操作性强的阅读推广指南,这样,其他机构比如学校、工会、公司等就可以遵照指南举行符合本机构特点的阅读活动。

二、阅读推广客体分析

阅读推广客体是笔者提出的概念,阅读推广机构向用户推广的是什么,笔者认为是阅读读物和阅读目的的结合,具体来说,推广客体不仅包括阅读读物,还包括阅读能力和阅读兴趣。

1. 阅读读物的拓展

从全球范围看,阅读推广的读物不仅仅限于图书等传统出版物,电影、音乐、游戏、网页等等都属于推广的范畴。比如说英国阅读社的**"图书推荐数据库"(Find a Read)**,该数据库中的推荐读物除了传统的纸质书之外,还包括音频、视频、电子书、游戏、大字体书(国外针对视力不好的读者专门出版的字体比较大的书）、报纸、杂志、网站等。

2. 阅读能力和阅读意愿（兴趣培养）并重

早期的阅读推广侧重阅读能力的培养，特别是阅读理解能力的提高，帮助那些有阅读困难的人群。但是后来研究发现，即使一个人有阅读能力，但是没有阅读的意愿，那么他可能长时间不阅读，他的阅读能力就会下降。这样，如果阅读推广只侧重阅读能力，可能并不能达到我们阅读推广的目的，因此现在阅读推广除了关注阅读能力，同时关注阅读意愿的培养，提升民众的阅读兴趣。

三、阅读推广对象分析

1. 阅读推广对象定位明确

从微观个体的阅读推广项目来看，存在一个共同的特点，那就是目标群体明确。比如英超俱乐部"阅读之星"项目面向不爱阅读的小学高年级和初中低年级学生，用足球激发他们对阅读的热爱；"信箱俱乐部"计划面向寄养家庭儿童，给他们发放合适寄养儿童年龄的阅读学习资料。挪威有专门面向16至19岁高中生的阅读推广项目，每年约有6万人参加该项目，该项目向高中免费发放一本文学书籍，并附有面向教师的指南，告诉教师如何将该书和课堂教授结合起来。挪威还推出了面向13至16岁孩子的Aksjon tXt，该项目由挪威教育部发起，教师和学生同样收到免费的书籍，学生还可以参加竞赛。挪威面向运动员的阅读推广项目——"运动和阅读"，由图书馆员将图书带到各运动俱乐部、比赛场地等，促进运动员的阅读。新加坡的"读吧，新加坡"每年都有明确的推广对象，如出租车司机、美容师等。

2. 以儿童和青少年为主，兼顾其他人群

从各国阅读推广开展情况来看，儿童和青少年是阅读推广的重点人群，如面向新生儿的"阅读起跑线"，面向要进入小学的幼儿园高班学生，面向初中低年级学生的Booked Up，面向4到13岁儿童的英超俱乐部"阅读之星"等。这里要强调的是尽管儿童和青少年是阅读推广的重点，但是面向其他人群的阅读推广活动也开展得有声有色，国外无论是图书馆界还是社会机构都很重视面向成人的阅读推广，比如美国很多公共图书馆的暑期阅读不仅有面向青少年的，同时还有面向成人的暑期阅读。芝加哥公共图书馆面向成人的暑期阅读在每年的7月到9月举行，每年主题会有所区别，包括环保、音乐、电影等，根据主题安排不同的阅读推广活动包括作家讲座、演唱会、读书讨论等。英国阅读社专门面向成人的"阅读挑战"，通过让读写素养比较低的成人群体阅读六本书完成挑战,从而提升他们的阅读素养。反观我国面向成人的阅读推广,可以说是比较薄弱的,希望国内的相关机构,特别是公共图书馆能够在这方面有所加强。

3. 关注弱势群体

弱势群体(Social Vulnerable Groups),又称弱势社群,指的是社会中的弱者群体,在财富、社会地位上处于不利地位或者无权、无势、无人脉关系、无投票权的人,在社会被标签化及歧视的社群。阅读推广中对弱势群体的关注主要体现在两个方面,一是阅读推广对象明确是弱势群体,比如面向寄养家庭儿童的"信箱俱乐部",面向低收入家庭的"力量午餐",另外一点就是在整体的阅读推广项目中加入关注弱势群体的元素,比如英国的"夏季阅读挑战",面向英国所有4到13岁的儿童和青少年,为了让视力有障碍的孩子也能参加,在项目中增加了面向视弱儿童的单元。美国的"触手可读"项目推出了面向视觉障碍儿童、听觉障碍儿童、自闭症儿童、智力低下儿童等不同儿童的阅读指导指南,包括给父母的建议、阅读书目等。

四、推广方式策略分析

1. 推广方式立体整合化

同一个阅读推广项目,采用多种方式进行。大型阅读推广项目这方面表现得尤其明显,比如澳大利亚国家阅读年采用作家讲座、竞赛、加入图书馆等多种方式进行。即使是小型的阅读推广项目也注重推广方式的综合使用,比如英超俱乐部的"阅读之星",将名人推荐、在线阅读竞赛和阅读活动有机地融合到一起,取得了很好的推广效果。

2. 推广方式密切结合目标群体特点

不同的群体的特点不同,在推广方式设计的时候就应该有所区别。比如,儿童对卡通感兴趣,英国"夏季阅读挑战"设计可能会吸引他们的卡通形象,包括会各种杂技技能的卡通形象,并且让他们进行角色扮演,选择某一个卡通形象进行角色带入;青少年对游戏感兴趣,那就将游戏的元素融入到阅读推广中,以游戏激励青少年进行阅读,阅读完两本书,就可以升到更高的级别,解锁更高级的游戏,获得更好的游戏装备。老年人喜欢怀旧,那就重温年轻时读过的书等。

3. 注重使用交互工具

通过笔者对经典阅读推广案例的考察,发现几乎每个阅读推广案例都充分使用交互工具,"读遍美国"的网站上,开通了博客、Twitter、Flicker、Youtube 等交互工具，进行阅读推广的机构和阅读爱好者利用这些工具进行交流，扩大了阅读推广的影响力。“夏季阅读挑战”的网站上提供了博客等工具。阅读推广方案的设计要充分考虑使用新技术，比如在传统的征文比赛的基础上，可以通过让学生制作并上传视频来推荐一本书，这样不仅能够结合学生喜欢新技术的特点，还能够推动学生向别人推荐图书。

4. 品牌建设

阅读推广是一项长期的活动，而在长期阅读服务的过程中，应该注意凝练出阅读推广项目的品牌，这方面，国外众多的阅读推广项目有很好的经验。比如说“读遍美国”项目，组织方设计了项目的标志——戴帽子的猫，制作了统一的主题歌、主题曲，统一的获奖证书等。市场营销咨询公司 Prophet 和“触手可读”合作，为其提供免费的服务，帮助“触手可读”进行品牌定位，以及扩大影响力。除了一系列的宣传活动之外，还邀请国会会员到“触手可读”成员医疗机构给孩子们阅读，让这些国会会员能够近距离地了解“触手可读”，从而争取更多的政府资助。“夏季阅读挑战”活动与 BBC 等多家网络媒体都有密切的合作，BBC 第四、第七电台会定时对“夏季阅读挑战”活动中图书以及图书的相关事宜进行宣传，Facebook、Twitter、Google 等多家网络媒体 2012 年也对此项活动进行宣传。

5. 注重评估

不管是哪类机构开展的，面向哪类群体的阅读推广项目，都应该对阅读推广的效果进行评估，才能保证阅读推广的科学发展。活动的评估既是激励的手段，也是改进的手段，更是提高资源有效利用的手段。美国“一城一书”活动十分注重活动的评估活动，美国图书馆协会的“一城一书”活动指南书中，就具体指明活动评估是活动的最后一个步骤。其中很多项目的评估包括事前评估和事后评估。以英国阅读社的“阅读六本书挑战赛”为例，在挑战之前，要求参加人员填写一个网络问卷，包括对阅读的看法、喜欢看什么方面的书等，挑战赛结束之后，同样要求参加人员填写问卷，包括对自己阅读能力的评估、未来的阅读计划等。由于采用的评估方法不同，评估结果可能会有差别，因此“触手可读”项目正在着手研制一个标准的质量评估和提升工具包，从而使各个阅读推广成员机构能够使用统一的评估标准评估该机构的表现从而提升阅读推广的效果。

6. 规范的志愿者队伍建设和管理

志愿者是阅读推广项目中一道亮丽的风景线，几乎所有的阅读推广项目中都有志愿者的身影。如英国的“夏季阅读挑战”，2011 年，各公共图书馆一共招聘了3891名志愿者。各阅读推广项目非常注重志愿者队伍的建设，一方面培训图书馆如何对阅读推广志愿者进行科学的管理，包括志愿者的招募、培训、评估等；一方面各个图书馆鼓励志愿者设计富有创造力的阅读活动。目前在国内也有不少图书馆进行阅读推广时借助志愿者的力量，如志愿的故事妈妈、故事姐姐等，也出现了一些专门有志愿者开展的阅读推广项目，如公益小书房。相关组织要加强志愿者队伍管理规范化方面的培训，促进志愿者更好地发挥作用。

（赵俊玲撰写）

第二章 主要国际组织的阅读推广活动

第一节 国际图书馆协会联合会(IFLA)

国际图书馆协会联合会(IFLA)长期以来一直致力于全球范围内阅读兴趣和阅读能力的培养和提高,提升民众的素养。通过对IFLA进行深入考察,发现其主要通过以下几种方式进行阅读推广,包括成立专门的分委员会,发布相关宣言,制定各种指南、评奖,进行阅读推广方面的研究等。

一、成立素养和阅读分委员会

1989年,IFLA在巴黎召开了前期会议,主题为公共图书馆和素养问题,聚焦了全球对低素养问题的关注,自此素养成为历届IFLA大会重要主题。1996年,阅读分委员会正式成立,将阅读推广和素养纳入到IFLA的工作日程。1999年,IFLA将提升素养纳入到其组织目标,阅读分委员会的专题研讨会和出版项目也继续开展。2007年,阅读分委员会改名为"素养和阅读分委员会",并不断开展各种阅读活动来提升其影响力。自成立至今,素养和阅读分委员会发展比较稳定,成员国由1996年的28个发展到2011年的55个①。

素养和阅读分委员会的使命是协助IFLA提高民众素养、促进阅读和终生学习。该分委员会通过多种活动来实现其目标,如帮助全球图书馆员制订鼓励和支持素养、阅读和终身学习的方案和项目,通过会议、讨论、研究、刊物等使人们更好地理解阅读、素养和特定文化环境下的阅读文化,监督、推广和发布有关阅读、读者、阅读推广、素养和图书馆对读者服务方面的研究成果。

二、IFLA关于阅读方面的声明

1.《公共图书馆宣言》

《公共图书馆宣言》由联合国教科文组织和国际图联共同制定,于1994年

① IFLA's Section on Literacy and Reading：A History of its First Fifteen Years[EB/OL].[2012-10-22]. http://www.ifla.org/files/assets/literacy-and-reading/section-history.pdf.

发布。该宣言指出,公共图书馆作为人们寻求知识的重要渠道,为个人和社会群体进行终身教育、自主决策和文化发展提供了基本条件①。公共图书馆宣言对图书馆的素养和阅读进行了说明,指出公共图书馆是地区的信息中心,是继承文化、传递信息、扫盲和长期教育战略的基本组成部分,它向用户迅速提供各种知识和信息,公共图书馆服务的核心应该是与信息、扫盲、教育和文化密切相关,应努力实现其阅读推广的使命,促进并强化儿童早期的阅读习惯,促进信息技术的发展和计算机应用能力的提高,支持并参与各年龄群体的扫盲活动和计划等,公共图书馆还须制订馆外教育和用户培训计划,帮助用户从各种馆藏资源中获取有价值的信息。

2.《突尼斯声明》

2011 年 9 月,IFLA 素养和阅读分委员会与突尼斯图书馆和图书之友联合会在突尼斯召开了国际研讨会,会议主题为“阅读连接代际:建立一个更有凝聚力的社会”,并在会议上发布了《突尼斯声明——图书馆、阅读和代际对话:建立社会凝聚力的策略》。该声明强调阅读对代际沟通的重要作用,指出图书馆应当利用自身优势,开展各种代际阅读活动②,具体如下:组织青少年和老年人在阅读推广上的互动,图书馆可以促进不同年龄段读者用户之间的联系,如老年人为婴儿、儿童和青年提供的阅读活动,青年人为老年人培训信息技术等。

3. 和其他组织的合作宣言

2005 年 8 月 2 日,国际图书馆协会联合会(IFLA)、国际阅读协会(IRA)与国际儿童读物联盟(IBBY)三个组织的主席在克罗地亚签订了谅解备忘录。三方均在最大程度上认可了素养的内在价值和重要性,三方认为学习和提高素养的方法有很多,其中教育和书籍是提高素养的主要资源,三方同意合作,建立正式的合作关系。为实现目标,三方同意通过以下实际行动来开展合作:某方举办会议(会议为 IFLA 的世界图书馆和信息大会、IRA 的年会和世界大会、IBBY 的世界大会)应允许另两方各派一名代表出席,交换专家,发布联合声明和宣言,支持和鼓励三方的活动,共同开展科研活动、项目、工作探讨会和培训会等

---

① 徐建华.《公共图书馆宣言》与现代图书馆理念[J].图书情报论坛,2008(3):3-8.

② The Tunis Declaration on Libraries. Reading and Intergenerational Dialogue: A Strategy for Building Social Cohesion[EB/OL].[2012-10-22]. http://www.ifla.org/files/assets/literacy-and-reading/publications/tunis-declaration-en.pdf.

活动,联合发行出版物,在机构网站上相互构建友好链接①。

三、对阅读推广进行指导

1. 基于图书馆的素养项目指南

为鼓励图书馆员参与素养项目,IFLA 素养与阅读分委员会制订了《基于图书馆的素养项目指南》②(*Guidelines for Library-based Literacy*),在此指南中提供了大量实用建议,《指南》提到的主要建议如下:

(1)确定适合参与图书馆素养项目的特定群体,如辍学青年、失业青年、无条件上学的妇女和老人、文盲、少数民族、移民、难民、特定组织里的读者等,执行素养方案前必须确定参与的群体,知道他们需要提高哪方面的素质,然后进一步确定项目所需空间、最佳时间、开展的频率、所需材料、主持人等。

(2)确定用户方便参与的合作场地,馆员对图书馆角色进行定位,所做工作应符合当地的社会风俗和法律法规,因此在执行素养项目前制订一个充分考虑到当地信息、详细目标、合作伙伴、资金预算等的计划,在计划范围内确定具体区域,如各类型图书馆、社区中心、学习、工厂、体育馆、餐馆等方便、舒适、有吸引力的场所。

(3)寻找合作人或潜在的合作伙伴,合作人可能包括老师、专家、当地政要、社团、文化团体等。

(4)选择开展活动需要的素材和资源,获得相关材料的途径有原创、捐赠、借阅、回收、购买、网上下载等,资源形式可以为手册、期刊报纸、影像等。

(5)对馆员进行培训,做到准备充分、馆员掌握所需的知识和技巧、确定素养指导人员。

(6)向外界介绍自己成功的阅读推广项目,可以通过设立推广工作组、张贴海报、发放资料、与其他机构合作等手段向图书馆用户、政府官员、社团组织、媒体等进行介绍和推广,介绍图书馆进行阅读推广的原因、方式、目标等。

(7)判断评价素养项目是否成功,需要参考参与人数、用户评价、对社会的影响、用户素养是否提高、项目的结构等方面定期进行评估。

(8)开展实施推广项目,制作合适的阅读材料、组织相关活动、邀请当地名

---

① IRA,IFLA. Memorandum of Understanding between IFLA[EB/OL].[2012 - 10 - 22]. http://ifla.queenslibrary.org/VII/s33/annual/Memorandum-IFLA_IRA_IBBY.pdf.

② IFLA. Guidelines for Library-based Literacy Program[EB/OL].[2012 - 10 - 22]. http://ifla.queenslibrary.org/VII/s33/project/literacy.htm.

人参与、加强与其他团体和组织的合作、重视媒体。

2. 易读材料指南

IFLA 专业报告第 120 号文件发布了《易读读物指南》(*Guidelines for Easy to Read*),该指南由 IFLA 特殊需求群体图书馆服务分委员会的成员编写。该指南有三个主要目的:第一,描述易读出版物的特征和对易读读物的需求;第二,确定这些出版物的主要针对群体;第三,为易读读物出版商和为有阅读障碍的读者提供服务的组织机构提供建议。

《易读读物指南》指出可以利用以下途径使文本易读,如修改语言和内容(避免抽象语言、保证逻辑清晰、用词简单明了、少使用修辞、避免生僻词、先让特定群体试读并确定没有问题之后再发布),使用插图和图表说明,合理设计(做到布局合理、设计美观、优质纸张、字体合适、打印清晰等),阅读材料难度对不同群体要有区别。《易读读物指南》还对易读材料在出版、版权、商业化、营销、对科研的需求和易读网站方面的情况进行了介绍。

四、进行阅读推广方面的研究

1. 素养文化国际研究

素养文化国际研究(International Research on Cultures of Literacy)由国际阅读协会、国际图联和应用语言学中心组织,由来自亚洲、非洲、欧洲和北美的志愿者共同完成。最近几年,IFLA 素养与阅读分委员会开展多项活动以配合该调查的进行,如 2008 年国际图联大会上组织的全球素养和阅读展、2009 年大会前期会议上的阅读推广项目和方案、2009 年的 21 世纪图书馆的阅读推广、2010 年的多元文化和多语言社会中的图书馆阅读推广等①。2011 年,IFLA 素养和阅读分委员会的活动有:发表 IFLA 专业报告"在图书馆中使用研究推进素养和阅读:图书馆员指南"、对图书馆员如何通过研究促进阅读素养提升提供指导、配合联合国素养十年项目"图书馆能做什么"来强调联合国教科文组织素养十年(2003—2012)等②。

2.《国际阅读调查:结果报告》

《国际阅读调查:结果报告》(*International Reading Survey*: *Presentation of*

① IFLA. Strategic Plan of the Literacy and Reading Section (2008 – 2009) [EB/OL]. [2012 – 10 – 22]. http://ifla.queenslibrary.org/VII/s33/annual/sp33 – 07 – 08.pdf.

② IFLA. Literacy and Reading Section ACTION PLAN 2010 – 2011 [EB/OL]. [2012 – 10 – 22]. http://www.ifla.org/files/assets/literacy-and-reading/strategic-plan/2010 – 2011.pdf.

Findings）由 IFLA 阅读分委员会成员 Briony Train 撰写，是一项全球范围内的调查，关注的是公共图书馆提供的以读者为中心的服务，研究结果为未来图书馆服务具有借鉴意义①。主要调查国际范围内公共图书馆阅读推广活动的开展情况，了解公共图书馆的阅读政策、主要合作方、公共图书馆的阅读推广活动以及馆员从事阅读推广需要具备的能力等。共收集到来自 18 个国家的 50 份调查问卷回复，调查结果显示，虽然并非所有回复者所在机构均有阅读政策，但许多都有关于阅读推广的服务策略或计划，并且提供了将来的发展规划时间表和本馆及外界的阅读状况；图书馆阅读推广的合作者范围广泛，但以其他图书馆为主；几乎所有回复者所在机构均开展过以娱乐为目的的阅读活动，参与主体涉及各年龄段的用户，活动使参与者收获颇多；回复者格外关注馆员开展阅读推广所需要的能力和培训，如沟通技巧、书本知识等，重点向青年和儿童开展阅读推广的服务者认为推广技巧非常关键，而重点向儿童和成年开展推广活动的回复者认为应根据不同群体掌握不同的技巧。

3. 通过评奖促进阅读

1991 年 11 月，IFLA 执行董事会设立了“古斯特”读书奖②（IFLA Guust van Wesemael Literacy Prize，另有翻译为 Guust van Wesemael 扫盲奖），该奖用于纪念已故图书馆学家 Guust van Wesemael。古斯特于 1979 到 1990 年担任 IFLA 专业活动的协调人，1979 年到 1991 年担任 IFLA 代理秘书长，他为 IFLA 提升发展中国家素养的事业做出巨大贡献。“古斯特”读书奖的目标是奖励发展中国家在提升素养方面做出的贡献，关注公共图书馆和学校图书馆的个人或机构均可申请。该奖由 IFLA 总部来管理，评委会由 3 位图书馆专家组成，该奖从 1997 年四月起，每两年评定一次，奖金为 2725 欧元，分两期授予。申请者申请此奖时，必须有申请理由、所做项目或活动的详细描述、奖金使用方案、合理的预算等，当年 3 月 1 日截止申请。获奖者在收到奖金的 6 个月内，必须向 IFLA 报告奖金的使用状况，之后才可收到第二批奖金。在项目结束之后，还必须上交最终报告和资金使用说明。

（刘尧撰写）

---

① IFLA. International Reading Survey：presentation of findings [EB/OL]. [2012 - 10 - 22]. http://www.ifla.org/node/1311.

② IFLA. Guust Van Wesemael Literacy Prize [EB/OL]. [2012 - 10 - 22]. http://ifla.queenslibrary.org/III/grants/grant02.htm.

第二节　国际儿童读物联盟(IBBY)

一、国际儿童读物联盟概况

国际儿童读物联盟(The International Board on Books for Young People,简称 IBBY)于 1953 年成立于瑞士苏黎世,在全世界 69 个国家有分会机构。它是与联合国教科文组织、联合国儿童基金会有正式咨商关系的非营利性国际非政府组织,其宗旨是促进国际间了解,使世界各地儿童都有机会接触到具有高文学水准和高艺术水准的图书;鼓励并支持各国、尤其是发展中国家高品质图书的出版和发行;对那些致力于儿童和儿童文学事业的人们提供援助和培训;激励儿童文学领域的研究和学术事业①。

IBBY 标志

近年来,国际儿童读物联盟与许多政府组织、非政府组织和个人合作,进行了各种形式的阅读推广。通过设立安徒生奖,奖励儿童作家;通过设立 IBBY—朝日阅读推广奖,奖励那些为阅读推广做出贡献的团体;开展“海啸恢复计划”推广阅读,帮助受灾地区恢复教育;进行 YAMADA 项目,建立儿童接触世界各地文化的桥梁;发起国际儿童图书日,唤起人们对于读书的热爱和对儿童图书的关注;设立 IBBY 残疾青少年图书文献中心,为残疾儿童提供阅读场所;IBBY 还主持了许多关于童书写作、插图绘画、出版、推广及发行工作的专题讨论会;出版儿童文学季刊《书鸟》,促进了儿童文学的发展。他们通过各种阅读推广活动引导世界各地儿童阅读书籍、培养良好的阅读习惯,为全世界儿童阅读启蒙做出了重要贡献。

---

① 王泉根 . 国际儿童文学澳门论剑——中国澳门 2006 国际儿童读物联盟 IBBY 第 30 届世界大会综述[J]. 湖南科技学院学报 . 2007(2):12-15.

二、安徒生奖

进行阅读推广的第一步是要有一批高质量的读物，为了激励儿童作家创作高质量的儿童读物，IBBY 于 1956 年创立了国际安徒生奖，由丹麦女王玛格丽特二世赞助，以童话大师安徒生的名字命名。该奖每两年评选一次，以奖励世界范围内优秀的儿童图书作家和插图画家。获奖者将被授予一枚金质奖章和一张奖状。该奖最初只授予作家，从 1965 年起，也授予优秀的插图画家，至今有 26 位作家和 20 位插图画家获奖。

三、IBBY—朝日阅读促进奖

1. 奖项起源

1986 年，在日本东京召开的第 20 届 IBBY 世界大会上创立了 IBBY—朝日阅读促进奖，该奖项由日本《朝日新闻》报社赞助，奖励那些成就突出的阅读推广项目。从 1988 年以来，这一奖项每年都由 IBBY 颁发给那些为促进青少年阅读工作做出杰出贡献的团体或机构。申请表将分发给各国 IBBY 分会。每个国家分会可提名两项候选项目。每个组织只能申请一个项目提名，获奖项目不可二次申请提名。该奖项的获奖者名单将在次年博洛尼亚儿童书展公布，所有 IBBY 国家分会收到陪审团的获奖通知。奖品包括 10 000 美元的奖金和一份证书，并在 IBBY 大会上颁发给获奖者。

2. 评审细则与执行程序

IBBY—朝日阅读促进奖评委会由 IBBY 执行委员会投票选举的 6 名成员组成。评判标准如下：

(1)项目对 IBBY 的使命宣言支持程度；

(2)项目是否有或可能有来自其他资金来源的支持；

(3)项目提名前是否已存在了至少 2 年，项目是否可持续发展，是否有发展机制；

(4)项目有什么影响？是否影响到既定的目标群体；

(5)项目是否是原创，是否有所创新；

(6)能否为他人提供项目模型？项目是否很容易再次实施？是否有出版材料，材料的文学质量是否高；

(7)项目能否进行效果评估。

IBBY—朝日阅读促进奖设置以来，共有 25 个阅读推广项目获奖。IBBY 不仅对项目予以资金奖励，颁发获奖证书，同时也对各阅读推广项目进行了宣传，在一定程度上为项目的执行起到了推动作用，鼓励其他组织学习阅读推广经验，加强并扩大了阅读推广活动的影响力。

表 2-1　IBBY—朝日阅读促进奖历年获奖项目一览表

年份	项目名称	国家
2012	“姥姥奶奶讲故事计划”	阿根廷
2012	“SAPAR 计划”	柬埔寨
2010	俄冈州立大学儿童图书馆基金	哥伦比亚
2010	棸树儿童图书馆基金	加纳
2008	卢旺达母语儿童书籍出版活动	卢旺达
2008	老挝儿童阅读推广计划	老挝
2006	给孩子阅读项目	波兰
2006	蒙古流动图书馆计划	蒙古
2004	第一批文字印刷	南非
2003	姐妹图书馆	玻利维亚
2002	为儿童阅读权争取计划	阿根廷
2001	佩琴加地区儿童阅读发展计划	俄罗斯
2000	阅读播种计划	秘鲁
1999	非暴力与和平移动图书馆	巴勒斯坦
1998	Fureai Bunko 盲文书籍图书馆	日本
1997	跟我念！	法国
1996	小小图书馆	南非
1995	阅读促进协会	哥伦比亚
1994	袖珍图书馆计划	黎巴嫩
1993	群体阅读推广	西班牙
1992	公共图书馆普及运动	马里
1991	AWIC 儿童图书馆项目	印度
1990	家庭图书馆计划	津巴布韦
1989	袖珍图书馆计划	泰国
1988	图书银行	委内瑞拉

四、“海啸恢复计划”

2004年底印度尼西亚海域发生了里氏9.0级地震，地震引发的海啸给印度洋沿岸各国人民造成了生命和财产的重大损失，也毁坏了当地的学校和图书馆。因此，国际儿童读物联盟在2005年启动了“海啸恢复计划”（Tsunami Relief Programme）。这一计划先后在印度尼西亚、印度、泰国、马尔代夫群岛进行，为受灾地区提供资金、捐赠图书，建立摩托车图书馆或移动图书馆，开展培训计划等。通过这一系列活动来帮助当地儿童恢复阅读，继续接受教育，缓解海啸灾难给当地儿童带来的心理创伤。下面以印尼为例说明海啸恢复计划的内容。

亚齐省是印度尼西亚最西部的一个省，它是2004年海啸重灾区，为了帮助其恢复教育事业，促进当地儿童阅读，国际儿童读物联盟与儿童文学促进会和穆尔蒂布纳基金会共同合作，在亚齐开展了“教育恢复计划”，培训学校教师、孤儿院的服务人员、难民营教师作为志愿者，并为学校和图书馆捐赠书籍，还建立了摩托车图书馆。

摩托车图书馆

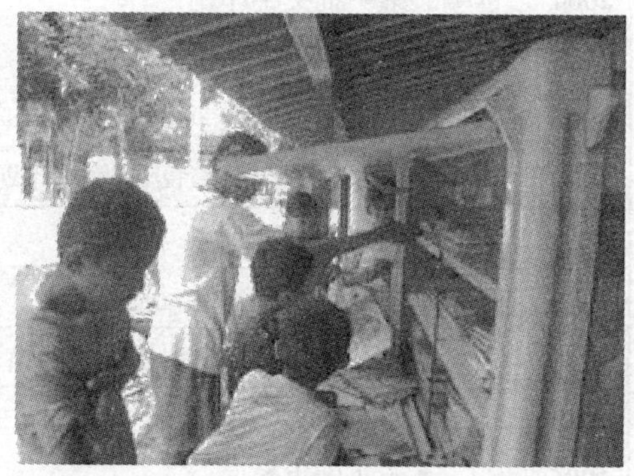

孩子们在摩托车图书馆阅览书籍

2005年5月，儿童文学促进会的4名成员前往亚齐进行了3天3夜的支援活动。他们培训100名志愿者“如何讲故事以及如何有效地使用图书”；还参观了孤儿院，与孩子们亲切交流。2006年摩托车图书馆计划开始实施。摩托车图书馆以其能深入偏远地区的优势，不仅可以在发达国家开展，也能在发展中国家使用。每个摩托车图书馆能够携带多达1500本书，700本可以上架阅览。摩托车图书馆的设计很有趣，它由印尼画家的插画装饰，以音乐来吸引小朋友前来阅读。通过这样的方式帮助孩子们爱上阅读。时至2009年，5个摩托车图书馆仍旧运营得很好，它们为当地的学校、阅读社区、村庄和医疗诊所服务，孩子们及其家人对摩托车图书馆热情高涨。

五、YAMADA 项目

为了支持和平、增进国际互知，帮助儿童接触世界文化，为他们提供最好的精神食粮，IBBY 开展了 YAMADA 项目。要求 60 个 IBBY 国家分会向最需要帮助的地方给予支持，发展当地儿童图书文化。

1. 阅读推广研讨会

国际儿童读物联盟每年在世界各地进行考察，针对特定地区的特定问题，成功地组织了多次研讨会，有力地推动了世界儿童阅读活动的发展。从 1987 年开始，在联合国教科文组织的财政支持下，由 IBBY 主持的关于童书写作、插图绘画、出版、推广及发行工作的专题讨论会和专家研讨会已经先后在哥斯达黎加、肯尼亚、阿根廷、加纳、墨西哥、哥伦比亚、马里、泰国、埃及、斯洛伐克、奥地利及保加利亚等国举办。

2. 地方特色性推广活动

加拿大“无书即是有书”活动鼓励孩子们写有关日常生活的故事，还要收集他们的父母、祖父母的邻居家的轶事，民间故事和传说。这个项目是 Zimele—EMEP 联合校外活动的一部分，每星期六在当地社区图书馆进行 3 小时的活动，孩子们被分为 2—4 组，平均 20 人分为一组。由于该社区十分贫困，他们每次活动都为孩子们提供食物和果汁。这一活动改善了孩子们的生活，抚慰他们的心灵；培养了当地志愿者的领导能力，提高了他们的社区志愿服务意识。

海地“图书大篷车：研讨会和节日”项目，海地只有两三个大城市有社区图书馆，那里能使用的书籍很少，特别是用他们母语——海地克里奥尔语创作的图书更少，大多数的孩子除了几本教科书外没有读过其他书；那里教师没得到很好的培训，没有学校和图书馆教孩子们法语，甚至他们的老师都不能完全掌握法语。为了加强海地儿童与书籍的接触，该项目在给他们捐献书本的同时，还培训志愿者有关故事创作、讲故事、创作传统文化图书、儿童文学编辑等儿童图书工作的知识。该项目从海地儿童读物委员会中选定人员开展了 3 个研讨会，讨论的主要内容是：儿童阅读的重要性；成年人在儿童图书的选择和分配中的角色；使儿童阅读发展的愉快和有益的故事和其他技术；落后学科领域的图书出版策略。

（张亚飞撰写）

第三节　国际阅读协会(IRA)

一、简介

国际阅读协会(International Reading Association,简称IRA)创始于1956年,有100多个国家参与、世界各地有10万多名会员,是一个致力于全世界扫盲的非营利组织。协会由教师、阅读专家、顾问、行政人员、高校教师、研究员、心理学家、图书馆员、媒体专家、学生及家长组成。IRA支持扫盲专业人员通过利用各种各样的资源、进行相关的宣传工作、志愿服务和专业发展活动。IRA的宗旨是借由研究阅读过程及教学方法提升全民阅读质量,使每个人都拥有阅读的能力,并鼓励终身阅读。

国际阅读协会官网

二、国际阅读协会的主要工作

1. 从事阅读方面的研究

国际阅读协会支持和鼓励阅读方面的研究,而这些研究是由阅读专业人士、决策者和公众共同参与的。

(1)专业委员会

国际阅读协会除了在很多国家和地区有分支机构之外,还设立了40多个专业委员会,对阅读领域的问题进行深入研究,其中包括书目疗法和阅读、儿童文学和阅读、阅读史、听力障碍的读者、阅读困难的读者、拼读法、中等学校的阅读等各类专业分委员会，这些专业分委员会针对本领域开展深入系统的研究。

（2）白皮书

2012 年 10 月，国际阅读协会发布了一个为《扫盲共同核心国家有关标准实施指南》而制订的建议。为实施指南中涉及的 7 个问题提供了详细的指导。

（3）制定标准

国际阅读协会为了进一步保障提高阅读能力的质量，制定了《阅读教育工作者的职业标准》、《阅读和识字教练员招聘要求和职责》、《阅读和写作的评估标准》、《学生阅读和英语语言艺术学习的标准》。

2. 召开会议进行交流

国际阅读协会每年定期举办年会，每两年举行世界大会（World Congress），还召开区域性年会，为会员及参与者提供交流的机会。每年的春季，国际阅读协会的年会会在美国或加拿大举行，这为从事阅读教育的专业人员提供了学习和分享的机会。国际阅读协会还会定期举办网络研讨会，为阅读界提供了学术交流的机会。

国际阅读协会年会

国际阅读协会每年都会为国际扫盲日举办庆祝活动。国际扫盲日（International Literacy Day）是联合国教科文组织在 1965 年 11 月 17 日所召开的第 14 届代表大会上所设立的，日期为每年的 9 月 8 日，旨在动员世界各国以及相关国际机构重视文盲现象，与文盲现象做斗争，并促进世界各国普及初等教育，提高初等教育的水平，使适龄儿童都能上学，达到能够识字的目标。最终达到增进人际沟通，消除歧视，促进文化传播和社会发展的目标。

3. 出版学术刊物

国际阅读协会每年都会出版期刊、书籍、报纸以及电子书用于提升人们的阅读能力和质量。其中比较重要的期刊如下：

(1)《阅读老师》(*The Reading Teacher*)，以学前及小学教育相关议题为主。

(2)《青少年及成人读写期刊》(*Journal of Adolescent & Adult Literacy*)，以中学生、大学生及成人教育者为主要读者群。

(3)《阅读研究季刊》(*Reading Research Quarterly*)，是以阅读理论及研究为主的学术期刊。

(4)《今日阅读》(*Reading Today*)是国际阅读协会出版的重要报纸，报道阅读界的最新讯息、出版品及会议信息。从2011年9月开始，《今天阅读》除发行纸质版之外，还在其官方网站上提供在线阅读。该报纸有以下几个主题：教学识字、儿童和青少年文学、会议和兴趣小组、研究和赠款、立法和政策和会员新闻(包括国际故事)。

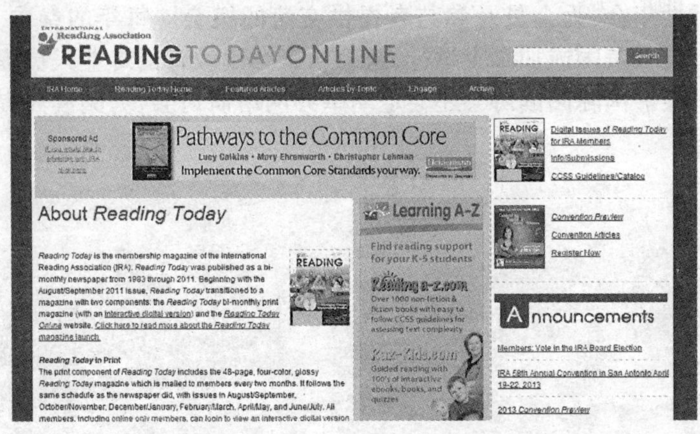

《Reading Today》官网

Reading Today Online 是国际阅读协会(IRA)提供的可以免费阅读的在线电子期刊，适合各级阅读启蒙教育者。其内容重点是关注5至18岁学生的读写实践和研究。

4. 组织评奖

国际阅读协会为鼓励和表彰为扫盲和推进阅读方面做出巨大贡献的个人和组织机构设立了近40个奖项。其中的国际阅读协会扫盲奖(International Reading Association Literacy Award)由国家阅读协会于1979年创立，奖金为1.5万美元，用于鼓励和表彰为扫盲做出贡献的机构。2007年，我国广西龙胜各族自治县因其卓有成效的扫盲教育工作被授予由国际阅读协会和联合国教科文组织联合颁发的国际阅读协会扫盲奖(UNESCO International Reading Association Literacy Prize)。

5. 推荐图书和资源

国际阅读协会为其成员提供了多样化的服务，这些服务涵盖了与阅读相关的主题的所有范围，包括儿童早期识字、老年人对阅读的需求、阅读障碍的诊断以及对阅读专业人士的培训。为提高人们的阅读能力，国际阅读协会为不同年龄段的学生制订不同的课程计划，推荐适合各类人群的阅读书籍，提供丰富的阅读资源。这些阅读资源涵盖的主题多种多样，包括：青少年扫盲、历史阅读、教育、技术、英语学习、政策、儿童和青年文学等。

（1）课程计划

国际阅读协会针对不同的年级（从幼儿园到高中）的学生制订不同的课程计划，同时还为不同年级的教师提供相应的课堂教学资源和课程计划。想查看这些课程计划可以登录 http://www. readwritethink. org。

（2）推荐阅读书籍

国际阅读协会在其官方网站上为儿童、教师、年轻人提供他们可能喜欢或者适合他们阅读的书籍。每年推荐给儿童的书籍是从那些被儿童阅读过并给出高评价的书籍中挑选出来的。推荐给年轻人的书籍是由年轻人选出的。而推荐给教师的书籍，由教师、图书馆员和阅读专业人士共同评选。

（3）为父母提供各种指南和指导

父母作为孩子一生中的第一位老师，对孩子的成长起着重要的作用。因此，国际阅读协会为了帮助父母，在网站上提供了很多相关的阅读资源，为父母推荐适合孩子阅读的畅销书籍，为父母提供一些指导性意见等。

为父母提供的指南之一：“让你的孩子为阅读做好准备”

(4)其他资源

国际阅读协会为从事阅读教学的老师提供了相关的指导性资源,这些资源可以分为以下几类:阅读教学的技巧、教学技术与技巧、写作教学的技巧。该协会还为不同年龄的儿童提供了很多课外资源。例如,在其网站上设计很多小游戏和小工具,这样能够使得孩子们不仅在轻松愉快的环境中提升自己的阅读能力,而且更进一步增加了他们对阅读的兴趣。此外,通过其网站可以收听电子文学作品和观看相关视频。

(周旭撰写)

第三章　各个国家的阅读推广

第一节　美国的阅读推广

全民阅读可以提升国民素质和国家竞争力,是一个国家精神文明建设的重要途径。美国,作为世界唯一的超级大国,其经济地位在国际不言而喻,而其文化软实力也不容小觑。美国在文化的生产和传播上拥有很大的能量和影响力,是一个文化输出大国,这与美国人民热爱阅读、重视阅读是分不开的。

从总统到作家,从出版社到书店、从行业协会到 NGO 组织,纵观美国的阅读推广活动,可以说是一场全民总动员,其形式之多、内容之丰富,令人叹服。对于美国人来说,阅读推广不是枯燥的读书或写作,而是一场欢乐的阅读盛宴。

一、政府

美国政府对于阅读的推广主要表现在相关政策、法案、规定和项目等方面。1987 年,前总统里根签署了一份文件,把该年确定为美国"读书年",向中学生推荐了若干种优秀读物。而从 1995 年以来,美国先后推出了诸如"美国阅读挑战"(America Reads Challenge)、"美国阅读项目"、"卓越阅读方案"(Reading Excellence Program)等项目,以期提高民众的阅读率,帮助其掌握阅读技巧,唤起阅读意识。美国政府通过这些由他们支持的推广活动,不断提高民众的阅读兴趣和能力,增强全美文化氛围。1998 年,一份名为《预防青少年阅读困难》的报告发布,推动了"阅读高峰会"的成立,后来美国教育部将每年的 9 月定为"峰会"举办月,广泛邀请专家学者研究青少年的阅读问题,共同讨论解决之道。

据美国相关报道显示,如果孩童在三年级结束前还未具备基本的阅读能力,那么他们会在今后的学习中遇到困难。根据全美阅读评量结果显示,美国内陆大约 70% 的四年级学生基本阅读能力较弱。因此,2002 年 1 月,美国政府制定了一项名为《不让一个孩子掉队法》(*No Child Left Behind Act of* 2001)的教育改革法案。以"阅读优先"政策为主导,划拨 50 亿美元助资教育改革,希望能够提高学童们在三年级以前的基本阅读能力,此法案旨在赋予学校和地方更多权利,保证其切实提高教师素质,提高学生的语言水平及阅读能力,该法案对促进美国的中小学教育起到了积极的作用。2006 年，前总统克林顿发起了“美国读书运动”，目的是必须使每名 8 岁的美国儿童学会阅读，而这也成为此后美国教育发展的三大目标之一。2009 年 2 月，奥巴马总统继续推行全民阅读方案，在《美国复苏和再投资法案》(ARRA)中强调要重视在初级教育阶段开展阅读提高计划，并加强对教师和学校领导的培训。根据 2011 年美国政府财政预算，美国教育部将资助“阅读是根本”非营利组织和“写作工程”在提高全美读写能力方面所开展的各种活动。

二、图书馆

图书馆一直是阅读推广活动的主体。美国的图书馆历来是阅读活动的重要践行者，他们根据国家的阅读推进项目，结合馆藏特色，开展阅读活动。

美国国会图书馆是美国文化和民主的重要体现，它不仅服务于国会和政府，也积极向社会公众免费开放，同时利用丰富的资源和独特的地位积极开展全民阅读推广活动，是推动全民阅读运动的核心和原动力。1978 年国会图书馆与 CBS 电视台合作推出 30 秒的宣传短片“多读一读关于它的书！”(Read More about it)，这个短片打破了当时文化界认为电视与读书格格不入的传统想法，是以电视推广阅读活动的先锋。1980 年以后，国会图书馆的图书中心先后推出了一系列的阅读活动，比如 1981 年“读书使我们不同”(Books Make Us Different)、1987 年的“全国阅读年”(the Year of the Reader)、1989 年“青少年读者年”(the Year of Young Reader)、1991 年的“终生阅读者年”(the Year of Lifetime Reader)、1992 年“探索新世界——阅读！”(Explore New Worlds—Read！)，2001 年至 2004 年推出的“大家来说说美国故事”(Telling America's Stories)，获得了当时美国第一夫人萝拉的支持，她亲自担任活动荣誉主席。

各公共图书馆同时积极面向本地区人民举行阅读推广活动。例如 1998 年位于西雅图公共图书馆的华盛顿州图书馆中心主任南希·波尔(Nancy Pearl)，推动了“假如西雅图民众共读一本书”(If All of Seattle Read the Same Book)活动，后来衍生成为全美的“一城一书”(One City, One Book)阅读活动，随后包括新加坡、台北等全世界 200 多个城市也都陆续举办此类活动。2007 年夏天，芝加哥公共图书馆推出了“夏季成人阅读”项目，这个项目是针对成人设计的，目的是使整个芝加哥的人都参与到阅读中去。

2012 年圣弗朗西斯科市"一书一城"活动

三、专业学会、民间社团、机构等学术团体

学会、协会等均由一些行业内的专家学者组成。对该领域进行深入研究探索后发现,他们也是推广阅读的重要力量。因为学会、协会有较强的资金实力,可以与政府、民众进行十分有效的沟通。大大小小、各式各样的协会、团体以及组织在美国社会经济、政治、文化生活中起着重要的作用,有时甚至在政府和市场机制失灵的领域承担起了管理、监督的重任,有效弥补了政府和市场机制的不足。

美国图书馆协会(American Library Association,简称 ALA)一直积极推动丰富多彩的读书项目,较知名的如"让我们来谈论它"(Let's Talk About It),目标是激发中学生的阅读兴趣①。1998 年,ALA 的分支青少年成人图书馆服务协会(Young Adult Library Service Association,简称 YALSA)主办的"青少年阅读周"(Teen Read Week),主要向 12—18 岁的青少年推广阅读活动,宣传图书馆重要性等。2006 年,由美国国家人文艺术基金会、美国中西部艺术基金会、美国博物馆和图书馆服务学会等机构联合发起的全国范围的"大阅读计划"(The Big Read),旨在激发民众对于阅读文学作品的兴趣,成为美国阅读社会建设的开端。

"大阅读计划"活动标志

① Martha L Burns, Nancy Dowd, Terry Edwards, et al. A manual to help your library celebrate National Reading Group Month [EB/OL]. [2011 - 04 - 12]. http://www.nationalreadinggroupmonth.org/PDFS/NJLA-NRGM-Manual.pdf.

全美最大的教师工会组织——美国教育协会(National Education Association,简称 NEA)也是积极进行阅读推广的机构之一。NEA 于 1998 年正式开展了“读遍美国”(Read Across America)活动,目标就是让阅读成为孩子们获得成功的重要因素之一,并且使他们最终成为一名优秀的阅读者,因此而受用终生。经过几年的发展,“读遍美国”成为全美影响力最大的阅读推广活动,活动的标志——戴红白相间帽子的猫,深入人心。

美国出版商协会(Association of American Publishers,简称 AAP)于 1999 年创立“直击阅读”(Get Caught Reading)活动,通过让人们发现自己身边正在阅读的身影,使人们注意到阅读活动每时每刻都在发生,阅读是生活的必然组成部分,旨在使更多美国民众认识到阅读的乐趣,提高自身文化素养。

“每方都是赢家”(Everybody Wins!)是美国的一个非营利组织,该组织致力于通过让孩子与一个有责任心的志愿者分享阅读经历来提高他们的读写能力和阅读兴趣。“每方都是赢家”开展的主要项目有“力量午餐”、“故事时间”、读书俱乐部等,其中“力量午餐”是它的旗舰项目,就是志愿者利用午餐时间到附近的小学,给一个来自低收入家庭的小学生进行一个小时的志愿阅读。

四、教育机构

早在 1983 年,美国教育部就发布了一项调查报告,突出强调了“阅读、写作、计算”三种能力对于学生发展的重要性。美国学校非常重视对于学生阅读能力的提高,很多学校参加阅读推广项目或者自己举办活动。“卓越阅读方案”是一项国家支持、各学校参与的阅读项目,该方案一方面着重帮助提高学校教师的阅读技巧进而带动教学水平,另一方面重点给学生指定科学的阅读指导计划,为其创造良好的阅读环境。一些美国学校根据学生的能力和特点,制订相应的“阅读书目”来督促其培养阅读兴趣,提高阅读能力。

美国学校十分重视学生阅读能力的提高,学校会安排专门的教师在阅读课堂上给予技巧和方法指导,当然也会布置相关阅读作业,让孩子通过阅读来完成。学校也积极配合政府和当地图书馆开展各种阅读推广活动,上文所提到针对学生的活动,几乎都活跃着学校、教师的身影。

五、出版、媒体等文化机构

美国出版、传媒界历来是阅读推广活动积极的赞助方、参与者甚至组织者,为阅读推广活动顺利进行提供助力。美国传媒出版业同时也积极探索阅读新模式,例如根据热点事件、热点电影等推出系列访谈节目,或改编成小说等书籍进行发行,比较知名的如“奥普拉图书俱乐部”(Oprah's Book Club)栏目和“阅读火箭”(Reading Rocket)。

1.“奥普拉图书俱乐部”

面对浩如烟海的图书,许多人不知道如何选择,那么就由家喻户晓的奥普拉·温弗瑞给你推荐图书吧!“奥普拉图书俱乐部”于1996年9月首次出现在电视荧屏上,每月向电视观众介绍一本书,并且请作家到节目中与现场观众进行交流,每本图书都是由奥普拉自己挑选,不受商业因素的左右。“奥普拉图书俱乐部”自节目开播以来,已经连续促成了几十本畅销书,小说销售量达几千万册。美国有将近1300万人定期观看她的图书俱乐部节目,有些出版商感叹说:“奥普拉可以捧红一本小说,救活一个出版社,它是美国书业界最成功的广告人。”奥普拉不仅创下了图书销售的壮举,也在美国掀起了一股图书俱乐部热潮。1999年全美拥有50万个图书俱乐部,是1994年的两倍,其中大多数俱乐部是以“奥普拉图书俱乐部”为蓝本;同时电视节目也更加积极地追捧这些俱乐部,“早安美国”、“里吉斯与凯莉脱口秀”等节目都相继添加了以图书俱乐部为名的读书讨论内容。

2.“阅读火箭”(Reading Rockets)

“阅读火箭”是一个利用多媒体进行文学素养教育的行动,由美国教育部特殊教育计划办公室(U. S. Department of Education, Office of Special Education Programs)主办。它通过电视台、网络向人们提供信息和阅读资源,教导孩子如何学习,教导父母如何帮助孩子阅读。“阅读火箭”的活动通过华盛顿公共电视台播出,也可以在网站上在线观看或购买DVD观看,资料面向所有的家长、老师、图书馆员还有各种专业人士。

“阅读火箭”充分利用电视媒体的力量来帮助家长、老师使孩子成为一个更好的读者。“启动小读者”(Launching Young Readers)是“阅读火箭”在电视上播出的一个系列节目,面向年龄在7—12岁之间的儿童。其中一个节目是关于发生在两所学校之间的故事,由摩根·弗里曼主持,通过真实记录几个孩子学习阅读的过程为家长、老师提供辅导孩子的建议。

“阅读火箭”标志

作为一个多媒体阅读推广工程,“阅读火箭”还充分利用网站和手机进行宣传,读者可以在网站上阅读到头条新闻、研究性的文章、教育专家给父母及老师的建议,还有各种关于阅读的在线视频,读者也可以订阅电子月刊,即时获取最新消息;“阅读火箭”也出现在 FaceBook、Twitter、Youtube、Itune 等一些公共社交网站上,给予读者更多互动的空间。2011 年官方还推出了“阅读火箭”的手机版本,用户可以通过手机随时随地访问官方网站,查找有关信息。

六、医院

几乎每个孩子的成长过程中都会接触医疗机构,因此医疗机构结合自身的特点推出了各种阅读推广项目,其中比较典型的代表是美国医疗领域的“触手可读”(Reach Out and Read),孩子到医院进行体检时,医生向父母介绍如何促进孩子阅读,并送给孩子一本书,并且在候诊室设立阅读区供儿童候诊时阅读图书。

“触手可读”项目主要面向 6 个月到 5 岁的儿童,尤其是来自低收入家庭的儿童,在儿童进行体检和治疗的时候进行阅读推广活动。目的是为美国年幼的儿童群体做好入学前的准备,帮助他们掌握良好的阅读能力、识字能力和语言表达能力,从而能够迅速地融入学校生活,为今后的成功人生做好准备。该项目计划让每个儿童在入学前读到 10 本图书,让每一位孩子们的家长理解到大声朗读的重要意义。

（张佳伊撰写）

第二节　俄罗斯的阅读推广

俄罗斯民族在历史上是最爱读书的民族之一。19 世纪 70 年代末到 90 年代后期,是俄罗斯文学的鼎盛时期,孕育出普希金、果戈理、托尔斯泰、契诃夫、高尔基等一大批文学巨匠,他们的作品推动了俄罗斯阅读文化的发展①。

今天,热爱读书的传统也深刻影响着俄罗斯人,每年俄罗斯的图书发行量大约 30 亿册,图书馆更是遍布俄罗斯的城乡。图书曾经成为人们喜庆日子馈赠亲朋好友的最好礼物。即使在家庭经济条件困难的情况下,俄罗斯人照样会

① 王静美,朱明德. 中俄公民阅读文化比较[J]. 图书馆理论与实践,2005(3):42-44.

拿出一部分钱用于买书，以保持自己阅读的习惯。

一、俄罗斯阅读文化的“温泉”条件

俄罗斯拥有一切必要的先决条件和资源发展阅读。她有庞大的体制机构存储和传播印刷品资源，大量重要的社会信息有序地存储在这些机构。各类型的图书馆总和超过 13 万个；还有庞大的记者、作家团队在阅读活动中发挥重要作用；政府和出版商稳定地向市场供应图书、杂志和报纸，目前俄罗斯书籍出版的种类超过 90 000 种，2005 年市场销售额超过 20 亿美元；同时俄罗斯会定期举办各种书展；有强大的大众媒体资源，发达的教育机构和图书馆组成的网络来推广阅读；民众始终保持着传统阅读习惯，这种阅读兴趣将进一步感染年轻一代。

二、俄罗斯面临公众阅读危机

在 20 世纪 90 年代早期，随着苏联解体和东欧剧变所带来的巨大政治动荡，受西方思想、生活方式与崛起的电视、网络技术的影响，俄罗斯图书大国地位以及阅读比率都有所下降。俄罗斯已经到了极度轻视阅读的临界点，并且正在经历系统性的阅读和文化危机。

俄罗斯年轻读者的阅读比率已经从 1991 年的 48% 下降到 2005 年的 28%；1991 年，俄罗斯每年至少看一本书的人占全国的 79%，2005 年下降到 63%；1991 年 61% 的俄罗斯人每天读报纸，而在 2005 年仅为 24%；有阅读传统的家庭正在减少，在 20 世纪 70 年代有 80% 家庭定期给儿童朗读，现今这一比例仅为 7%。绝大部分俄罗斯居民在阅读选择上，已经越来越多地向“快餐”式图书（如侦探小说、爱情文学、惊险“打斗”小说、历史探险小说等）和资讯娱乐类地方周报、鲜艳亮丽的“女性”杂志，以及与电视有关的书报转变。图书馆中专业文学和艺术经典的借阅率降低，图书馆的受欢迎程度在大大缩水。出版政策也越来越倾向于形式和内容简单的“快餐”式图书，高质量图书越来越少。互联网也在不断挑战图书和图书馆的社会地位。

俄语的地位受创，学术界和商业界的青年更多地使用英语。2006 年 PISA① 的国际抽样显示俄罗斯在校生的功能性文盲率超过 10%，而发达国家只

---

① PISA：Programme for International Student Assessment（国际学生评估项目）是一项由经济合作与发展组织统筹的学生能力国际评估计划。主要对接近完成基础教育的 15 岁学生进行评估，测试学生们能否掌握参与社会所需要的知识与技能。

有1%。

如果这种趋势继续下去，俄罗斯将面临着黑暗的未来。为了改变这一局面，需要新一轮的阅读推广活动重磅出击，历久弥新的阅读推广活动亟待加强。

三、纲领性文件《国家支持与发展阅读纲要》

在这样的背景下，俄罗斯联邦出版、广播电视和公众媒体传播部在2006年11月联合俄罗斯图书联盟，共同制定推出了《国家支持与发展阅读纲要》（以下简称《纲要》），并在具体实施上由政府给予财力和政策上的大力支持。《纲要》的首要目标是提高全民文化素养，主要是提高阅读能力，即获取、组织、使用印刷/书面形式文献信息的能力；提高公共阅读活动的范围和强度，以适应动态复杂的社会转型期；优化社会文化阅读环境，加强阅读推广和发展的基础设施机构建设，如图书馆、文化和教育机构、图书行业等；在基础阅读机构之间，建立一个有效的信息交流体系和管理体系，以促进和发展阅读。

《纲要》对图书馆、教育系统、阅读普及系统、书业、人才培养体系、阅读基础设施等一一作出规划和要求。明确了大众传媒，特别是电视和广播在推动全民阅读中的重要作用。

《纲要》发布得到了时任俄罗斯总统的普京的支持，普京要求政府制定具体的落实措施，在财力等方面提供大力支持。俄罗斯图书联盟宣布2007年为俄罗斯国家阅读年。2007年，该计划正式启动，《纲要》分3个阶段实施：2007—2010年为第一阶段，建立支持和发展阅读的组织机制与基础设施；2011—2015年为第二阶段，系统加强基础设施建设；2016—2020年为第三阶段，进一步发掘《纲要》实施的潜力，实现快速成长。

《纲要》实施以来，俄罗斯出版与大众传媒署和俄罗斯图书联盟支持并推动各地举办了丰富多彩的全民阅读活动，比如书展、图书节、读书比赛、俄语年等。

四、"一基金，两机构"全面配合

1. 俄罗斯读书基金会①

由俄罗斯《书评周报》编辑部、《莫斯科新闻》编辑部、共同体图书爱好者联合会、《我们的遗产》杂志编辑部等单位共同创办的读书基金会1994年在莫斯科建立。俄罗斯读书基金会是一个跨地区的非政府社会组织。它的主要任务

---

① 李玲玲．俄罗斯建立读书基金会［J］．出版参考，1994(8)：7.

是:协同政府有关部门和其他社会组织制定俄罗斯阅读活动发展纲要;研究各社区和地区的阅读状况;总结其他国家的先进阅读经验并加以推广;促进学龄前儿童、中小学生、大学生阅读活动的开展。

俄罗斯读书基金会设有阅读和图书销售研究中心,该中心将为各出版公司、图书销售组织提供各种市场信息。俄罗斯读书基金会的定期出版物有:基金会简报《读书大事记》,学术性杂志《阅读的学问》等。

2. 俄罗斯图书联盟

俄罗斯图书联盟(Russian Book Union)成立于2001年,是俄罗斯大型出版社和图书经销商为了提高俄罗斯在图书领域的竞争力而创建的非政府、非营利性出版业界联盟组织。俄罗斯几乎所有的出版业巨头都是联盟成员。联盟的创始人希望通过成立这样一个广泛参与的组织,全面展现当代俄罗斯图书业的风采。联盟最重要的任务就是努力争取国家对大众媒体及图书出版业的大力支持。2006年11月,为了推动国民阅读和图书推广,俄罗斯出版与大众传媒署与俄罗斯图书联盟共同制定并发布了《国家支持与发展阅读纲要》。俄罗斯图书联盟在推广阅读的事业中发挥着重要作用。

3. 俄罗斯阅读中心①

俄罗斯阅读中心借鉴美国经验建立,又形成自己独有的特色。2002年,俄罗斯开始以各类图书馆为依托成立非营利性地区级阅读中心,合作者包括作协、文学团体、中小学、高校、博物馆等,运作资金主要依靠图书馆财政预算,是贯彻俄罗斯阅读推广纲领性文件《国家支持与发展阅读纲要》的重要载体。

地区级的阅读中心联合社会各方力量提升阅读和图书在社会上的地位,开展阅读研究、问卷调查活动、基本的咨询指导服务等,其中最重要的一部分就是阅读推广活动和相应的经验交流活动。

俄罗斯尚未正式成立国家级阅读中心,而是由"普希金图书馆"、俄罗斯圣彼得堡国家图书馆、跨地区图书馆合作中心代行国家级阅读中心职能。其重要职能是统筹协调全国阅读推广和研究工作。

五、主要的阅读推广活动

1. 全民阅读推广活动

近年来,俄罗斯举办了丰富多彩的推动全民阅读的活动,如书展、图书节、

① 王卉莲. 俄罗斯阅读中心探析[J]. 出版发行研究,2011(11):75-76.

读书比赛等,另外出版有关促进阅读的图书、财政拨款支持图书出版、担当国际书展主宾国等。下面就一些阅读推广活动做一简要介绍①。

书展:书展为居民亲近阅读提供了绝好的机会。每年俄罗斯都有几个书展吸引着来自全国四面八方的出版商、发行商、图书馆和广大读者,如每年3月上旬的俄罗斯春季书展和9月初的莫斯科国际书展,参展商逐年增加。

2010年莫斯科国际图书展(来源:俄罗斯之声)

图书评奖:俄罗斯出版与大众传媒署每年举办"年度图书奖"评选,并在莫斯科国际书展开幕当天揭晓。这一评选体现了俄罗斯图书出版的主要方向。

国际书展主宾国:俄罗斯积极开展俄语和俄罗斯图书在国外的推广,曾经成功地举办了法兰克福书展、华沙书展、布达佩斯书展、明斯克书展和北京国际图书博览会"主宾国"活动。2006年,俄罗斯主宾国展位面积1000平方米创北京国际图书博览会历史之最。在国外举办的俄罗斯图书节是俄罗斯向国外推广图书的新形式。2006年,俄罗斯在阿塞拜疆和意大利举办了俄罗斯图书节。

地铁阅读文化②:在莫斯科的地铁中,你就仿佛置身于一个流动的阅览室。不论男女老少,大多数乘客都在聚精会神地读书看报。2008年,莫斯科地铁设立了"名著专列",成为移动着的阅读宣传站。地铁列车分为6列,每一列车厢都别具特色,专列的车厢内壁上,刻印着文学人物肖像、世界经典文学片段和插图,充满文化气息,如第一节车厢里贴着壮士歌《伊利亚·穆罗梅茨和强盗索洛

① 张洪波.不阅读是可耻的——俄罗斯全面启动阅读复兴运动[N].中国图书商报,2007-4-27.

② 王杨.专列"爱阅读的莫斯科"令俄罗斯人骄傲[J].出版参考,2009(10):43.

维耶》和《多勃雷尼亚与蛇》节选的片段，有伊万王子、青蛙公主等趣味图画；第二节车厢是俄罗斯经典文学作品，乘客在这里可以看到《战争与和平》、《钦差大臣》等，第三节、第四节车厢是孩子们的天地，第五节车厢则是老年人回忆过往的港湾，最后一节车厢是外国文学荟萃。人们在坐火车的同时阅读书籍，也可感受浓郁的文化气息，激发人们的阅读兴趣。

地铁"水彩画"艺术展(来源:新华社)

地铁上阅读的人们(来源:东方热线)

总统要求读经典:已在 2012 年 3 月竞选成功的俄罗斯总统普京表示，俄罗斯被称作是一个"阅读的国家"，政府应对俄罗斯"最有影响力的文化人物"进行一个调查，编制出"每一位即将离开学校的学生都会被要求阅读的 100 本著作"，其目的在于维持"俄罗斯文化的主导优势"。

2. 针对妇女的阅读计划①

俄罗斯妇女酷爱读书。在俄罗斯众多的图书馆读者中，妇女占一半以上，一些地区图书馆的妇女读者人数高达 83%。俄罗斯妇女爱读书的习惯也促进了家庭阅读的发展，带动了家庭藏书的普及。

俄罗斯图书馆为广大妇女读者提供了周到有效的服务，大多数图书馆都设有"妇女读书咨询中心"。在"三八"妇女节这一天，各大图书馆也会组织相关读书活动，如书展、文学作品讨论会等。图书馆也会根据妇女的兴趣和生理特点，举办诸如厨艺、育儿的培训班来吸引妇女到馆，传播先进的读书理念，提高妇女的文化素质。俄罗斯图书馆对家庭阅读的指导也别具一格，许多图书馆通过调查了解家庭阅读需求，制定阅读指导大纲，也为各年龄层、各类妇女提供阅读信息，既有关于妇女妊娠、产后时期的阅读计划，又有 0—6 岁的亲子阅读大纲，也有面向各年龄层次妇女的推荐书目。

① 杨素音. 俄罗斯妇女阅读文化探析[J]. 图书馆建设，2003(5):113-115.

3. 针对儿童的阅读计划

儿童的阅读活动在少儿时期的培养中起着至关重要的作用，良好的阅读习惯的培养是增强儿童学习能力的一个关键因素，是培养儿童发散性思维的重要环节。俄罗斯有很多针对不同年龄阶段儿童的阅读推广项目，下面择其主要项目进行介绍。

儿童图书馆为新生婴儿提供大礼包，其中有婴儿书籍，图书馆证等，还在走访过程中教育父母将子女阅读作为一个重要的幸福事件看待。这一项目得到了医院妇产科的大力支持，也促进了家长和图书馆之间的联系。

在俄罗斯伊尔库茨克地区的图书馆推动下，该地区举办了“与图书一起成长”的阅读推广计划，这一计划中有几个针对3至14岁儿童的项目。阅读活动的组织者针对不同的目标群体提供不同的材料和方法建议。主题范围涵盖了“以书会书”（针对3岁至14岁年龄组），“我的家国”（发现伊尔库茨克地区），“心灵生态”（道德和法律教育）等。

阅读推广计划“多彩的童年”也是由伊尔库茨克区儿童图书馆举办，针对幼儿园的小朋友，实行多元化的阅读推广策略，目的是通过阅读活动了解小朋友。该项目持续两年，运用不同的方法教小朋友如何阅读，这些方法包括朗读、评论、谈论书籍内容或角色扮演。在入学的前一年，针对这些儿童和他们的父母举办一个活动，父母可以了解到他们的孩子在过去两年学到了什么，最重要的是可以了解孩子们的入学准备情况和他们是如何对书籍感兴趣的。

创意实验室：图书馆和儿童读者

（来源：伊尔库茨克儿童图书馆网站）

在圣彼得堡,“我们家附近的图书馆”项目已进行数年。该项目由彼得格勒市儿童图书馆主任推出并得到区域文化委员会的支持,由市立图书馆运行该项目旨在改善农村地区儿童和青少年缺少相关文学阅读渠道的局面。通过在彼得格勒地区的农村社区流动展览当代儿童文学来达到这一目标。

2006 年 12 月,俄罗斯出版与大众传媒署在楚瓦什共和国举办了“带着图书过新年!”儿童图书节。在为期一周的图书节期间,主办者在学校、图书馆等地举办了 150 多场活动,如作家见面会、签名售书、读书比赛等,当地儿童机构还获赠图书 5000 多册,儿童杂志 2000 多册。俄罗斯出版与大众传媒署署长谢斯拉文斯基表示,这一经验将在《国家支持与发展阅读纲要》实施过程中进一步推广。

（赵蕾霞撰写）

第三节　德国的阅读推广

在德国,阅读是国民最喜爱的七大休闲娱乐方式之一,德国人喜爱读书就如同他们沉醉于啤酒一样平常。公共场所随处可见携书而行的德国人,作家要是出版了新书,也并非举办签售会,而是喜欢到公共场所大声朗读或者利用网络平台进行线上朗读。

根据德国书商及出版商协会的一项调查数据显示,有近 1/3 的德国人认为自己读得“很多”(不少于 18 本/年),每四人中就有一人藏书 200—500 本,14% 的德国家庭甚至有自己的“小图书馆”。国民良好的阅读习惯,再加之其近年席卷全国的阅读运动,使得德国的阅读推广成绩斐然。

一、德国阅读推广的文化背景

1. 阅读文化的历史渊源

早在 18 世纪末,德国就曾掀起过历时 25 年之久的“阅读革命”,这场革命的深远影响可比肩法国大革命和英国工业革命。经过这场革命,贵族文化开始没落,读书不再是王公贵族和僧侣阶层的特权,德国的中产阶级也开始广泛地接触图书、阅读图书,文学沙龙和图书馆犹如过江之鲫,文化开始成为人们生活的核心,这不仅提高了德国中产阶级的文化涵养,更拉开了整个社会热衷读书的大幕,孕育了德国人厚实的阅读根基。

2. 阅读推广的文化沃土

出版业和图书馆在阅读推广中发挥着主力军的作用。德国出版业久负盛名，是欧洲乃至世界的出版大户。据统计，全德约有 2632 家出版社，每年大约推出 8 万种出版品，市场十分兴旺。法兰克福和莱比锡是德国图书出版业的中心，两地每年都会举办宏大的图书展览会，尤其是法兰克福图书展览会，是世界上规模最大和最具影响的图书界盛会。

此外，德国的图书馆事业也十分发达，德国共拥有 1.4 万座图书馆，每个城市都拥有几座图书馆，甚至乡村小镇都有自己的图书馆和阅读中心，方便民众阅读。

3. 阅读面临的危机

虽然德国有着先天的阅读传统根基和后天强劲的文化驱动力，但随着社会结构和人们生活方式的改变，电视、网络等新技术浪潮的冲击，德国的阅读率还是出现了下滑，书籍这个话题自 1992 年开始越来越少的在家庭中被提起。根据千禧年德国阅读行为调查显示，德国较少阅读和基本不阅读的人占了国民总数的 45%。而据经济合作发展组织（OECD）2004 年发起的国际学生评估项目组织（PISA）的研究显示，德国 15 周岁学生的阅读能力普遍低于国际平均水平，有 23% 的学生存在阅读障碍。如果照此发展下去，意味着当他们成年后，德国会有 20% 的人无法进行简单的阅读，更别提适应未来科技化和信息化的社会了。因此，促进国民阅读，尤其是促进儿童青少年阅读成了德国迫在眉睫的任务。

二、德国阅读推广的主要机构

1. 德国促进阅读基金会

在德国，约有 200 多个进行阅读推广的机构和组织，它们旨在提高民众的阅读热情，促进社会阅读的繁荣发展。这其中最著名且最卓越的就是成立于 1988 年的德国促进阅读基金会（Stiftung Lesen），其名誉主席都由历届德国总统担任。

德国促进阅读基金会宣称自己不仅是一个常规的全国性文化机构，更是一个开放性的创意工坊，通过与社会各界的广泛合作来宣传阅读文化、唤醒阅读意识、树立阅读理念、促进阅读发展。

除了通过每年定期开展阅读推广项目来进行阅读推广，德国促进阅读基金会还下设了阅读和媒体研究协会，对阅读和阅读推广进行研究。协会的研究内容主要专注于阅读、阅读教育或者儿童辅读三个方面。例如，自 2007 年以来，学会联手德意志铁路和 Zeit 出版社做了一项关于家庭是否给儿童讲故事的研究；2008 年，协会对德国的阅读情况进行了一次大规模的调研。

2. 德国图书馆界

图书馆一直是阅读推广领域的领头羊，在德国也不例外。一方面，德国图书馆分布密集，为民众提供了积极的阅读环境和充盈的阅读资源，另一方面，德国图书馆每年承办各类丰富多彩的阅读活动，拉近了图书馆和民众之间的距离，使阅读的概念深入人心。

三、德国主要阅读推广项目分析

1. 德国“阅读起跑线”

德国的“阅读起跑线”工程是由联邦德国教育与研究部和德国促进阅读基金会联合发起的，主要参与机构有地区州政府机构、儿童医院、图书馆、学校、出版商和热心公益的社会力量。它是德国早期阅读推广领域内规模最大的自发性活动，旨在为所有的儿童提供均等的教育机会。活动是 2007 年先从汉堡发起的，然后向各州进行推广，最后整合汲取成功经验再在全国范围内实施开来。据 2011 年的计划显示，在未来 3 年中，将有 40 万个阅读大礼包被派发给一岁左右的儿童和其父母，全国超过 50% 的孩子会从中得到惠利。

德国“阅读起跑线”的特色在于其提供了三个年龄段的阅读大礼包，第一个阅读大礼包会在孩子 10 个月到 12 个月时，父母带其去医院做常规体检时，由医院派发；第二个大礼包会在孩子三岁左右时，父母带其去图书馆时，由图书馆派发；第三个大礼包会在孩子进入小学一年级不久后，由学校派发。每个年龄

段的大礼包都是依据孩子当时的特性和需求而制定的，不仅有给孩子玩的书、读的书，还有给父母的有关抚育孩子及指导孩子阅读的书。

2. 阅读测量尺

阅读测量尺由德国布里隆市图书馆馆长乌特·哈赫曼女士根据教育认知理论亲自设计，自使用以来受到全国的广泛好评，甚至成为了一项国际性标准，在很多国家普及开来。阅读测量尺分成赤橙黄绿青蓝紫以及粉红、桃红、橘红10段分别对应0到10岁的孩子。每个色段都会根据该阶段内孩子的心理状况和发展特性提供相应的阅读玩具、阅读书籍和育儿知识。

阅读测量尺通常会随着送给新生儿的阅读大礼包一起派发给各个家庭，所以普及率十分高。在家中、学校、医院、图书馆或者其他很多公共场所都可以看到，父母只要用阅读测量尺给孩子量一下身高，就知道该时期孩子应该读哪些书了。

3. 全国朗读日

德国把每年11月中的一天定为全国朗读日。这天，数千名政要、社会名流、文娱明星、知名作家等公众人士会前往全国各地的幼儿园、学院、图书馆等地方为孩子们朗读和讲故事。活动是2004年由德国促进阅读基金会同德国《时代》周报联合举办的，现已成为德国约定俗成的年度性文化盛会，自开展以来受到社会的广泛关注，市民纷纷参与其中。

4. 朗读志愿者俱乐部

据德国阅读促进基金会理事长海因里希·克雷比施说，德国现在有三分之二的家庭不再给10岁以下的孩子讲故事了。而孩子在不具备相应阅读理解能力的情况下，阅读率会很低，资源也会大量浪费。随着社会节奏的不断加快，成年人工作时间的不断延长，这种趋势还将持续下去。基于此，德国促进阅读基金会十分重视鼓励和培养朗读志愿者，他们联同德国《时代》周报成立了朗读俱乐部，目标是希望创建一个朗读志愿者的网络群，通过这些志愿者把朗读的力量延续下去，给孩子们做出表率、带来快乐和知识，以促进儿童阅读发展。

这些志愿者通常都是阅读爱好者，而且为人热忱，富有感染力，喜欢同孩子们待在一起。俱乐部把这些志愿者招募在一起，利用讲座和研讨会的形式对他们进行培训，同时为他们颁发证书、会员卡和别针，此外，德国阅读促进基金会还给朗读志愿者们派发“读书背包”，定期给家长、教师、促进阅读者推荐阅读书目，使朗读和讲故事活动规律且有意义地进行下去。

目前，朗读志愿者已达数万名，而且在他们的号召协助下，还会有越来越多的人参与到这个项目中来。

5. 阅读俱乐部

设立阅读俱乐部的主要目标是激发儿童的阅读积极性、提升儿童的阅读技能、丰富儿童的语言习得。它通常开设在学校、图书馆和其他一些孩子们聚居、娱乐、休憩的地方。阅读俱乐部开展的活动主要是集中在阅读上，但这种阅读是毫无压力的，孩子的阅读不会被量化或者评比。在这里，孩子们的天性得到了极大的解放，可以尽情地做自己感兴趣的事情、读自己喜欢的书籍。

阅读志愿者在讲故事

在德国，任何一个乐于积极承担阅读推广责任且能提供适合场地的人都可以承办阅读俱乐部，教师和阅读推广志愿者将负责其运营的具体事宜，基金会主要提供政策上的指导和资金以及物质的供应。

6. 阅读童子军

这个项目充分运用了同龄互染的优势，对热爱阅读的学生进行培训，组建阅读童子军，然后依靠同龄人来激发和传递儿童青少年对于阅读的兴趣。因为同其他人相比，同龄人具有更强的说服力和感染力，而且沟通交流也没有隔阂。

阅读童子军开展了很多有趣的活动来号召大家阅读，比如：建立阅读小组、对那些他们曾提供过推荐书单的班级小组进行回访、开办图书集会、组织阅读之夜和阅读派对等。另外，他们还通过学校图书馆组织阅读之旅和阅读露营。通过宣扬和分享这些读书的乐趣，阅读童子军推动了新一轮的阅读高潮。

通过举办各种各样的活动不仅使各地的阅读童子军紧密联系，形成了一个网络，同时也保证了阅读童子军的稳定发展。目前，德国联邦州的莱茵兰-普法尔茨州、萨克森州、下萨克森州、巴登-符腾堡州、黑森州都开展了阅读童子军项目。

7.“读书小海盗”竞赛

“读书小海盗”竞赛活动起初是由德国北威州促进阅读组织发起的。阅读组织邀请教育专家为孩子们精选了 2536 种图书,学生们通过阅读图书并回答问题来完成“海盗”之旅。活动现已推广到全国以及海外的德国学校,学生们都踊跃报名参加。

所有参与的学生在新学年伊始都会得到“读书小海盗”网站的上网用户名和密码。学生可以利用学校图书馆找书来读,特别是那些贴了“小海盗”图标的书。每读完一本书,就可以去“读书小海盗”网站寻找这本书,然后对图书进行评分并回答相关问题,网站还会即时公布答案、得分、在“读书小海盗”竞赛中的总积分以及自己在学校甚至全国的排名。“读书小海盗”活动将读书与网络相连,恰如其分地调动了孩子们的阅读积极性。

8.“爸爸给我读书”

德国阅读促进基金会曾做过一项阅读研究,被调查者中只有 8% 的孩子表示父亲会给他们阅读,于是该基金会推出了“爸爸给我读书”的项目。该项目主要是面向那些有工作的父亲,德国促进阅读基金会将精选的阅读指导资料和故事材料制作成电子文件的形式后免费分发给各支持参与机构,父亲们在公司和各机构的网站上下载文件,然后就可以利用晚上或者周末时间给孩子们讲故事。这些故事每周都会进行更新,题材广泛而且会根据不同年龄、不同性别进行分类,充分节约了家长为寻找故事而花费的时间。

这项活动自开展以来,反响强烈,因为它不仅激发了儿童的阅读兴趣,同时还开发了父亲们的阅读兴趣,更重要的是它促进了家庭和谐,父亲与孩子之间拥有越来越多的共同经历,话题也明显增多。

9. 教师俱乐部

由于过去几年,德国促进阅读基金会开展了一系列奇思妙想、丰富多彩的学校项目且社会影响甚大,他们开始认识到学校和教师是开展阅读推广的重要支持力量。通过教师的辅助和引导,儿童青少年对阅读和文学的兴趣与日俱增,同时读写基础能力也有明显提高。

由此,德国促进阅读基金会决定建立一个面向所有学校且对各种类型教师都开放的教师俱乐部。简言之,它相当于一个信息服务平台,为教师提供针对学校课程而设的系统和具说服力的教材,提供各种丰富实用的信息资源,进行阅读研究,同时还面向教师开展文学研讨会。

（李蕊撰写）

第四节　加拿大的阅读推广

一、加拿大从事阅读推广的主要机构

1. 图书馆

加拿大图书馆数量众多,类型多样,全国共有 3000 多个公共图书馆,2600 多个专业图书馆,250 多个高校图书馆和 9700 多个中小学图书馆。

加拿大公共图书馆的阅读活动从婴幼儿时期开始,如温哥华等地的社区图书馆,每周都会举办一次针对 0—2 岁婴幼儿的读书会,在读书会 45 分钟的时间里,图书馆员、家长和孩子一起读、唱节奏感强的儿歌,向孩子们展示 1 至 2 本绘本图书。很多公共图书馆还有针对学前班孩子的读书会,让学前班孩子通过阅读对书本上的知识产生兴趣,有利于顺利进入小学学习。图书馆会提供免费的资料向家长说明阅读对于学龄前儿童的重要性,并指导家长应该从哪些方面入手引导孩子读书。另外,图书馆还会不定期举办与读书相关的活动,如家庭故事会、睡衣故事会等,这些活动不仅培养孩子的阅读兴趣,同时培养孩子的社交能力。

每个小学都有一个图书馆,都配有至少一名图书馆教师,专门致力于促进学生阅读。从学前班开始,每个孩子每周都可以从图书馆借 1—2 本书带回家阅读。并且,每周都有图书馆课,这个课就和小学生的数学课、科学课一样,是一门正式的课程!不同年级的图书馆课程内容和要求不同,但都是以培养孩子阅读习惯、提高阅读水平为目的。孩子们还经常混合年级在图书馆搞团队合作项目,高低年级的孩子混合在一起编组,使阅读更具有趣味性。

2. 学校

在课堂教学中,每天也都有专门时间让孩子阅读。老师每隔一段时间对学生的阅读水平进行评级,然后为学生提供相应级别的读物。相近级别的孩子组成一个组,共同读一本书,并对书的内容进行讨论交流。随着年级的增高,阅读向纵深方向进入。同样一本书,阅读要求会有不同,以此来加深孩子对阅读内容的理解。高年级的孩子需要写阅读报告,把阅读和写作融合起来。

学校还有其他一些鼓励阅读的活动,比如给孩子们发一些资料以及一个记录本,所有连续完成每天至少 20 分钟阅读以及至少 30 分钟体育活动的孩子,都可以得到一张免费的体育比赛门票或者音乐会门票，而且对于陪同的家长给予折扣！这种方式将阅读和音乐体育等孩子感兴趣的领域结合起来，极大地提高了孩子们的阅读兴趣。

3. 非营利机构

除了学校和图书馆，在加拿大，活跃着很多非营利机构进行阅读推广，下面择其主要机构进行介绍。

(1)加拿大儿童图书中心(CCBC)，是一个非营利性机构，它主要致力于鼓励、促进、支持加拿大青少年的阅读、写作、理解的能力和相关刊物的出版。该机构帮助教师、图书馆员、售书员、家长选择和出版最适合年轻读者的书籍，并不断提高这些书籍的质量和种类。

(2)"让文字上街"，是一个非营利性的慈善机构，致力于加强加拿大人的阅读和促进扫盲工作。这一机构展开的阅读运动旨在提升大众的阅读、识字率，提供机会给一般民众去接触来自加拿大各地的书报杂志。除了各大出版商以外，许多小型出版社、独立作家、写作协会皆参与，此活动每年都吸引上千位民众参观。

二、加拿大主要的阅读推广项目分析

1. 一年级读书赠送活动

自2000年以来，教育部门与加拿大各地的图书组织合作举行一年级赠书项目，每个一年级的学生都会得到由加拿大儿童图书中心发放的一本免费的儿童读物。孩子们把这本书带回家和父母一起阅读，这是一项具有深远意义的赠书活动，活动为一年级的孩子们提供了超过50万册书籍。

2. 读给我听！

"读给我听！"是新斯科舍省的项目，这是一个基于医院的项目，以帮助家庭提高儿童的阅读能力。调查表明，孩子从出生就开始学习，一直到3岁，大脑的发育速度是最快的。"读给我听"为新斯科舍省的每个新生儿送去一个书袋，书袋中提供有英语、法语、阿拉伯语、汉语书籍，另外，还有为听觉和视觉有障碍的孩子提供的特殊材料。全省11家医院参与到其中，一般在婴儿出生24小时之内就会把送书任务完成。

3. 想象阅读——在蒙特利尔医院推广阅读

研究显示，阅读对婴儿甚至没出生的孩子的大脑都会起积极的作用。基于这种认识，2007年蒙特利尔四所主要的儿童医院与魁北克省扫盲中心合作，开展了用阅读促进健康的项目，每个未满5岁的孩子都将得到一本自己母语的书籍，此外，医院还通过阅读评估家庭的亲和力。在医院候诊室设立“阅读角”，由志愿者为候诊的儿童阅读。在重症病房的新生儿的父母也会收到一本书，并鼓励他们给自己生病的婴儿阅读，培养孩子的读书习惯。

4.“阅读和宣读”

“阅读和宣读”这个项目主要是50岁以上的老人和孩子一起阅读。志愿者在一个小的公共机构给孩子们每周阅读一次。该项目的重点是通过讲故事激发孩子阅读的兴趣，加强不同年代人的交流。该项目主要针对的是4—8岁的儿童。

5. 男孩与文学

加拿大最近的一个研究报告表明，12岁的女孩阅读成绩比12岁男孩高出30%。为了提高男孩的阅读能力，魁北克省教育部门和体育部门合作推出了一项专门面向男孩的阅读推广项目——男孩与文学。要提高男孩阅读能力，就要把眼界放宽，选择广泛的阅读材料，一定要找到与男孩兴趣相吻合的阅读内容。比如一个三年级的教师选择了旅游主题，孩子们在课堂上阅读《环游世界80天》，然后阅读80本相关的旅游书籍，很好地拓展了孩子们的阅读范围。另一个学校通过不同职业的阅读者来帮助男孩阅读，例如，校长、市长、当地店主等来给男孩们讲故事激发他们的阅读兴趣。此外，鼓励父母，特别是父亲应该亲自和孩子一起阅读，并和孩子讨论读过的内容，这同时也是一个培养批判性思维和分析思维的过程。

6. 指导阅读

在加拿大的教育中，小学阶段的语言艺术课的分量远远大于其他各种课程，而这门课程，最强调的是培养孩子的阅读兴趣和阅读能力。有些学校发起了小学生与幼儿园的孩子之间的伙伴关系活动，例如，在一所小学中，四年级学生成为幼儿园孩子的老师，选择他们自己感兴趣的故事读给幼儿园的孩子听。在一所中学里，学生们成立了一个“阅读委员会”，他们选择适合自己的图书，并指导更小的孩子阅读。

第五节　新加坡的阅读推广

一、新加坡阅读状况

到2007年，新加坡图书馆网络共包括58个图书馆，其中1个国家图书馆、3

个区域图书馆、20 个社区图书馆、10 个社区儿童图书馆、10 个学校/学术图书馆、14 个政府/专门图书馆①。据新加坡国家图书馆公布的数据,2006 年新加坡图书馆的到访人次达 3738 万、图书借阅量达 2884 万册,即平均每个新加坡人一年到图书馆借书达到 7 本。

新加坡市民除去公共图书馆阅读,还常在书店买书。新加坡所有大型的商厦里都有书店,人们把逛书店与逛超市、逛服装店一样当成必需的事情。与其他商品店一样,新加坡书店也讲究名牌和特色,竞争激烈。美国的博德斯书店、日本的纪伊国屋书店、新加坡本地的名牌书店叶壹堂书店在新加坡都是家喻户晓的著名书店。在书店的竞争中,读者无疑成为了最大的受益者。阅读已经成为了新加坡的主要休闲选择之一。

新加坡的阅读推广活动主要由 3 个机构开展,他们分别是国家图书馆管理局(The National Library Board,简称 NLB)、新加坡国家书籍发展理事会(National Book Development Council of Singapore,简称 NBDCS)、"新加坡图书传播机构(BookCross @ SG)",这些机构通过各种各样的阅读推广活动,推动了新加坡的全民阅读素养的提升。

二、图书馆界的阅读推广

新加坡图书馆体系包括公共图书馆、学校/学术图书馆、政府/专门图书馆 3 大类型。国家图书馆管理局(The National Library Board,简称 NLB)负责监督、管理全国图书馆,所有图书馆的馆舍、设备、经费、人员、图书资料、服务运行机制等都由 NLB 统筹安排。

由于新加坡是多元种族国家,每一个公共图书馆都收藏 4 种官方语言(即英语,汉语,马来语和泰米尔语)的图书。新加坡国家图书馆的馆藏以新加坡和东南亚图书为特色,其中在亚洲少儿图书方面更具特色,且各社区图书馆在藏书及设施等方面又各具风格,由此就开展一系列的群体活动。新加坡国家图书馆从 1995 年起,在短短十多年间跻身世界一流图书馆之列。它作为公共图书馆是公认的世界上管理最优秀的图书馆。其在发挥图书馆的社会功能、藏书建设、改善设施和提供个性化服务、阅读推广等方面有许多值得我们借鉴的地方。

1. "读吧！新加坡(Read！Singapore)"全民阅读推广活动

"Read！Singapore"活动是一年一度的全民阅读推广活动,是新加坡最主要

① 赵乃暄,包平.新加坡图书馆:特色与启迪[J].新世纪图书馆,2008(5):74-76.

的阅读推广活动。主要通过新加坡人共读几本书来推进阅读,促进交流。该活动始于2005年,至今已举行了8届,于每年的5月底到8月进行,为期10至14周,具体的活动流程可以分为图书甄选、宣传造势、导读与讨论三个阶段。活动期间会有不同形式的分享和讨论会,每年举办200多种活动,几乎每天都有两至三场活动,规模宏大,生动有趣,每年有3万多人参与活动。

"读吧新加坡(Read! Singapore)"活动标志

"Read! Singapore"活动的主要目的,是促进新加坡人文化阅读,重新发现阅读的乐趣,并让新加坡人有共同讨论话题的机会。"Read! Singapore"活动还旨在通过丰富多彩的活动,帮助开发新加坡人的批判性思维、创造力、表达力和想象力①。

(1)活动的起源

20世纪90年代中期,美国、加拿大、英国和澳大利亚等国的多个城市都开展了"One City, One Book"(全城共读一本书)的阅读运动。受此活动的启发,2005年5月24日,NLB在国内阅读推广活动的基础上,推出了"Read! Singapore"运动。"Read! Singapore"活动有着迥异于"One City, One Book"的特色——这是由新加坡的语言特色所决定的。新加坡有4种官方语言,所以,在首届活动中,组织者就挑选出12本小说供国民阅读,4种语言,每种语言3本。

(2)图书的甄选过程

甄选组的成员包括来自教育部、学校、书局、大学教授、非盈利出版机构、语文局、撰稿人、作家等方面的代表。

甄选的标准有:①主题必须鲜明,必须符合多方面的道德观念;②内容必须反映一般新加坡人的观点,必须能够激发广泛的讨论空间;③主题必须能引起社会各阶层人士参与讨论的兴趣;④所选读物在市面上应该可以买到,不宜太长,无须太多时间即可读完②。

图书甄选过程中,注重专家精选与大众推荐相结合。首先,鼓励大众通过互联网、手机短信和免费明信片来推荐一种语言的阅读书目;图书甄选专家小

---

① http://readsingapore. nlb. gov. sg/

② 陈红涛. 阅读改变人生——"读吧! 新加坡"活动及其启示[J]. 江西图书馆学刊. 2005(4):79-80.

组再从大众推荐作品中精选出 5 篇，公布到网上供大众投票；票高者当选为当年指定的某种语言的阅读书目。

(3)活动的宣传造势

“Read！Singapore”活动的宣传推广采用了全方位立体化的方式，利用了报纸、电台、电视台、网站、社交媒介、移动通讯、广告牌等一切可能的宣传方式，尽可能覆盖全国、覆盖全民。并且，宣传推广充分利用名人效应，邀请部长、议员、广播员、歌手等担任阅读大使。比如，2008 年有声光碟中英文版本的前言由新加坡总理李显龙亲自录制；2010 年由歌手孙燕姿来带动青年人的阅读。

孙燕姿参与 2010 年“Read！Singapore”活动

(4)活动特色

①主题鲜明，针对性强

“Read！Singapore”活动每年都会侧重一个主题，面向的读者群体也会有所区别，例如 2005 年主要面向出租车司机，活动主题为“总结来时路，盼望新天地”，2012 年活动的主题为“七彩长虹筑心桥”，其主要推介对象是 7 至 14 岁的儿童。历年主题具体见下表。

表 3-1 “读吧！新加坡”历年主题及面向的主要对象

年份	主题	主要推介对象
2005 年	总结来时路，盼望新天地 (Coming Of Age)	出租车司机
2006 年	向内看，向外望 (Looking In Looking Out)	美发师

续表

年份	主题	主要推介对象
2007 年	情相系,心相连 (Ties That Bind)	公务员和医药界人士
2008 年	故土情,异乡梦 (Home And Away)	医护人员、服务业人员 及他们的顾客
2009 年	梦想与抉择 (Dream And Choices)	家庭与青年
2010 年	敢为梦想走天涯 (Roads Less Travelled)	15 岁及以上的国人
2011 年	时空流转 (Transition)	8 至 10 岁的儿童
2012 年	七彩长虹筑心桥 (Bridges)	7 至 14 岁的儿童

②注重大众参与,加强与读者互动

"Read! Singapore"活动能够利用博客、Facebook、Twitter 等社交平台与读者互动,鼓励读者推荐书目、交换阅读心得、提供反馈意见。并且,与资讯通信发展管理局联办,将阅读活动扩展至移动通讯工具,公众可以通过资讯平台提供反馈意见。此外,在专门的电子书网站上也能阅读并参与讨论。

新加坡 2012 年"读吧! 新加坡"活动

③纸质阅读、网络阅读与移动阅读并重

除了推广传统的纸质阅读，"Read! Singapore"活动将短篇小说上传至"掌上图书馆(Library-in-your-pocket)"，供使用者下载阅读。同时，还提供移动阅读服务(Mobile-Read)，民众只要用智能手机下载安装名为"Mobile-Read"的免费应用程序，就能够阅读300多个4种语言的短篇故事。这样的三位一体的阅读方式，使读者既能"读"书，又能"听"书，还能网上"观"书。

④全面关注，照顾到不同社会群体的阅读需求。

2006年时，首次将分别使用4大官方语言的4篇短篇小说翻译成其他3种官方语言，集合成册，多种语言并重，提供不同语言的翻译本，以鼓励跨越社群和文化阅读。2008年起，又将短篇小说录制成4种语言的有声光碟，满足残障人士、老年人群和读写能力不高人群的需求。

2. "儿童启蒙阅读计划"(kidsREAD!)

"儿童启蒙阅读计划"作为一项全国性的运动，在2004年世界读书日(4月23日)之际推出，它旨在培养和鼓励小孩，尤其是低收入家庭的孩子养成爱读书的习惯。新加坡国家图书馆管理局阅读推广处处长高丽莲曾指出，获选参加阅读计划的学生绝大部分也是教育部经济援助计划援助的学生。"这些孩子，家中所能给予他们的阅读支援较少，家长也没有多余的资源让他们去上增益课程，设立这个计划就是希望能够帮助他们。"2012年活动就是重点组织4到8岁的儿童，每周一次在邻近中学哥哥或姐姐的带领下，培养阅读习惯，从中加强英语使用能力。

奥运冠军 Michelle Kwan 在"儿童启蒙阅读"俱乐部与孩子们沟通交流

新加坡教育部也一直大力支持这个计划,2012 年鼓励更多小学参与国家图书馆管理局的“儿童启蒙阅读计划”,并争取在一年内让参与的学校增加近一倍达 86 所。新加坡目前有 43 所小学设有“儿童启蒙阅读计划”俱乐部,学生义工达 130 名,另有 130 名中学生则在社区中心、民众俱乐部和学生服务中心的“儿童启蒙阅读计划”俱乐部服务。全岛目前有 125 个“儿童启蒙阅读计划”俱乐部,包括学生、各界明星在内的义工达 5000 人。学生义工在正式投入服务前会在新加坡国家图书馆管理局的安排下,接受专人的训练,加强朗读、讲故事和活动开展技巧。随着计划的扩展,所需的义工人数也会增加,配合“德育在于行动”计划(Values in Action),国家图书馆管理局将鼓励社会各界人士参与到“儿童启蒙阅读计划”。

3. 乌节图书馆

乌节图书馆坐落于新加坡乌节路(Orchard Road)上的义安城(Ngee Ann City),这里是新加坡的购物和商业中心,是国家图书馆管理局管理下的第一个专注于为 18 到 35 岁之间的年轻人提供馆藏和服务的公共图书馆,该馆也是新加坡第一个系统建立漫画馆藏的公共图书馆。在鼎盛时期,该馆的馆藏达 12 万多项,其中超过 33% 是供年轻人阅读的英文小说。建立乌节图书馆的主要目的就是吸引年轻用户重新回归图书馆,但随着生活方式的转变,乌节图书馆也不单单是一个提供简单借阅服务的图书馆了,而成了年轻人聚会、交流、上网和学习的场所。乌节图书馆很多成功的创新活动吸引了大量的年轻人,比如“乌节音乐系列活动(The music@ orchard Series of Programs)”就是一个成功的例子,该活动邀请说唱歌手或摇滚乐队演出,吸引大量的年轻人参与。另外,乌节

乌节图书馆馆内一角

图书馆馆内有专门的音乐厅和咖啡馆吸引青年人，每年约有 140 万人次青年人使用该图书馆。

1999 年 10 月 21 日在新加坡新闻及艺术部部长 Lee Yock Suan 的主持下，乌节图书馆正式开馆，2007 年 7 月 25 日，国家图书馆管理局宣布由于地域限制，影响图书馆进一步发展，该馆将于 2007 年 11 月 30 日关闭，并计划 2014 年第一季度在一个新建成的购物中心重新开放，新馆面积将略大于其前身，达 1700 平方米，将跨越两层的商场。在该馆关闭前几个月，为了纪念乌节图书馆搬迁，国家图书馆管理局举办了一系列的公共活动，如展览、观影活动、专题讲座，甚至有当地音乐家和乐队的表演。

4. 裕廊地区图书馆(Jurong Regional Library)

裕廊地区图书馆凭着其独树一帜的青少年图书馆空间，获得日本时装协会颁发的 2009 年日本创意奖(Japan Creation Award)，这个奖项主要颁发给那些在改善生活方式与建构新文化方面有卓越表现的亚洲城市。

裕廊地区图书馆外景

裕廊地区图书馆的落成并非偶然，是从青少年反馈中集思广益，再为他们量身定做的。裕廊地区图书馆在空间规划上非常新颖，很多地方匠心独运。图书馆内有两台饮食贩卖机让青少年使用，还特设迷你舞台与宽敞的讨论空间，让他们随心所欲地表达自己。图书馆还设立了涂鸦艺术角落让青少年挥洒创意，不过在涂鸦前，他们必须向图书管理员呈上绘画报告，然后才可以动手涂鸦。

配合馆内自由表达的空间，裕廊地区图书馆也举办辩论、乐队演奏、街头舞蹈等活动。另外,图书馆也定期主办读书会,让青少年当指导员,与其他同龄青少年分享阅读心得,并通过与学校合作项目,鼓励青少年踊跃写书评投稿或推荐图书。活动目的是为了培养青少年的责任感,使他们能淋漓尽致发挥潜能,同时培养他们的团队精神与领导才能。国家图书馆管理局的高级公共图书馆馆员林莉莎曾说:"在这里,我们不约束青少年,希望他们能'做回自己',通过不同的活动鼓励他们多多阅读,也让他们尽情挥洒青春活力。"此外,裕廊地区图书馆会持续向青少年收集反馈,以适时做进一步改善,这也是其发展创新的内在动力。

三、新加坡国家书籍发展理事会

新加坡国家书籍发展理事会(National Book Development Council of Singapore,简称 NBDCS)在 1969 年 2 月正式成立,主要推动讲故事,阅读,写作和出版,是一个非营利性的团体。理事会通过展览、评奖、教学课程、研讨会、讲座等形式,将图书行业与文学界更加紧密地联系到一起,为新加坡文化发展营造了一个良好的氛围。

1. 新加坡书展(Singapore Book Fair)

新加坡书展始于 1969 年,其前身为著名的"世界书展(the World Book Fair)",于 2009 年更名为"新加坡书展(Singapore Book Fair)",是东南亚最大的书展。每年举行一次,书展中举办各种活动,如讲座,舞台剧,电影改编,角色扮演活动等,这些活动大都在学校、图书馆举行。

新加坡书展每年都会吸引大量的参展商,参展商会通过讲座、展览等活动,将自己的个性化产品推介给用户。2012 年,新加坡书展就吸引了 80 多家参展商,他们各自的简介都发布在新加坡书展官方网站(www. bookfair. com. sg),以方便民众查找。

2. 新加坡文学奖

新加坡文学奖是由新加坡国家书籍发展理事会(NBDCS)举办的两年一度的比赛,已经创立了 21 年,该奖项仅颁发给新加坡本土作家,获奖作品必须用新加坡 4 种官方用语之一发表。获奖者除了获得由 NBDCS 颁发的特别荣誉证书之外,还将获得 10 000 美元的奖金。该奖项的评选目的是提高新加坡公众对文学创作的关注和支持,鼓励本土作家的文学创作和作品发表。英文、中文、马来文、泰米尔文文学作品虽然使用不同语文媒介,却共同描绘新加坡的文学风景,这就是新加坡多元语言、多元文化的特色。

3. 新加坡作家中心

新加坡作家中心(The Singapore Writers Centre ,简称 SWC)成立于 2006 年 9 月,隶属于新加坡国家书籍发展理事会,并得到国家艺术理事会的支持,由国家发展局资助,是一个能为作家提供一站式参考咨询服务的网络中心,能够回答作家有关写作、出版方面的疑问,并指引他们写作、出版的相关渠道。新加坡作家中心网站可以给作家提供一个在线资源包,为其提供所需的网络资源。通过此资源可以获得新加坡在文学作品出版写作方面最新的信息和政策。SWC 也会每月给作家发送一个名为 e-WordNEWS 的电子新闻邮件,里面有最新新闻、即将发生的大事、当地有趣的故事以及地区出版和文化发展近况。这对优秀文学作品的出版有很大的推动作用。

4. 亚洲儿童作家及插画会议

亚洲儿童作家及插画家会议(Asian Children's Writers and Illustrators Conference,简称 ACWIC)是一个年度活动,来自世界各地的儿童图书作家,插画家和儿童书籍出版商聚集在新加坡的 ACWIC,这提供了一个庆祝亚洲儿童书籍出版成绩,并进一步促进亚洲儿童文学作品创作和出版的平台。ACWIC 希望成为一剂强力的催化剂,为亚洲优秀儿童作品的创作提供新灵感。

2008 年亚洲儿童作家及插画家会议宣传图

5. 新加坡文学艺术和出版中心

新加坡文学艺术和出版中心(Centre for Literary Arts and Publishing Singapore,简称 CLAP)强调培训的重要性,致力于提升从事出版和文学艺术的专业人士的专业水平。该中心在国内外聘请专业的教员,按照国际标准并结合当地情况,为学员提供高质量的培训。这为优秀文学作品的产生奠定了坚实的基础。

新加坡国家书籍发展理事会的官方网站就有 CLAP 的课程安排,比如 2013

年3月份就有“趣味与创意写作”和“正确推销你的工作和选择代理”两门课程。

6. 新加坡国际讲故事节

新加坡国际讲故事节(Singapore International Story Telling Festival,简称SISF)也是个一年一度的活动,这是一个故事汇聚的盛会。2012年则是唯一一次来自世界各地的杰出故事讲述人齐聚新加坡来讲故事——带给大家来自不同文化背景的,不一样的生活中的故事。SISF的目标是警示、娱乐和启迪人们。SISF选择新加坡和国际上最好的说书人分享有关管理、个人发展、教育、社会改革、环境问题等各方面的故事。

7. 新加坡读书会

新加坡读书会在每隔一个月的第三个星期五举行会议,会议上大家分享他们的推荐书目,这些书目重点是具有较强新加坡风味。这种读书会能促使大家形成共同的文学兴趣,方便大家交流讨论,通过讨论使文学艺术更加富有创造力。读书会使得阅读不再是孤独的体验,阅读有大家相伴,将变得更有乐趣。

四、“新加坡图书传播机构”(BookCross @ SG)

该机构最著名的项目就是“图书漂流计划(Bookcrossing in Singapore)”,现如今图书漂流已经成为了一种国际现象,图书漂流,是文学艺术的一段奇妙旅程,读书人将自己读完的书,随意放在公共场所,如公园的长凳上,捡获这本书的人可取走阅读,读完后再将其放回公共场所,再将其漂流下去,让下一位爱书人阅读,继续让书香漂流。这里没有借书证,不需付押金,也没有借阅期限,就像一个移动的图书馆。这种好书共享方式,让“知识因传播而美丽”。如今,图书漂流的方式已不局限于投放户外一种,越来越多富有想象力的书友投漂图书时,在漂流说明中设定了自己的漂流规则,使图书的漂流过程变得更加丰富多彩。

五、新加坡的阅读推广对我国的启示

新加坡阅读推广活动在政府、图书馆和各种教育、民政、商业等公私营机构的合作下进行,宣传大使涵盖从总理、演艺明星到专家学者的广泛层面,活动的策划和组织渠道包括了图书馆、出版商、书店、学校、电台、电视和网络等。而我国目前的阅读推广更多的是图书馆在孤军作战,宣传途径以图书馆宣传窗口和网站信息发布为主。今后,我国阅读推广运动可以在电视、电台作为公益广告进行宣传,也可利用网络媒体加强宣传,开发全国性的主题阅读活动,并组织各地各级图书馆参与,邀请当代政要和影视体育明星参与宣传或担任形象大使。在我国社会建设公益基金缺乏的情况下,加强与出版商和书商的合作是解决资金问题较为行之有效的途径,可以通过书展的形式固定或巡回地公开展出书籍,这样既可以使图书馆担当人民阅读需求和出版商、书商之间信息交流的桥梁,又可以提高人民的阅读风气,普及阅读文化,实现图书馆和出版商、书商的双赢。

此外,新加坡阅读推广活动取得的瞩目成绩,也建立在充分了解读者的阅读心理和阅读行为的基础上。他们的推广活动很具有针对性,活动将用户按照年龄段、用户职业等方面划分,使得举办的活动更有目的性,效果自然也会事半功倍。所以,只有持续地研究读者心理和阅读行为,图书馆才能更好地满足读者对知识和阅读的需求,从而把阅读服务工作深化和细化。一方面,图书馆要通过净化环境、推荐目录、正面引导等方法开展阅读服务,并培养读者的阅读能力使其学会识别文献的优劣及价值。另一方面,要重视阅读理论的探讨,把阅读行为放在社会大背景下,来研究阅读对象、阅读主体结构、阅读方式、阅读性质等。

在新加坡,我们经常听到的一句话是:"新加坡很小,所以这样啦。"所谓的"这样",就已经包括了"Read! Singapore"在内的为了推动阅读设计的种种活动,以及舒适的阅读环境、创新的裕廊地区图书馆等等。小,自然有小的缺憾,但是他们却将有限的资源做了非常充分的推广,在推广方式上则是尽量多样地拓展。这其中蕴含的努力和创造力,也很好地诠释了图书馆以及图书馆员工作的发展方向。

(见政清撰写)

第六节　日本的阅读推广

早在二战前日本就已经兴起了阅读推广活动,不过在二战前日本的阅读推广活动仅仅是读书指导,日本较为常见的阅读推广活动是读书会、巡回文库等。此时的代表人物是中田邦造。中田邦造在石川县开始了以读书班级和青少年文库为主要内容的读书指导活动。二战之后,日本社会进行了民主改造。随着《图书馆法》的公布,公共图书馆"成为了民主主义的基础",而各地公共图书馆的阅读推广活动,也在扬弃战前活动的基础上,向着"读书普及运动"发展起来。

战后的阅读推广活动更加体系化、组织化和社会化,有了完善的计划和方案,更加成熟。到了20世纪70、80年代,日本公共图书馆的阅读推广活动开始了更进一步的变化——从注重团体到注重个人。时至今日,这种变化还在不断进行之中。

一、日本面临的国民阅读危机

伴随着互联网和计算机技术的快速发展,网络化、电子化文本迅速增长。网络资源具有信息源广泛、信息内容多样、表现形式丰富、阅读方式快捷方便、使用方法简单易学的特点①。越来越多的国民习惯于用网络媒介进行阅读,习惯于网络媒介提供的E-book这种新的文本载体。于是有人说网络媒介把人们,尤其是青少年带入了"浅阅读"和"压缩阅读"的时代。日本已有200万人成为手机阅读的读者。从2007年开始,通过手机在车上看书的人越来越多,人们的读书方式正在悄然变化。近年来,日本出版业的发展状况不容乐观。出版产值连年下滑,几大名刊相继停刊;手机阅读和网络的盛行使日本正遭遇着前所未有的阅读危机。

世界经合组织(OECD)曾于2000年进行学生学习能力调查,调查中"对阅读不感兴趣"的学生的平均比例为31.7%,而日本则高达55%。回答"只有在非读不可的情况下才会去阅读"的学生的平均比例为12.6%,日本则为22%。另外,2002年5月由社团法人全国学校图书馆协会开展的调查显示:从初中阶段起,日本儿童的读书量呈下降趋势。

日本《读卖新闻》2010年10月在全国范围内开展的最新一次读书调查结果显示,52%的受访者"最近一个月里一本书也没有读过",这一数字较上次的调查结果上升了3个百分点,与20年前相比,更是攀升了14%②。

二、日本阅读推广相关法律与政策

近年来,日本为推广阅读活动也相继颁布了一些重要法律。1997年日本修正《学校图书馆法》,规定学校规模只要超过12个班,都必须指派学校图书馆员。1999年8月9日,为了申明读书的价值、培养下一代阅读的兴趣,日本国会将2000年定为"儿童读书年"。2001年12月,日本又公布和实施了《儿童读书

① 蔡洪涛. 高校图书馆对学生阅读指导的理性思考[J]. 考试周刊,2010(37):203.

② 每日新闻社. 读书舆论调查[M]. 东京:每日新闻社,2009.

活动推进法》①，该法旨在明确国家、地方公共团体责任的同时，确定与推进儿童阅读相关的必要事项，全面而有计划地推进与儿童阅读有关的政策，努力促进儿童的健康成长。2005 年 7 月，日本国会通过了《文字、活字和文化振兴法》，并于同月 29 日开始实施。该法的主要内容之一是推进国语教育和读书推广，同时在该法中将读书周的第一天——10 月 27 日设立为“文字、活字文化日”，提倡支持学术书、翻译书的出版，支持国际图书节、出版社的权利，支持学校图书馆、公共图书馆的建立等。上述法律条文的颁布为阅读活动的推广提供了必要的制度和政策保障。

三、日本阅读推广的机构

图书馆携手社会机构实施了各种阅读推广方案，特别是对于儿童和青少年阅读习惯的培养，实施“阅读起跑线”活动。同时，图书馆自身也极为重视营造亲子阅读氛围。较常见的针对学龄前儿童的亲子阅读模式有：讲故事或连环画剧表演活动、读书交流会、主题故事会等。另外，图书馆还鼓励并指导部分家庭开展了“家庭阅读”活动。

日本的新闻出版业界、学校等也积极参与推进国民阅读活动。新闻出版业界 20 世纪早期就开始了读书推广活动，设立有专门机构或基金，举办相关活动，积极参与全国读书推进事业。

读书推进协议会（由日本书籍出版协会、日本杂志协会、教科书协会、日本出版经销协会、日本书店商业组合联合会、日本图书馆协会、学校图书馆协会组成）也是日本阅读推广事业的主力军。2010 年是日本的“国民读书年”，为配合这一活动，日本于 2010 年 7 月 20 日成立了“推进国民阅读合作者会议”。该会议的主要责任是讨论国民阅读以及阅读环境的现状和今后发展，探讨公共图书馆和学校图书馆的现状和今后的发展，具体事务由文部科学省生涯学习局的社会教育课负责。“推进国民阅读合作者会议”共有 17 名成员，分别来自出版行业、图书馆界、大中小学和政府教育部门。到目前为止，已经召开了 8 次会议。

四、日本主要的阅读推广项目

1. 国民读书周

“这才回过神，到站该下了！”这是 2010 年日本第 64 届读书周的广告语。

① 吴玲芳．“日本儿童阅读推进法”简介［J］．中小学图书情报世界，2004（10）：57，60．

秋季是日本文化教育活动最活跃的季节。读书周从10月27日到11月9日，为期两周。在此期间，读书推进运动协议会举办各种阅读推广活动，比如面向孩子的朗读会、旧书交换、阅读讨论等。

日本国民读书周海报

（图片来源：http://www.kodomodokusyo.go.jp/）

2. 国民读书年

日本政府将2010年定为“国民读书年”，推出2010年国民读书年相关活动计划。2010年4月在东京都内举办“儿童读书活动推进论坛”；6月在京都和福冈县举办“国民读书年学术研讨会”；7月在长野县举办“读书及图书地方自治体高峰会”；并将于10月以东京上野的教育文化设施为中心举办作为活动集大成的“国民读书年纪念祭典”活动。还计划在各地开设工作室，促进儿童语言能力的提高，展开在学校图书馆配备日本各大报纸的五年计划等各项促进读书活动，再次掀起国民读书的高潮。

3. 儿童读书周、儿童读书日

日本政府以及社会各界在推进儿童读书活动上做出了很大的努力，并实施了很多独具特色的有效措施。确立了“儿童读书周”、“儿童阅读年”和“儿童阅读日”。日本一年一度的“儿童读书周”活动于4月23日至5月12日举行，活动期间各种盛大的读书活动让孩子们沉浸在读书的快乐之中。

日本于2001年12月制定公布了《儿童读书活动推进法》，将每年的4月23日定为“儿童读书日”。法规实施后，日本定期制定并公布推进儿童读书活动计划，地方政府也制定并公布地方性的推进儿童读书活动的政策计划，文部科学省每年都对地方政府落实情况进行监督考核。读书日当天，文部科学大臣会表彰举办读书活动的优秀实践团体，全国的公共图书馆也会在读书日前后举行与儿童读书有关的活动。

日本儿童读书日海报

（图片来自于：http://www.mext.go.jp/a_menu/sports/dokusyo/shuppan/030301.htm）

日本政府及社会在进行儿童阅读推广活动中积极宣传并提出相关政策，例如制定及分发家庭教育手册。每年政府制定并分发“新家庭教育手册”给有儿童的家庭，手册对家庭中儿童阅读的重要性及如何进行阅读进行了相关说明。政府大力支持家庭教育，为儿童提供更多的家庭教育学习机会。

4.“晨读”运动

“晨读”运动是1988年由日本千叶县女子高中的两位教师发起的在教室进行的10分钟的读书活动，后来扩大至全国。至2010年4月，日本已有2.65万所学校参与了“晨读”运动。在每天上课前10分钟，学生和教师自由选择自己喜爱的书进行阅读，这一活动的要点在于“每天”“大家一起”“喜欢的书”“只读”（不要求写读后感）。孩子们可以自由选择除漫画之外的任何书籍，同时，在学校内设有书架，营造“书籍就在你身边”的环境，并设立一些相关奖励。在全国书店网络“晨读”运动网页中曾公布了这项运动的收效，通过“晨读”运动，学生的“注意力集中了”“知道理解他人了”“读解能力提高了”“迟到减少了”，该运动起到很好的效果。

5. 图书馆亲子阅读推广活动

在日本，早期阅读被视为教育的重要发展项目，是不折不扣的“国家工程”。图书馆携手社会机构实施了旨在培养婴幼儿阅读习惯和兴趣的“阅读起跑线”活动。同时，图书馆自身也极为重视营造亲子阅读氛围。较常见的针对学龄前儿童的亲子阅读模式有:讲故事或连环画剧表演活动、读书交流会、主题故事会等。另外,图书馆还鼓励并指导部分家庭开展了“家庭阅读”活动。此活动作为“晨间阅读”的家庭版,以家庭为单位,通过阅读促进家人之间的感情交流。日本图书馆推广并开展的阅读类活动,有助于培养孩子们的阅读兴趣,也有利于孩子增强社交能力,因此儿童和家长都非常乐于参与。

6.“夏日100册”

日本出版社也善于创造读书潮流。新潮社、角川书店、集英社就常年举办“夏日100册”阅读活动。这一活动已有30多年的历史,每到七八月份,出版社会从自家文库中选出100种,把书单做成精美的宣传册,在各书店免费发。新潮社还开发了熊猫型吉祥物“Yonda(中文译名:读了吗?)”为卡通代言,“夏日100册”活动时它也会来帮忙。出版社推出“夏日100册”的同时,会按照购买量提供赠品,另外还有特别设计的包书纸等,激发了消费者的收集欲。该活动最初是在1976年由新潮社创办的,之后角川书店和集英社也纷纷跟进,合力培养出了“夏天=读书”的国民心理。

(张蕎薢撰写)

第七节　韩国的阅读推广

自古以来韩国一直重视普及教育和促进全民阅读,无论是在被日本殖民统治时期还是在取得独立后百废待兴的时期,2006年世界图书馆与信息大会在韩国首尔的成功召开,犹如为韩国图书馆事业的发展注入了一针强心剂,不仅为韩国图书馆事业的发展带来了最先进的思想观点和技术理念,而且在韩国各界形成了一种发展图书馆、振兴图书馆的舆论热流。它极大地推动了韩国图书馆事业和国民阅读的发展进步。

一、韩国阅读推广的主要政策法规

1. 韩国《图书馆法》

现行的《图书馆法》是2006年10月4日正式颁布并于2007年4月4日正式实施的,它是在1994年的《图书馆及读书振兴法》基础上进行的修缮和重制,2007年4月5日开始实施《图书馆法实施令》和《图书馆法实施规则》。

2006年的《图书馆法》更加注重从细节上践行法律精神,对于责任和义务的划分也更加具体，保障了公民获取信息和获知信息的权利。它把图书馆的发展上升到国家发展的层面，提高了图书馆的社会地位，提升了公众对图书馆的认知度，创造了全民阅读的积极环境。

2. 韩国《阅读文化振兴法》

早在上世纪 90 年代，韩国各界就曾提出过振兴图书馆的想法，并于 1994 年制定了《图书馆与读书振兴法》。进入 21 世纪，随着互联网等新媒体的出现和普及，传统阅读受到了明显的冲击，与此同时，韩国政府进一步认识到阅读在知识经济时代的重要性，便将读书振兴作为一项专门法提出，以规范和促进社会的全民阅读。

2006 年 12 月 29 日通过的《阅读文化振兴法》主要内容有：

(1)规定文化体育观光部为国民阅读推广的官方机构，每 5 年需制订一份读书文化振兴基本规划。

(2)成立读书振兴委员会，指导和推动国民阅读的开展。

(3)规定中央和地方政府必须为全体公民提供均等的阅读教育的机会。

(4)明确社区、学校、公司企业等各非营利和营利机构在推行全民阅读中的责任。

3. 韩国《学校图书馆振兴法》

韩国学校图书馆是指高中及高中以下的各级学校以满足师生教学活动为目的而建立起来的图书馆或图书室。在韩国所有图书馆中，学校图书馆的数量最多，分布最广泛。为了更好地规范和推动学校图书馆的发展，亟须有一部法律来健全保障，而《学校图书馆振兴法》就是针对各级学校图书馆而制定的专门法律。其主要内容有：

(1)制定学校图书馆的各项规章制度及运营准则条例。

(2)从法律和制度上确保学校图书馆有稳健的资金投入，有合理的振兴发展计划。

(3)配置合格的学校图书馆工作人员和馆员教师。

(4)建立学校图书馆信息网络。

不难看出，韩国政府对于推进全民阅读这项工作进行了不懈的努力，制定的各项法律制度可谓是制高点上的前进，其目的就在于唤醒国民的读书意识、培养国民的读书习惯、营造国民的读书氛围、提高全体国民的素质。

二、韩国阅读推广的主要机构和项目

政府机构、出版界和书店、图书馆、协会和民间组织、传媒机构是发达国家推广全民阅读活动的中坚力量，它们在阅读推广中发挥着各自不可替代的作用。政府策划组织的工作通常具有指明性、感召性和不可抗性，因此可以保证阅读推广活动切实开展，而非政府机构开展的工作则具有针对性、现实性和适用性，因此可以因地制宜地进行阅读推广。推广的模式往往以政府主导——指引方向，各机构参与——协同带动的方式进行。

1. 政府主导的阅读推广

韩国是世界上阅读推广运动发展较成熟的国家之一，即便是在全球阅读量普遍下降的今天，韩国仍保持着平均每人每年阅读 11 本书的记录。可以说，这与韩国政府不遗余力的宣传推广有密不可分的关系。

在韩国，阅读被喻为政府工程。多年来，政府一直在立法政策、资金、项目等多方面予以积极的支持，且参与阅读推广的机构几乎囊括了韩国政府的所有属辖。除了前文提到的各种法律法规之外，韩国政府还制定了一系列切实的推广政策来改善阅读环境，如韩国教育科学技术部制定的《学校图书馆活性化综合方案》、《提高阅读教育和中小学图书馆的综合规划》。文化体育观光部将每年 9 月定为全国阅读月，并在 9 月颁发读书文化奖，向对推进国民阅读做出突出贡献的个人颁发总统勋章，以此力举阅读。

2003 年，中央和地方政府联合图书馆、出版商、社区中心、慈善机构推行了韩国的“阅读起跑线”工程，其主要目的是让幼儿提早开始养成阅读的习惯。它是以礼物袋的形式为六个月以上的幼儿家长提供数本图书和一份读书书目清单，后续再联合图书馆举办各项活动直到 3 岁学龄前。截至目前，此工程已覆盖韩国 111 个地区，每年有约 100 000 个孩子收到礼物袋，而且数字还在不断增长。

此外，在中央政府和地方政府的支持下，全国各类图书馆的数量明显增加，给民众提供了环境舒适的阅读场所，其中公共图书馆由 2001 年的 436 所增加到 2010 的 748 所，学校图书馆由 2002 年的 8101 所增加到 2010 年的 10 937 所，并于 2006 年建成了国家儿童青少年图书馆，以引导和推动面向青少年的阅读活动，全力为儿童和青少年提供更好的服务。

2. 韩国国家儿童青少年图书馆（NLCY）

作为韩国图书馆界的代表，韩国国家图书馆一直致力于为国民创造更优越的读书环境，不断推进国民阅读的发展。在阅读推广面向的所有群落里，韩国社会各界最重视的是面向儿童青年的推广，国家少年儿童图书馆，以下简称 NLCY，近几年来策划和推行的项目主要有：

(1)与图书馆一起读书

这是一项由全国90家公共图书馆共同发起的活动，旨在帮助贫困家庭孩子养成阅读的习惯。图书馆员或者阅读指导者每周会到当地的儿童福利院、托管中心开展读书活动，通过给孩子们创造阅读教育的机会来提高他们的读写能力和阅读技能。NLCY为每个参与项目的图书馆提供3500美元的资金支持，这些资金主要用于购买图书和聘请专业阅读辅导者。

(2)多文化家庭共享读书

随着经济和社会的发展，韩国社会形态由单一同质社会向多元化社会转变，从而出现了越来越多的多文化家庭，这类家庭中的孩子语言能力相对落后。针对这种家庭，NLCY同美国威斯康星州密尔沃基大学合作，创作了以叙述故事情节为主要内容的图书和DVD，并把它们译成英语、韩语等主要语言，随后再分发给公共图书馆和文化中心以帮助和促进这些多文化家庭孩子的阅读。

(3)13—18岁"书虫"的图书馆冒险

"书虫"由800名中学生阅读爱好者组成，负责向同龄人推荐图书并组织参与图书馆举行的各种活动，在他们的号召和带领下，越来越多的中学生投入其中，表现出自愿读书的意愿。这项活动起初由NLCY开展，现由各个学校图书馆负责。每年约有40家初、高级中学参与其中，NLCY每年会为参与的每家学校提供约2000美元的资助。

(4)阅读培训班

由NLCY领导组织，全国800多家公共图书馆联合运营的阅读培训班活动，每年寒暑假分别举行一次，NLCY制订阅读指导手册和宣传海报分发给公共图书馆，针对学生和图书馆员开设不同的培训班和研讨会，以提高馆员的实际工作能力和学生的阅读能力。

夏季阅读培训班海报

(5)图书馆员继续教育课程

为了提升图书馆员的专业技能、培育他们的职业精神，以更好地辅导孩子阅读，进行阅读推广工作。NLCY还开设了专门的培训课程，最初只有培训班，现已延伸到在线课程和研讨会，培训课程主要涵盖9项内容：读懂儿童的图书、开发设计儿童活动项目、领会儿童的语言、深入阅读绘本、同儿童沟通无碍、儿童服务基本原理、儿童阅读咨询、与儿童一起读书、评析儿童读本。

3. 学校图书馆进行的阅读推广

韩国教育科学技术部2008年推出的"中小学图书馆振兴项目"和2009年制订的《提高阅读教育和中小学图书馆的综合规划》不仅从硬件上改善了学生的阅读学习环境也从软件上强化了学生的阅读意识。此后,学校以及学校图书馆组织各项活动以配合阅读工作的深入开展,如推行"10分钟晨读活动",要求每个学生上午上课前阅读10分钟;支持运营面向教师、家长和学生的图书俱乐部,为阅读水平较低的学生提供各种咨询帮助;推行阅读疗法项目;举办阅读教育论坛和中小学图书馆研讨会。

4. 社会力量进行的阅读推广

各种社会力量在阅读推广领域开展了诸多的活动,由于民间资本的灵活性和其宣扬的社会责任,所以他们在韩国阅读推广中具有不可替代的作用。

(1)"小小图书馆"运动

上世纪80、90年代,图书馆社会运动渗透到了民众层面,在运动的影响下,一系列的以信息中心、文化教育中心、阅读中心、儿童图书馆为代表的小型图书馆陆续建立,这些图书馆大都由私人投资和社会捐赠,服务地区民众。进入新世纪,这些"小小图书馆"发展地更加成熟也更具规模,可谓是云屯雾集,它们的建立不仅反映了民众对于阅读的强烈渴望,反过来也进一步推动着阅读运动的发展。

(2)"奇迹图书馆"

"奇迹图书馆"工程初创于2003年,由非政府组织阅读文化基金会连同公共广播公司、地方政府和私人企业共同建立。截至目前,韩国已经建立了11家"奇迹图书馆",它们旨在为儿童提供具有吸引力和创造性的环境,在这样的环境中,儿童们不会受到歧视,通过平等地阅读书籍培育他们的梦想。"奇迹图书馆"不仅是社区的文化中心,还是儿童托管的基础设施,更是一个梦幻的儿童阅读空间。

(3)让孩子靠近图书

该项活动是由"Cheongju奇迹图书馆"(即上文提到的"奇迹图书馆"的其中一家)与"三星梦想奖学金"、社会团体、地区小学和儿童福利中心联合发起的。活动主要是帮助那些阅读能力较差、缺乏技巧和学习成绩落后的孩子提高阅读水平。"Cheongju奇迹图书馆"主要提供场地支持,同时也分发一些书籍给孩子长期阅读之用。

奇迹图书馆

三、结语

韩国的阅读推广活动在经历了几个时期的努力发展后，成绩斐然。这一成绩是建立在全国联动的基础之上的，如果没有法律政策提供基础性保障和指导，图书馆的社会地位不可能如此之高，各方的权益很难综合平衡，阅读推广工作的开展也无法做到有的放矢；而如果没有全社会各界的广泛参与，图书馆事业发展会受到桎梏，阅读推广工作也可能会陷入阶梯差距的泥潭之中，那么就达不到以阅读来净化心灵、提升素质、完善自我的目的。

（李懿撰写）

第四章　不同类型机构的阅读推广

第一节　公共图书馆①

一、为什么要进行阅读推广

从理论角度说,公共图书馆的一项重要的职责就是促进阅读,在 IFLA 颁布的《公共图书馆宣言》中提出的公共图书馆职能的第一条就是“养成并强化儿童早期的阅读习惯”,另外第三条“支持个人自学教育”和第四条“激发儿童和青年的想象力和创造力”都和阅读密切相关。

从现实角度来说,图书馆必须进行阅读推广。阮冈纳赞著名的五定律提出“书是为了用的”,图书馆的馆藏要发挥作用,需要推广给读者。图书馆拥有优质资源并不意味着这个图书馆就是一个好的图书馆,一个好的图书馆必须要把资源用起来。另外从目前我国公共图书馆的现实情况来看,中西部地区广大的公共图书馆普遍存在社会存在感比较弱的问题,阅读推广是重塑图书馆形象的一个重要途径。

二、图书馆进行阅读推广的基础

1. 符合需求,兼顾价值的馆藏体系

图书馆进行阅读推广首先要有一个科学合理的馆藏体系。一般来讲,图书馆在构建馆藏体系的时候会结合本馆目标和读者的实际需求进行构建。在实际运作过程中,往往会遇到**“价值论”**和**“需要论”**的问题。笔者曾参与《双基书目》的编制,在编写过程中,编写组曾对此问题进行深入探讨,笔者认为应该**寻求价值论和需要论的平衡,在需求为主的基础上兼顾价值**。这里讲的需求为主主要是要结合图书馆的规模、定位以及所服务的读者群。曾经听朋友谈起,在他们馆,馆领导对这个问题意见不一致,有的馆长认为应该买一些大部头的书,有的馆长则认为应该买读者需要的书。造成前一种意见的原因主要是因为过

① 本节内容是笔者赵俊玲 2012 年 4 月 23 日在河北省图书馆所做报告的讲稿。

于重视价值,忽视了需求。一个基层公共图书馆,所购置的图书就不能过于“阳春白雪”。当然这也隐含了对图书馆馆藏作用的认识的问题,图书馆购置馆藏的目的更多是为了用,而不是摆在那里充当门面,别人参观时好看。而另外一个方面,图书馆在购置馆藏的时候肯定要考虑价值,因为图书馆是社会教育机构,负有引导读者的职责,不可能完全是读者需要什么我们就给他提供什么,读者喜欢看故事会,就大量买故事会,读者喜欢看武侠小说,就大量买武侠小说。图书馆在购置馆藏时需要考虑的度我认为可以这样理解:在图书馆的阅读指导下,读者可以理解其中的内容的书或者其他资料应该考虑购买。用我自己的话说就是“让读者蹦起来可以够得到”。

2. 愉悦的阅读环境

阅读的基本要素,除了阅读主体(读者),阅读客体(读物),还有一个非常重要的要素,就是阅读环境的构建。其实阅读环境的构建核心的问题是图书馆要营造一个什么样的环境氛围,是安静肃穆？还是温馨？现在我们强调图书馆功能的多元化,图书馆会有很多个功能分区,静思区,交流区等。并且图书馆特别是公共图书馆面向的读者类型多样复杂,这种情况下不可能有固定的阅读模式,但是它一定要适合所服务人群的特点,大家比较关注的是儿童区,记得我当时 2005 年去新西兰的时候去参观惠灵顿的社区图书馆,思维特别受冲击,孩子们就坐在地上或者软沙发上很自在的阅读。当然这种冲击有可能是因为自己是井底之蛙,没有见过世面,近几年也参观了很多国内的公共图书馆,现在国内

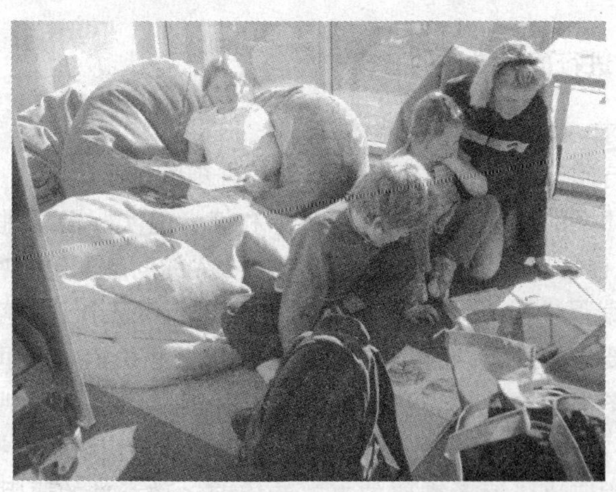

新西兰惠灵顿 koari 社区图书馆的阅读环境

赵俊玲摄于新西兰

发达地区公共图书馆儿童区的环境做得越来越好。还有面向老年人的阅读环境，年前去河北省唐山市丰南区图书馆参观，也颇受震动，图书馆在报纸阅览室的某些桌子上放置了老花镜、放大镜，方便老年人使用。

三、图书馆进行阅读推广的主要方式

1. 书目推荐

图书馆在进行推荐的时候以馆藏推荐为主，但是并不完全限定在馆藏，笔者认为大概有以下几种方式：

(1)借阅排行。借阅排行是图书馆采用得比较多的一种方式，很多图书馆提供周期为一个月、一个季度或者一年的借阅排行榜。有的馆按类提供借阅排行。

(2)新书推荐。新书推荐也是图书馆采用得比较多的一种方式，有以下几个途径：一是设置专门的新书书架，二是对新书进行定期巡展，三是网络上推荐。

来自长沙市天心图书馆网站

(3)编制主题书目

编制主题书目指图书馆根据需要，将本馆关于某一个主题的资源进行揭示和宣传，尽管称之为主题书目，但是实际上涵盖的范围除了图书之外，还包括报

纸、数字馆藏等。下图为首都图书馆网站中关于风筝的主题书目。

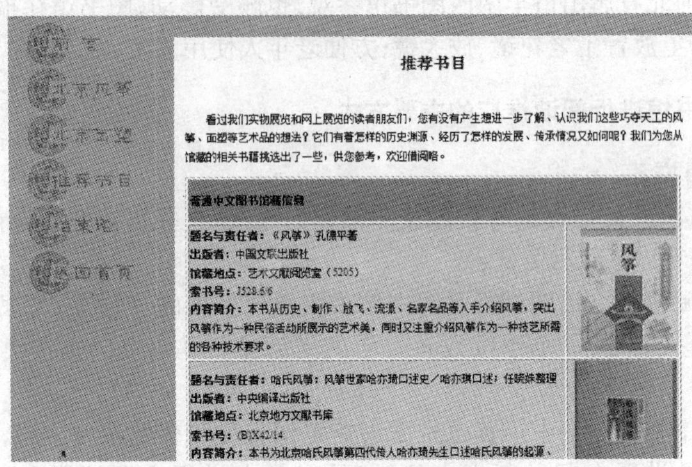

首都图书馆关于风筝的主题书目

(4)馆员推荐

图书馆员对资源比较了解，让馆员推荐图书可以充分发挥馆员的作用，并激发馆员的热情。

(5)读者推荐

读者是图书馆非常重要的资源，图书馆一定要有意识地将读者资源组织起来，具体到阅读推广中，可以充分地让读者进行推荐。让读者进行推荐的方式多种多样，比如苏州独墅湖图书馆在阅览室放置图书推荐圣诞树，在树上挂满了小卡片，读者可以把他认为值得推荐之书的书名和推荐理由写到上面。这里要强调的一点是**推荐方式一定要适合读者群体的特点**，比如面向儿童的推荐。儿童不会写字，有的馆放置“好书箱”和“坏书箱”，如果小读者觉得看的是好书，就把书放到“好书箱”，如果觉得这本书不值一看，就把它放进“坏书箱”，这种方式简单易用，又适合儿童。

2. 常规读书活动

除了馆藏推荐，公共图书馆经常采用的阅读推广方式就是举办各种各样的读书活动，在这里我强调常规，主要是希望我们的读书活动常态化，它应该是公共图书馆的一项基本的服务内容，而不是临时性的、偶然性的活动，因为阅读习惯的培养不是一次两次阅读活动就能达到的，必须是一个长期的过程。

公共图书馆服务的人群比较多样，其中儿童、青少年和老年人是图书馆进行阅读推广的重点人群，针对不同的人群，会有不同的方式。

(1)面向儿童

"故事时间"

公共图书馆面向儿童的读书活动主要是"故事时间","故事时间"主要由专门的儿童图书馆员或者图书馆聘请的志愿者"故事妈妈"或者"故事姐姐"等来负责。国外对于儿童划分得非常细,大概分为0至1岁,2至3岁,4至5岁这么几个年龄段,各个公共图书馆,不管是总馆,还是分馆,每个星期至少安排一次面向不同年龄段的"故事时间","故事时间"中,儿童图书馆员用非常夸张的语气和表情讲故事,并且故事结束后一般有和故事相关的延伸活动,比如做手工、画画等。国内很多图书馆都开展了"故事时间",也非常生动,稍显不足的是儿童年龄细分不够,另外对3岁以下儿童开展的"故事时间"比较少。

儿童图书馆员在给孩子们讲故事

"故事时间"的安排视图书馆的具体情况而定,现在很多馆都有这种设想,但是苦于图书馆人力资源不够。针对这种情况可以考虑请志愿服务人员,比如江苏吴江图书馆就请在吴江的一些台湾妈妈担任志愿者,定期在图书馆为孩子们讲故事,取得了很好的效果。

小贴士:故事人成功法则

1. 找自己喜欢的故事:

自己喜欢的故事才有可能讲得绘声绘色。这些故事可能是代代相传的民间故事、也可能是当地的历史人物故事或者流行的故事读本等。

寻找到好故事的最好的方法就是自己去读所有你能看到的故事,另一个好方法就是去认真听别人所讲的故事。为什么这个故事悲伤,有趣或者让人印象深刻?试着学那些成功的讲故事人的套路——模仿是形成自己讲故事风格的起步。

2. 从小故事讲起:

当你还没有太大的自信或者听众的兴趣还不太浓时,你完全可以先从短小的故事讲起。

3. 了解你要讲述的故事:

①把故事熟记于心,但是不要死记硬背,否则听众将对你呆板的叙述没有兴趣。

②在你能生动讲出故事之前要重复讲述你选择的故事,可以对某一个听众或者对着镜子或者录到磁带中。

③将故事中的人物区分出来。可以利用你的肢体语言、面部表情、声音变化、塑造故事中的不同人物,从而使听众可以轻易辨别他们。

4. 先从小范围听众讲起

先从给自己的孩子或者家庭成员讲故事开始,然后给班里的同学讲故事,慢慢地建立自信心。不要妄想一次就成功,这不可能!但是如果你喜欢你的故事并且经过了很精心的准备,你一定能给大家带来快乐。你每讲一次故事,你的故事和自己讲故事的水平都会得到提高。

5. 抓住听众

平和自然地看着自己的听众(一定不要死死盯着!),观察他们是否进入到听故事的状态。如果听众很多,或者你看不过来,要看着前排的听众,要特别关注那些注意力没有集中的人。

讲故事的过程中要留给听众时间去理解故事、感受故事。讲得快容易,讲得慢难,如果你失去了听众的注意力,你或许要尝试慢下来。

6. 享受

你的享受可以显示出你对讲故事的热情,也可以使听众对你的故事很快做出积极反应。最后,尽你所能地讲故事吧!这是学习讲故事最好的方法。

(2)面向家长的指南、讲座

要培养一个热爱阅读的孩子,首先要让家长认识到给孩子阅读的重要性。因此公共图书馆必须跟进对家长的指导。很多公共图书馆请教育专家或者阅读方面的专家到图书馆进行面向家长的讲座并进行现场辅导。同时很多图书馆和阅读推广机构都推出面向家长的手册和指南，帮助家长了解、掌握给孩子阅读的基本方法和技巧。这些指南一般篇幅短小，言简意赅，设计明快，配有插图。下图是 Book Time 编制的面向父母的指南。

小贴士：给 2—3 岁儿童父母的建议

对于幼儿来说，一切都意味着行动。通过让他们亲身参与从而使他们语言能力持续进步并喜爱书籍及阅读。每一天都要有让他们参与到对话中的机会。以下建议是一些有趣的方法，可以帮助您的孩子成为快乐自信的读者。可以每周尝试一种新方法，看看哪些对您的孩子最有帮助。

不要奢望孩子在书前乖乖地坐着。

孩子需要的是动起来，所以当他们对你读的故事不感兴趣时不要担忧。他们或许乱动，但他们的确在听。

背诵诗歌，童谣，故意出错！

你读诗的时候可以停下来，让孩子接下一句。当孩子对诗句熟悉的时候，你可以主动犯个错误让孩子纠正你。

选择有趣的图书。

选择关于动物和机械的图书或者可以发出声音的图书。孩子更愿意触摸不同材质的书籍。书里的图片如果附有详细的解释则更有助于孩子的发现和讨论。

篇幅短、内容简单、频率高。

2—3 岁的儿童集中注意力的时间短。寻找短小简单的文章，每次阅读的时间不需要很长，但要多读几次。

选择那些关于每日体验和感受的书籍。

你的孩子会认为自己和书中的人物有很多关系。

问问题。

耐心倾听孩子的回答。孩子对这个世界有很多观点和有趣的看法。鼓励孩子告诉你他们的想法，这样你既可以增强孩子的语言能力也可以了解孩子的困惑。

玩儿他们最喜欢的。

重复阅读他们最爱的图书，选择孩子最喜欢的主题——火车，动物，月亮。这些书籍可能会延长孩子们注意力集中的时间并且培养他们对读书的兴趣。

觉得没有意思？

尝试不同的故事或者换个时间。给小孩子读书主要是为了给他们建立一个关于书的正面形象，而不是读完每一本书。

公共图书馆可以从国内外阅读机构的网站上获得大量的给父母的建议，把它们制作成精美的宣传单或者小册子，在公共图书馆、超市、银行等场所发放，一方面提升图书馆的影响力，另外一方面切实促进儿童的阅读推广。

(3)针对青少年

公共图书馆一般采用以下3种方式促进青少年的阅读。

①读书俱乐部。读书俱乐部和“故事时间”稍微有些区别，读书俱乐部侧重的是青少年之间阅读经验的交流分享和互动。这些读书俱乐部除了采用现实的方式，还有很多采用网络讨论的方式。

②主题读书活动。针对青少年的特点，开展各种不同主题的读书活动，比如北欧一些公共图书馆开展的动漫之夜、侦探之夜、音乐之夜、幻想之夜等等。侦探之夜会把场景布置成案件发生现场，请侦探小说家来和青少年进行交流等。

③竞赛和挑战。很多阅读推广活动开设了各种书评比赛、视频制作比赛，比如洛杉矶公共图书馆向青少年推出的书签设计大赛、四联漫画比赛（用漫画的形式描绘出他们心目中的图书馆）。除了竞赛，还有一些阅读推广项目是以个人挑战的形式进行，并不比出名次，而是设定一个目标，只要青少年达到目标，就给予相应奖励，比如看完两本书，学生会得到一个铜牌，看完四本书学生会得到一个银牌。

洛杉矶县公共图书馆书签设计大赛获奖证书

(4)面向老年人

老年人的阅读需求相对比较集中,关注保健信息,公共图书馆有时会和老年中心等机构合作,面向老年人的阅读服务主要有读书俱乐部,重温旧时图书,用方言朗读等方式。

3. 大型宣传活动

除了常规的读书活动,公共图书馆每年都会搞一些大型的宣传活动,一般在世界读书日或者重大节日,比如六一儿童节、国庆节等。邀请一些政府部门领导和相关人员,进行比较隆重的仪式。对于这类大型宣传活动,目前业内有不同看法,我的理解是这种广场式的活动是有必要的。我们知道,内容重要,形式也非常重要,关键是形式搞好了,内容同样要提升上去。

附　金陵图书馆书签设计活动征集方案

"签"约金图——书签平面设计作品征集

书签是穿行于书中的精灵,它在给我们带来方便的同时,时刻提醒我们要勤于读书。为深入贯彻落实十八大报告中提出的扎实推进社会主义文化强国建设精神,进一步教育和引导广大市民多读书、乐读书、会读书、读好书,营造"书声琅琅,书香金陵"的和谐文化氛围,金陵图书馆充分发挥阵地作用,挖掘馆藏资源,举办以"'签'约金图"为主题的书签平面设计作品征集活动。

一、主办单位：金陵图书馆

二、活动内容

以身边生活素材为对象，以创想设计新颖、有趣、符合“我与金陵图书馆”主题的书签为内容，面向广大艺术设计爱好者开展平面设计作品征集、评选及展示活动。

三、征集时间

即日起至2013年2月28日

四、作品要求

1. 主题鲜明，能生动有趣地反映“我”与金陵图书馆之间发生的故事或存在的某种联系，着重围绕金陵图书馆的馆史馆情、馆舍风貌以及读书回忆等方面进行设计，可围绕此主题从多个角度展开想象，题材不限。内容要求活泼、生动、积极、健康，彩色、黑白均可，具有一定内涵和可观赏性。形式多样，可单张设计，也可成套系列设计。

细微之处见真情，平凡接触生感动，为力求作品的真实性，参赛人员可实地走近、接触、了解金陵图书馆，以加深创作的直观感受，也可登陆金陵图书馆网站（www. jllib. cn）浏览获取相关信息。

2. 表现方法：电脑绘图和手绘均可，尺寸不得超过17cm * 8cm。电脑设计作品要求以光盘形式提交电子文档，存储格式为源文件（Psd/AI/CDR）和图像文件（JPEG、TIFF），CMYK模式，分辨率为300dpi。手绘作品要求提交实物。

3. 提交作品的同时需提供每件作品的名称、100字的设计说明、详细的主创人员个人资料等。

4. 参加活动者在提交作品时须签署知识产权保证及授权协议，保证拥有相关作品的完整知识产权，并授权许可金陵图书馆将其用于非营利性目的的活动。

五、奖项设置

本次活动分少儿、成人、专业组，各设一等奖、二等奖、三等奖、优秀奖若干名。

少儿组：全市14周岁以下少年儿童。

成人组：全市14周岁以上（含14周岁）非广告、艺术行业从业人员。

专业组：全市各广告、艺术设计公司专业人员。

六、奖励规则

1. 金陵图书馆将为获奖作者颁发证书及奖品。

2. 金陵图书馆拥有对获奖作品印制、宣传、收藏的权利。

3. 金陵图书馆将通过本市主要平面媒体、本馆网站对获奖作品进行宣传，并布置专题展览，供市民参观、学习。

4. 获奖者将成为金陵图书馆的重点服务读者，免费为其提供资源推介、文献代检索等服务。

七、作品报送

1. 报送办法：既可以学校或社团为单位报送作品，也可由个人直接报送作品。

2. 作品报送时间：9:00—17:00

3. 报送地点：南京市建邺区乐山路158号金陵图书馆二楼艺术设计阅览室

咨询电话：51872785、51872833

金陵图书馆

2012年12月26日

授权声明

本人接受并遵守本次公开征集活动规定的应征要求和征集规则。依据《中华人民共和国著作权法》及相关规定，本人保证：拥有作品的著作权和其他合法权利，应征作品以前从未被发表、发布过，不会侵害任何第三方的合法权益。如出现因肖像权、名誉权、隐私权、著作权、商标权等而产生的法律纠纷，由授权方承担全部法律责任。

本人自愿将参加此次征集活动的设计作品及相关文档无偿赠予主办方（金陵图书馆），供金陵图书馆永久收藏。同时，授权主办方可以对本人提交的作品以各种形式进行复制、转制、翻印、改编、展示和出版，并用于各种非盈利目的的用途。

本人签名：

年　　月　　日

第二节　高校图书馆

高校图书馆的阅读推广以大学生为主要群体，因此本书主要分析面向大学生的阅读推广。

一、大学生阅读类型

大学生来到高校馆，他们究竟会带着怎么样的想法来呢？我认为应该是以下3个类型：

1. 目的阅读型

这类型读者是最多的，他们来到高校馆是具有明确目的性的，知道自己想要找哪方面的资料来阅读。像考试前来看考试模拟题集的；论文写作前来查找题目相关文献的；为学习英语来借课本和发音光盘的；来看小说消磨时间的。由于这些资料会相对集中，所以这样的读者是相对好服务的，他们会带着书单或告诉你他们想查找的书类，直接找到相关资料，然后进行阅读。

2. 从众阅读型

很多人都有这样的心理，那就是大多数人怎么做，我就应该怎么做。人们在社会中生存，就不可避免地接受别人思想言行等方面的影响，也会去影响社会的一些其他人。这就要求我们在工作中应该好好利用读者从众的心理，推好书，让他们从阅读中得到益处。

3. 随意阅读型

这类的读者在所有读者中是具有一定代表性的，他们来到图书馆，却不知自己应该看什么书，没有阅读计划，只是来到书架当中，看到自己感兴趣的书就看。这样的读者看的书往往也是浅阅读类型的，很多会看完后面，前面也就忘记了。对于这样的读者，高校馆应该有预案准备，给他们准备一个分类好的书单，书单应该偏向文学小说类等合适浅阅读的书籍。如果有条件，还应该把一些能吸引人们眼球的图书放到馆内的读者服务大厅内，减少他们盲目阅读的时间。

二、高校阅读推广的主要方式

1. 读书节

读书节的举办可以推动校园文化建设，营造浓厚的学习氛围，促进大家多读书、读好书，开阔视野，丰富内涵，提高素质。高校的读书节多在4月和12月这两个月份举办。其他一小部分在其他月份开展。开展活动的主办单位是图书馆（有的是图书馆单独组织举办的），协办单位有高校的办公室、党委宣传统战部、团委、社团、教务处、学生处、系部的其它单位和大学生社团等。有时还会有一些高校图书馆联盟组织和纸质、电子资源的提供商等社会团体参与其中。

读书节的主题也是多种多样，像由河南大学图书馆、团委、学生处共同主办的"共享读书乐趣，成就智慧人生——2012 河南大学读书月"活动。广西民族大学的读书节以"书香校园　你我共享"为主题。湖南科技大学读书节主题是"品读《论语》，感悟人生"。西南交通大学图书馆"悦"读活动周则因为中国共产党第十八次全国代表大会即将召开，所以紧扣时代脉搏，以"喜迎十八大　感知中国巨变"为主题。

华南师范大学读书节开幕式

2. 馆藏推荐

荐书就是要为读者找到他们想看的图书，荐书是图书馆工作的重要部分，也是阅读推广活动中的基础环节，只有推荐书目是成功的，阅读推广才会成功。在调查过程中各高校馆推荐的方式有新书通报、新书推荐、借阅排行、好书推荐、读者推荐、名师推荐、阅读疗法等，推荐最多的书目是《教育部高等教育司指定大学生必读书目100本》，它包含了中外哲学、文学等各类的图书。也有许多大学进行了自己的推荐。

北京大学图书馆的网站里，有专门的阅读推广一项，项目里包括新书上架、教授推荐、学子推荐、馆员分享、借阅榜五项，让读者可以根据自己的需要进行选择。

北京理工大学通过请北京大学图书馆副研究馆员王波进行讲座和《大学生常用心理健康书目》宣传推广活动，让正确读书成为读者自我调节情绪的良方。

石家庄学院图书馆的书目推荐活动

从2011年开始，石家庄学院图书馆开始举办书目推荐活动，集中在图书馆四月读者服务活动月集中展示。共分为几部分：(1)馆员推荐，馆里鼓励馆员在熟悉馆藏的基础上，多读书多讨论，根据需要向读者推荐馆藏资源、相关网络资源，或根据长尾理论推荐符合读者需求的替补资源，与读者分享阅读感受。两年以来，共向读者推荐图书500余种，既提高了馆藏图书的利用率，加强了馆员与读者的交流，也促进了馆员自我学习的意识与能力。(2)读者推荐，由读协会员将自己的阅读心得和感受、喜爱的书目通过展览的方式分享给大家，并向全院征集“影响我人生的一本书”，累计推荐三百多种。(3)借阅排行，每年向读者发布借阅量前百名的图书，发布上一年购书的借阅排行。(4)专题推荐：包括“近三年来影响中国的一百本书”、“大学生心理困扰问题对症书目”等。

书目推荐活动受到大学生读者的热烈欢迎，既提高了读者的阅读兴趣，提供了阅读建设和方向，也宣传了图书馆馆藏资源，提高了文献利用率，促进了馆员与读者、读者与读者间阅读经验的分享。

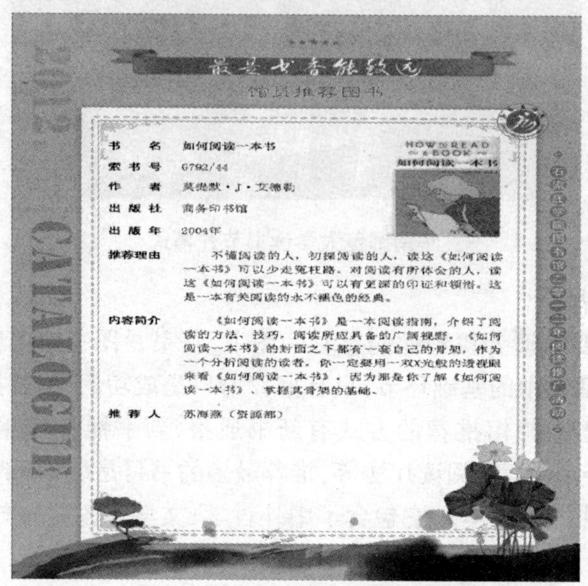

石家庄学院图书馆馆员推荐模版

石家庄学院图书馆2012年读者推荐书目展览

3. 课程、讲座

开设阅读方面的课程，是提升阅读能力的重要方式之一。高校图书馆围绕阅读有计划、有目的地推出了丰富多样的课程，它们以选修或必修课的形式出现在大学生活的各个时期。

湖南交通职业技术学院推出读书学分，该学院在2012年公共选修课序列下增设一个阅读学分课，学生在选修该课程后，要上网查看并选定选修书目。在规定时间内到校图书馆借书并与负责该书目的导师联系，参加导师的约谈和读书会，按导师要求阅读，记读书笔记、撰写读后感。导师根据学生阅读的质量和读后感完成的好坏打出分数，分为优秀、良好、及格和不及格4档。

韩国江原大学图书馆推出了毕业资格阅读认证制度。该校的毕业资格认证分为外语认证、计算机认证、阅读认证3种，学生在毕业前必须选两种来达到一定的学分，否则不能毕业。为了保证毕业资格阅读认证的合理运营与管理，韩国江原大学成立了毕业资格阅读认证运营委员会，同时出台了《毕业资格阅读认证运营委员会运营规定》等配套规章制度。委员会会按年度来发布用于认证的推荐书目，并通过读书活动，指导学生阅读。学生确定要参加阅读认证后，在阅读规定书目的基础上首先要写一篇1000字以上的读后感，合格后才能进入专门研发的电脑系统进行客观题目的测试。如未通过，15天后还要补考，只有通过了读书认证才能毕业。

和阅读课程相比，阅读方面的讲座更为普遍，很多高校图书馆开展阅读方面的讲座，如重庆大学图书馆的“走入诺奖·莫言风行图书馆”系列活动，就通过讲座和电影的配合，让读者了解莫言本人，走入他的作品生活。

4. 比赛、评比

比赛、评比是最容易激发个体潜力的活动，并且通过准备比赛能让参与者的素质能力也得到提高。同时高校馆也可以通过比赛来选拔人才，树立榜样。在阅读推广中，这一类的活动比较多，如征文比赛、书签设计比赛、摄影比赛、优秀读者评选等都属于此类。

北京大学图书馆建馆110周年时以“图书馆的瞬间与永恒”向读者征文，征文可含视频、摄影和其他作品。这就让读者去阅读类似文章，然后结合自己的体会去写，从而提高读者读、写等综合能力。

北京大学“图书馆的瞬间与永恒”有奖征文通知

老师们、同学们、校友们，你们是图书馆最宝贵的资源，图书馆永远珍视你们的声音。您是否愿意在图书馆纪念110周年之际，为她写下回忆、留下心声、送来期望？

——您可曾在图书馆度过那些最美好的时光？

——您可曾经历过图书馆带给您的瞬间感动？

——您眼中的图书馆是什么样子？

请您写下或拍下那些瞬间、那些永恒的感动吧！

从今天开始，图书馆面向全校师生和校友征集文章和视频作品，欢迎您将在图书馆收获的成功、感动记录下来、发给我们！优秀征文将收入为纪念馆庆110周年而出版的《读者文集》，优秀视频作品将在图书馆及图书馆主页上展播。

征文体裁不限，以杂文和散文为主、也欢迎诗歌、歌曲等作品，字数不限；视频短片限10分钟以内，要求有人物、有情景并已编辑完成；此外也欢迎提供跟图书馆有关的历史图片、照片等作品或收藏品。

汕头大学“读书的那些事”微征文比赛，要求作者在200—500字之间记录对书的感想、心得体会或者评价等，使活动充满自己的特色。

陕西科技大学图书馆与校团委联合举办了“你我携手，装扮我们的图书馆”活动，得到学生的积极响应，共收集到学生作品111幅，评出获奖作品39幅，从中选出27幅作品进行装裱，在图书馆进行展览，之后将悬挂于图书馆。活动为今后加强学生与图书馆的交流和联系打下了基础，为图书馆的文化建设起到了积极的推动作用。

华北电力大学图书馆2010年于“世界读书日”前夕举办了“我读书　我成长　我快乐”主题书签设计大赛。截至3月底，大赛共征集到74位设计者的117套、211幅内涵丰富、设计创意独特的作品。作品充分展现了该校师生积极向上的精神风貌，展现了设计者较高的艺术素养和专业设计水平。最终经专业

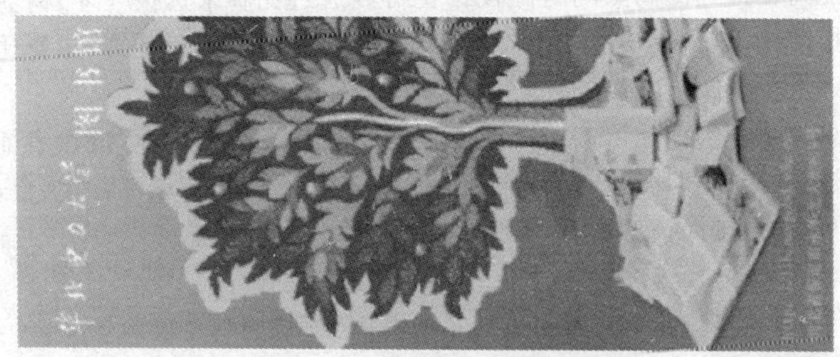

华北电力大学书签设计大赛获奖作品

教师评选，11名设计者获奖。部分获奖作品已被印制成书签，作为2010年“世界读书日”系列活动及今后本馆各类读者活动的纪念品发放。图书馆将所有入围作品制作成展板，先后在一、二校图书馆大厅展出。

5. 交流活动

交流活动就是通过活动组织设置的平台，读者在一起对阅读为主题进行的活动，活动以交流心得体会，讨论书评为主。现在此类活动有读书沙龙、主题班会、诵读经典等。河北科技大学读者协会组织的“好书月月谈”提供了一个读者进行交流的平台。东北农业大学图书馆与团委一起组织了一次以读书、交流心得为主题的团会活动，让同学们感受读书的乐趣，从而培养爱读书的良好习惯，形成人人读书的浓郁氛围。广西机电职业技术学院图书馆学生管理团队在读书节的启动仪式上表演的《图书秀》、《叹仲永》（小品）等节目，通过生动的演绎号召广大青年学子多读书、读好书。

河北科技大学“好书月月谈”学生做阅读报告

（此图由河北科技大学图书馆提供）

三、关于高校阅读推广策略的几点思考

1. 成立学校阅读推广委员会，为阅读推广提供人、财、物等资源保障

高校图书馆是学校阅读推广活动的主要力量，但阅读推广活动本身是高校校园文化建设的重要组成部分，涉及校内的所有读者，举办活动的策划、实施过程都需要一定的人力、财力支持。校团委、研究生院、学生处、教务处等部门均能够在阅读推广活动中发挥积极作用；学生会、学生社团是能够贴近学生读者

的组织，在阅读推广活动中能发挥一定的感召力，并且学生社团里各种专业特长的学生都有，对阅读推广活动的开展能起到人力支持作用。高校图书馆应多方协调，成立以图书馆为主要部门的学校阅读推广委员会，联合学校其他部门定期开展阅读指导活动，力争使每次活动都取得良好的成效。

为了使阅读推广活动更加扎实有效，笔者建议高校把大学生参与的读书活动与社会实践联系起来，把大学生的阅读行为（阅读书目、借阅率、发表作品等）作为评选"优秀学员"和"奖学金"评定的依据之一。从而激发阅读的兴趣，培养读书的种子，珍视学生独特的阅读体悟。

2. 引进"大阅读"观念，指导学生读好"生活与人生"这部"无字书"

南京大学徐雁教授长期致力于全民阅读推广事业的研究与实践，根据个人阅读体验，总结出了"大阅读"理念。徐雁教授认为，阅读，包含读"有字书"和"无字书"两个概念，正如叶圣陶先生所说"万物皆书卷，天地阅览室"，要善于从"无字句处读书"，善于把自己的人生，同自然山川、社会事物的知识与书本知识加以贯通、加以融合。从大阅读观出发，有条件的大学可以邀请名家、学者开展"地域文化与风土人情"系列专题讲座，使学生在初步了解本土文化的基础上，进一步产生深入学习的求知欲望、付出在数字和纸质阅读的实际行动。具体地，可以从大学所在城市讲起。尤其是刚入学的新生，对自己所处的这座陌生的城市感觉还很是新鲜，此时对他们开展"我所在的城市与大学"等文化专题讲座，让学生了解所处城市的历史变迁、风物人情、周边古迹名胜乃至大学校史等自然和人文景观，既贴近学生现实生活，同时也满足了学生的猎奇心理。

3. 增加阅读治疗平台，把"文学疗愈"作为对大学生阅读推广的一个重要人文基础

高校图书馆是教育育人、管理育人、服务育人的重要机构，开展阅读疗法是高校图书馆教育功能拓展、服务理念提升的需要。美国精神病学专家高尔特指出："图书馆是一座心智的药房，存储着为各类情绪失常病人治疗的药物。"阅读的过程就是读者与作品的感情内涵融合共鸣的过程。

"阅读疗法"这一概念被引入中国，始于20世纪90年代初期。以南京大学信息管理系教授沈固朝所写的《图书，也能治病》（《世界图书》杂志，1994年第3期）及其后于1998年发表在《图书情报工作》杂志上的《图书治疗——拓展我国图书馆服务和图书馆学研究新领域》两文在本学科中的影响较大。多年来，图书馆学界有识之士，徐雁、王波、宫梅玲、陈书梅、王一方、万宇等人，都从各自的知识兴趣和专业背景出发，在文学与医学、阅读学和心理学的边缘学科和新

知识领域，进行了多角度、多层次、多方位的有益探讨。对高校图书馆来说，应该把“文学疗愈书目”作为“常备书目”，作为培养大学生人文素养，开展阅读推广的一个重要人文基础。

4. 因势利导，注重新的交互工具在阅读推广中的广泛应用

新的交互工具，在阅读推广中发挥着很大的作用。高校图书馆工作者可以借助读书博客、QQ 读书群等网络平台，加大对阅读推广工作的宣传和指导。笔者认为，只要用心，阅读推广工作无处不在。比如可以根据学生对手机、电脑等数码产品感兴趣的特点，让学生制作并上传视频来推荐一本书，引发阅读兴趣，从此开始关注图书馆的阅读活动。

利用大学生热衷于数字化阅读的特点，构建良好的数字化阅读服务平台，加强数字资源规范建设，建立绿色网络阅读环境，开展网络阅读方法指导，培养良好的数字化阅读行为习惯，注重数字化阅读能力的培养和提升。总之，我们希望通过数字化阅读观念的正确引导，使大学生由网络“浅阅读”逐渐向纸质“深阅读”转变，或形成纸质阅读与数字化阅读互补的局面。

5. 充分发挥读者的作用，成立读者协会促进阅读

有很多学校都有大学生阅读社团的身影。它们在阅读推广交流活动中发挥了重要作用。像东北农业大学成立的“十里书香”读书协会、贵州师范大学的“亮点”读友会、西北师范大学的读者俱乐部、兰州大学的“萃英”网络书友会、沧州医学高等专科学校的读者协会等社团，就在图书馆老师的指导下，参与图书馆的管理、服务、宣传、教育等工作。促进了读者与图书馆之间的互动，推动了阅读推广活动的发展。

（刘志超　马红亚撰写）

第三节　民间公益阅读推广机构

民间公益阅读推广机构是指那些不以营利为目的，进行阅读推广的社会机构。民间公益阅读推广实践在国内外发展势头良好，在儿童教育、扫盲识字、促进社会公平平等、维护社会和谐等方面做出了卓越的贡献。

我国民间公益阅读推广组织目前呈现数量多且小规模聚集的状态，特别是在我国发达地区，例如北京、深圳等城市开展的形势大好。其中，具有一定规模和影响力的组织包括蒲公英乡村图书馆、公益小书房、三叶草故事家族、满天星青少年

公益、新教育童书馆、纯山乡村图书馆、立人乡村图书馆、快乐童年公益阅读坊、世纪城豆丁俱乐部儿童公益图书馆、中国滋根乡村教育与发展促进会、阳光书屋等。

一、蒲公英乡村图书馆

爱心传递慈善基金会(PLCF)蒲公英乡村图书馆①由中国留学生杜可名和玄伟剑在美国密歇根州正式注册成立(企业注册号 EIN 06 - 1768564),获得美国IRS(联邦税务局)501(C)(3)公共慈善基金的认证和免税号。PLCF 以“爱心传递”为理念,致力于为中国贫困地区创建优质的蒲公英乡村图书馆,使乡村儿童受到公平、适合、人性化的教育。2011 年 5 月 17 日,上海公益事业发展基金会(蒲公英乡村图书馆)专项基金在上海正式成立,亦具备在中国境内筹款的合法资质,可以为中国大陆捐款方提供免税发票。爱心传递慈善基金会蒲公英乡村图书馆的理念是“Dont pay it back to me,pay it forward.”。建议每一个得到别人帮助的人,不是去回报给帮助过他们的人,而是要“将爱心传递”,去帮助另外需要帮助的人。这样呈几何系数增长,如果成功的话,将会形成一张爱心接力的网,对世界产生积极影响。

蒲公英乡村图书馆(安徽临泉主楼)焕然一新的图书馆

二、满天星青少年公益发展中心

满天星青少年公益发展中心②(以下简称“满天星公益”)是一家专注儿童

---

① 爱心传递慈善基金会[EB/OL].[2012 - 07 - 28].http://www.passlove.org/.

② 满天星青少年公益[EB/OL].[2013 - 01 - 31].http://www.starscn.org/.

阅读推广的民间教育公益机构，于2012年1月在广州市海珠区民政局注册登记（民政字第040009号）。满天星公益的使命是传播文化知识，提升乡村少年儿童阅读品质；搭建成长平台，提高城市青少年责任意识。满天星公益的工作主要是在中国欠发达地区选择图书资源匮乏的乡村小学建立满天星公益图书馆，通过三年的发展在当地逐步形成满天星公益图书馆网络，并以此为基础，组织青少年志愿者前往开展丰富多彩的阅读推广活动，从而培养乡村孩子的阅读兴趣和阅读习惯，同时提高城市青少年的社会责任意识。

三、阳光书屋

阳光书屋乡村信息化教育行动是一项公益教育计划。致力于用科技填补城乡教育鸿沟。以平板电脑为载体，以无线局域网为渠道，让每一个农村的孩子都接触到优质的教育资源。技术服务教育，是时代留给我们最好的机会。

阳光书屋在硬件选择上致力于认真服务好欠发达地区的孩子们，用现代科技将知识低成本地传播到每一个角落。采用Android系统开源平台的命名为“晓书”的商用平板电脑，从教学实际需求及农村地区的实际条件出发，在搭载阳光书屋自行开发的教学软件及合作伙伴提供的教学软件的同时，也将整个平台开放给广大对农村教学感兴趣的开发者与开发团队，以期共同努力为欠发达地区学生提供最优质的教学软件资源。

2011年8月底，阳光书屋向甘肃武威2所当地的试点学校免费赠送了1000台“晓书”。试点学校非常支持阳光书屋的项目，每周专门开设3节阅读课，学生在阅读课上通过“晓书”阅读各类电子书籍。2012年9月底，阳光书屋将开拓新的项目试点——湖南衡山县的2所学校。届时，阳光书屋将总共有4所试点学校，覆盖近2000余名师生。

四、公益小书房

公益小书房①，是一个为儿童阅读推广而存在的公益团队，成员来自广大的儿童文学爱好者。小书房的前身是于2004年2月27日由儿童文学作家漪然自己制作的一个儿童文学主页，后来由阅读推广人艾斯苔尔参与建设，又在儿童文学作家流火等人的帮助下建立起了互动社区，并注册了dreamkidland的正式域名，形成了一个正规的网站，并在莫音等一批网上义工的帮助下，渐渐将网站

① 小书房［EB/OL］.［2012－07－28］. http://www.dreamkidland.cn.

内容丰富起来。在2007年7月1日，由漪然提出“阅读童年，收获梦想”的公益小书房阅读推广行动的倡议书发出，并得到众多网友的响应，网友纷纷报名成为公益小书房的志愿者，由此，小书房渐渐形成了自己的公益团队，并一直在网上网下，为儿童阅读推广奉献着一份力量。如今的小书房，是为儿童文学读者搭建的一个公益性平台，它通过网络读书社区和网下读书会的形式，为儿童文学读者提供自己评论，自主交流，自发组织阅读活动的机会，共同分享阅读的快乐。

广州公益小书房的讲故事活动

目前公益小书房和当地公共图书馆进行充分合作，比如福州公益小书房在福建省图书馆开展讲故事活动，石家庄市公益小书房和石家庄市图书馆联合举行小学生辩论赛等。

石家庄市公益小书房的小学生辩论赛

五、三叶草故事家族

三叶草故事家族①是一个致力于推进亲子阅读进入家庭的民间公益组织。2011 年 5 月 11 日，三叶草阅读文化发展中心正式获准注册成立（注册号：深民证字第 030041 号）。三叶草故事家族由深圳本土发展，并开始向外扩展影响，论坛上线两年时间，已涵括全国 8000 多个家庭。三叶草故事家族通过线上网站（www. 3yecao. org）和线下举办的活动积极推进亲子阅读。三叶草故事家族通过故事妈妈培训、专家阅读讲座、社区故事会、主题文化沙龙、新书试读会、年度讲述大赛、故事剧团等不同方式组织各类阅读活动，谋求更多关注亲子阅读的组织或个人的热心支持，让更多的家庭溢满书香，让阅读丰盈孩子的童年。

六、快乐童年公益阅读坊

"快乐童年"公益阅读坊②是一家以开展阅读的形式专门服务于儿童的公益组织。该组织成立之初得到了陈一心家族基金会提供的大力支持，目前主要开展的项目是面向安徽省立儿童医院的全部住院患病儿童，通过在医院建立图书室，针对 0—12 岁不同年龄段儿童的心理与生理特点，持续性地、有计划、有目的地，由专业志愿者提供服务和指导的，旨在激发儿童阅读兴趣、培养儿童阅读习惯，提高儿童文化素质和阅读能力的阅读活动。

（周田田撰写）

第四节　私营阅读推广机构

私营阅读推广机构主要指以营利为目的的阅读推广组织，可以分为两大类，一是图书出版机构和书商创办的，这类营利性机构主要为了扩大经营业绩，"通过为读者推荐、提供书籍等出版物和相应的产品与服务，从而引导和推广社会阅读的各种书友会、读书俱乐部等机构和组织"③，这类机构以销售图书为主。除此之外，还有一种是非图书出版机构举办的，以收取会员费为主要方式，

① 三叶草故事家族[EB/OL]. [2012 - 07 - 28]. http://www. 3yecao. org.

② 快乐童年公益阅读坊[EB/OL]. [2013 - 01 - 31]. http://wenku. baidu. com/view/61247a14cc7931b765ce1567. html.

③ 李东来. 书香社会[M]. 北京：国家图书馆出版社，2008：130.

专门的经营性阅读机构，以销售阅读服务为主。

一、以销售图书为目的的私营阅读机构

改革开放后，各种大型民营书店相继出现，它们把创办各种形式的读书俱乐部作为提高社会效益、扩大经营业绩的营销措施，国外的一些类似机构也进入我国，其中比较早引进到我国的是贝塔斯曼书友会，该书友会采取的是会员制的经营方式。

贝塔斯曼书友会是全球最大的书友会，创建于1853年，由资深编辑为会员遴选和推荐好书，目前该书友会覆盖全球56个国家。主要通过邮购、会员中心和货到付款方式提供书友会的产品和服务，书友会通过免费发送4期以上的精致目录让会员了解产品信息。

二、以销售阅读服务为目的的私营阅读机构

在我国，由于公共图书馆网络不健全，很多地区和人群覆盖不到，因此在一些大城市，出现了以营利为目的的私营图书馆，这些图书馆的核心目的并不是卖书，而是销售阅读环境、阅读服务和阅读指导。这类机构的主体是面向儿童的私营儿童图书馆，北京、上海等城市出现了多家，比如皮卡书屋，蓝月亮等。这类机构一般也采用会员制的方式，不同机构会员费用不同，以上海萤火虫亲子悦读馆为例，该机构图书外借是会员制形式的，收复标准如下：

种类	一年卡费用	半年卡费用	每次借阅本数	借阅归还期
虫虫卡	500	300	5	至有效期
萤萤卡	800	500	10	至有效期

天欣悦读馆是洛阳首家以推广“早期亲子阅读”和“持续阅读”为使命的机构，也采用会员制运行模式。天欣悦读馆也是根据自身条件、运作方式及当地的经济状况来规定会员制度收费标准的。根据不同读者需求办理不同的借阅业务，天欣悦读馆会员制度收费标准细则（2012年7月调整）：

借阅卡会员标准：（可享受不限次数的馆内阅览，以及每年不少于6次免费参加“主题故事会”活动）

标准借阅卡：每次5本，借阅期7天，到期可续借一次；

月卡：58元；

双月卡:105 元;

季卡:145 元;

半年卡:278 元;

年卡:428 元押金 100 元(退卡押金退还);

VIP 年卡:每次 10 本,到期可续借一次,558 元,押金 200 元(退卡押金退还)。

除了借阅服务,这些私立少儿图书馆还提供丰富多样的阅读活动,如上海萤火虫亲子悦读馆,根据不同年龄阶段、层次、不同读者群体需求来设定不同时间、不同内容的主题故事阅读活动:

周三 10:30,0—3 岁小朋友的中英文绘本阅读及延伸活动;

周五 10:30,0—3 的小朋友的中英文绘本阅读及延伸活动;

周六 10:00,3—6 岁小朋友的中英文绘本阅读及延伸活动;

周日 10:00,3—6 岁小朋友的中英文绘本阅读及延伸活动。

济南童话森林家庭亲子悦读馆不仅有阅读主题活动,暑假期间还经常进行户外活动,例如亲子采摘活动、端午节亲子活动包粽子、六一活动、感恩节活动等,通过培养这种实际的户外或动手能力,来让孩子们亲身感受自然、了解自然、理解阅读等,这样更能丰富孩子们的见识,对以后的阅读也有很重要的作用。

再如,天欣悦读馆是绘本馆,美术馆,故事屋,儿童之家,亲子成长俱乐部,儿童阅读推广站。天欣悦读馆的课程有故事妈妈特训班、故事宝宝特训班、主题亲子故事会、绘本阅读课,创意美术课,心理沙盘课,儿童茶艺课,象形书法课,准妈妈成长课等。

(姬桂红撰写)

第五节　幼儿园

夸美纽斯说过:书籍是培植智慧的工具。读书可以使我们开阔视野,增长知识,培养良好的自学能力和阅读能力。幼儿现在处于阅读能力发展关键期,在这一阶段的阅读是任何一个年龄段都不能代替的。我们应抓住这关键期，为幼儿提供良好的阅读氛围。

图书区是幼儿园常设的一个区域，它不仅能激发幼儿阅读的兴趣，培养他们良好的阅读习惯，还能帮助他们掌握阅读的方法，为他们以后的终生学习奠定良好的基础。图书区对幼儿有着至关重要的作用，那么如何在幼儿园更好地开展图书区活动呢？下面有几点体会：

一、教师的示范

作为一名教师我们应行为示范，首先我们自己就应该喜欢阅读，要有良好的阅读习惯，这种好的习惯会慢慢地影响幼儿。我们可以先向幼儿介绍书的构成，让幼儿充分地了解书。提示幼儿做好阅读计划，在取书时，应选择自己喜欢的书籍，记好它的位置和标志。动作要轻注意不要把书损坏。放书时应放回原位，把书摆整齐。

二、良好的阅读环境

为幼儿营造一个温馨、丰富的图书区环境。首先要根据班级情况考虑到图书区的位置、大小和采光。在区内放上两个温馨的小沙发和小圆桌，桌上放上一个可爱的小笔筒，以便幼儿做记录时用笔。然后摆上一些精彩有趣的书籍，就构成了一个温馨可爱的读书区。选择性地放一些书籍，不需要把书一一陈列，不然看起来非常嘈杂，让人心烦，幼儿会丧失看书兴趣。

三、多元的阅读材料

1. 图书区应按大中小各年龄段的发展需求来投放书籍。幼儿的图书大多以图为主，图书的颜色应非常鲜艳，图画的内容生动具体。幼儿正处于具体形象思维的时期，图书应选图大字少的书籍，便于幼儿理解。随着时代的发展，单纯的故事书不再是幼儿的选择。我们应该选择多种主题的书籍让幼儿阅读。如：百科全书、童话故事、民间故事和绘本等。

2. 为了激发幼儿的阅读兴趣和满足幼儿的阅读需求，要对图书区的书籍定期更换。但不能全都更换，尽量有熟悉的和不熟悉的，保持幼儿对阅读的兴趣。还可以鼓励幼儿把家里的图书带到幼儿园和其他人交换阅读，可以使幼儿体验分享的快乐。

3. 组织幼儿自己制作小书，让幼儿讲解自己的小书。增强幼儿阅读的自信心，还可以做一些故事拼图、文字与图画对应游戏，使幼儿的阅读能力得到提升。

4. 详细的计划表帮助幼儿做好阅读计划，记录幼儿的阅读学习过程。有些幼儿走到图书区后转半天都拿不出一本书，不知道自己要看什么，这时候老师就应该为幼儿制作一些计划表，来记录幼儿近期都看了哪些书，教师可以根据幼儿的兴趣及时更换书籍。我们还可以做一些好书推荐，来提示自己不能做计划的个别幼儿。

5. 规则的提示帮助幼儿养成良好的阅读习惯。老话说得好：没有规矩不成方圆。幼儿有了阅读方法、兴趣是远远不够的，我们必须要有规则的约束，有的幼儿抢书、卷书、撕书，有的幼儿坐在座位上拿着一本书和小朋友打闹，这都是不允许的。我们可以和幼儿一起讨论规则。幼儿自己提出的规则，他们会记得更清楚。如：不能毁书，如果毁坏了书本，必须离开图书角；不能扔书，看书时要看完一本再拿一本；不能与别人争抢图书；看书时不能大声讲话，以免影响他人。要求幼儿坐姿要端正，注意眼睛与图书的距离要适度。看完图书后，放回原位。请值日生进行监督，并建立相应的奖惩制度。

我们要为幼儿创设温馨、多彩的读书环境，我们要让所有的幼儿爱上看书，这对将来知识的获取、思维的开拓和头脑的发展都起到桥梁纽带作用。爱上读书终身受益！

（马云霞撰写）

第五章　面向不同人群的阅读推广

第一节　面向青少年的阅读推广

青少年实际上并不是一个很严谨的概念，国外一般采用的概念是 teenagers，指的是十几岁的孩子。笔者这里不对青少年进行明确界定，可将其定义为居于儿童和成年人之间的这个群体。

一、青少年阅读推广的特点

目前国内外面向青少年的阅读推广开展情况呈现以下特点：

1. 重点提升阅读兴趣

前文提到，目前阅读推广的客体是阅读能力和阅读兴趣并重。那么对于青少年来说，更加侧重的是阅读兴趣。意大利的图书分发项目是由意大利教育部和意大利出版者协会联合发起的一个全国性的阅读推广项目。该项始于 1994 年，主要面向 10 到 14 岁的儿童，通过在意大利所有小镇建立小型学校图书馆来促进阅读。该项目的一个突出的特点是该项目给孩子们的书不是和学校以及学习相关的，而是愉悦身心的书。从 1994 年到现在，该项目已经为 2500 个学校配发了 35 万册图书，除了配发图书，该项目还在网站上提供推荐书目，包括面向 7—10 岁、11—14 岁、15—17 岁的书单。同时还举办了一些其他的活动，比如让这些青少年读者就他们喜欢的小说撰写一份报告。该项目获得 2011 年意大利最佳阅读推广项目奖。

为了提高青少年的阅读兴趣，一些阅读推广项目并不推荐书目，读什么取决于青少年自身的兴趣。德国的罗普图书馆是一个比较典型的例子。该图书馆创办于 2005 年，是一个非常年轻的图书馆，目前在德国很受欢迎。由于孩子随着年龄的增长，随着学业的加重，对阅读的兴趣会逐渐地减弱，那么如何赢得这个年龄段的青少年的阅读兴趣？“罗普”的做法是：第一，购置各式各样的最时尚、最有趣味的报纸杂志，读者推荐什么就购置什么，尽量满足读者的需求。因此“罗普”的报纸杂志借阅率在德国是最高的。第二，馆内找不到任何与学校有关的、与考试有关的资料，“罗普”的目的是让孩子们抛开学校，放下学业的

"重担",来到图书馆轻松轻松。第三,馆员都很会玩电子游戏,一有空就坐下来研究,目的是教孩子们玩最新款的、最感兴趣的游戏,并定期组织电子游戏比赛,增强与读者的感情和交流。第四,"罗普"的馆内布置也别出心裁,书架、CD架、阅览区、小舞台、借阅台、灯箱、馆服T恤等都很别致,像"便利店"和"小超市"。他们把书和CD的最精彩的一面摆出来,什么爱情的、科幻的、惊险的等等,其目的就是把孩子们吸引过来,达到品牌效应。"罗普"的宗旨是:不能强迫孩子一定要看名著、看经典,要吸引那些原本就不愿到图书馆来的孩子们。

2. 重点关注男孩子

很多研究表明,男孩子的阅读意愿和阅读能力普遍比女孩子低,英国国家素养基金会2005年调查了英国8000个5—18岁孩子的阅读习惯和偏好,结果显示出男孩不如女孩热爱阅读并且他们大多对阅读抱以消极的态度。因此国外有很多专门针对男孩子的阅读推广项目,比如英超俱乐部"阅读之星"重点面向那些热爱足球不热爱阅读的男孩子,以足球唤起他们对阅读的热爱。加拿大的一项研究报告表明,12岁的女孩阅读成绩比12岁男孩高出30%。为了提高男孩的阅读能力,魁北克省教育部门和体育部门合作推出了一项专门面向男孩的阅读推广项目——男孩与文学。主要在学校实行,学校教师选择男孩子感兴趣的主题,比如旅游、冒险等进行阅读活动。美国还专门推出了面向男孩的阅读推广网站——Guys Read。

Guys Read是作家乔恩·查斯卡于2001年创办的一个基于网络、面向男孩儿的文化素养培养计划。它的使命是:帮助男孩自我激励,养成终生阅读的习惯。至于究竟如何激励男孩阅读,查斯卡说"我认为最好的方式是提供他们感兴趣的东西。"网站上有各种男孩子感兴趣的书,题材包括漫画、科幻、汽车、体育、动物等,可以按照书名检索,也可以按照感兴趣的作者进行检索,这些书不仅是男孩子推荐,也包括老师、图书馆员等推荐的图书,网站每个月会推出一本书——每月之书。网站上还有guy listen的链接,可以去上面找自己喜欢的小说来听,网站上还附有美国国会图书馆以及一些学校图书馆的链接,还有作家的网站链接,使男孩儿在这一个网站上就能最大限度地满足自己的阅读需要。另外,还提供网站logo的下载,读者可以把它做成书签或者印在衣服上。

在开展面向男孩子的阅读推广活动中,阅读推广方注意发挥成年男性对男孩子的影响作用,这些成年男性有的是明星,有的是普通人,比如学校通过不同职业的阅读者来帮助男孩阅读,例如,校长、市长、当地店主等来给男孩们讲故事激发他们的阅读兴趣。这其中最重要的是发挥父亲在男孩阅读习惯培养中的作用,很多专门面向父亲的阅读推广项目,鼓励父亲亲自和孩子一起阅读,并和孩子讨论读过的内容。

Guys Read 网站

3. 将青少年融入到阅读推广

《小王子》中曾经讲过一个故事,大意如下:小王子有一朵美丽的玫瑰花,他非常喜欢这朵玫瑰,他给她浇水、施肥、捉虫,他以为自己的玫瑰是独一无二的,后来他发现原来世界上有5000朵这样的玫瑰,他很惶惑,狐狸为他解惑,说:"正因为你为你的玫瑰花费了时间,这才使你的玫瑰变得如此重要。"对于这个故事,不同人有不同的解读,我对此故事在图书馆场景下的解读是想要读者认为图书馆对他们很重要,就设法让读者参与图书馆的建设中,让他们承担责任,让他们为图书馆付出他们的心力。青少年不仅仅是阅读推广对象,他们自己也是阅读推广者。青少年希望自己承担更大的责任,阅读推广机构可以通过赋予他们一些任务。比如构建阅读环境,比如进行阅读活动。

英国阅读社推出面向青少年的 HeadSpace 项目,就是在图书馆留出一块区域,让青少年自己设计,自己选择书籍,自己推出相关活动等。无独有偶,新西兰的公共图书馆经常会将一面墙留给青少年,让这些青少年自己刷墙,在墙上绘画、装饰。这些做法一方面满足了青少年自己做主的心理需求,另外图书馆的服务中有了他们的劳动,他们才会觉得图书馆是他们的图书馆,因为里面有了他们的付出。

德国阅读基金会推出"阅读童子军"项目,这个项目充分运用了同龄互染的优势,他们会对一些表达出阅读意愿且热爱阅读的学生进行培训,组建"阅读童子军",然后依靠同龄人来激发和传递儿童青少年对于阅读的兴趣。因为同其他人相比,同龄人具有更强的说服力和感染力,而且沟通交流也没有隔阂。"阅读童子军"开展了很多有趣的活动来号召大家阅读,比如:建立阅读小组、对那些他们曾提供过推荐书单的班级小组进行回访、开办图书集会、组织阅读之夜和阅读派对等。另外,他们还通过学校图书馆组织阅读之旅和阅读露营。通过宣扬和分享这些读书的乐趣,"阅读童子军"推动了新一轮的阅读高潮。

新西兰某学校学生在装饰公共图书馆的墙壁

4. 充分结合青少年的特点,将游戏、新技术等元素融入到阅读推广中

对青少年进行阅读推广,要密切结合青少年的特点,不同年龄段、不同性别的青少年可能会呈现不同的特点,但是也有比较趋同的特性,如对游戏、新技术感兴趣,崇拜明星等。这就要求我们在进行阅读推广时充分利用这些特点。比如英国的夏季阅读挑战在其官网上就设计了虚拟游戏,青少年完成某个阶段的阅读后,就会从图书馆员那得到解锁更高级游戏的密码,从而激励青少年进行阅读。另外美国国会图书馆使用青少年耳熟能详的卡通形象如好奇的乔治猴制作公益宣传片从而促进青少年对阅读的兴趣。再比如加拿大的阅读推广项目将读书和体育或者音乐结合起来。很多阅读推广项目会用青少年比较崇拜的体育明星、歌星、电影明星做阅读大使,激发青少年对阅读的兴趣。

面向青少年的阅读推广一般由公共图书馆和学校进行,因前文公共图书馆部分已经谈及面向青少年的阅读推广,因此本部分主要探讨学校(中小学)如何开展阅读推广。

二、学校如何开展对青少年的阅读推广

学校开展阅读推广主要是通过学校图书馆和语文教学课进行。形式多样,有读书会、各种比赛、以写促读等。国家图书馆出版社 2012 年出版的《青少年

阅读推广理论与实践》中有丰富的案例，这里不再赘述。本书主要选取了国外学校阅读推广中两个常用方式进行介绍。

1. 如何在中小学建立阅读俱乐部

(1)什么是阅读俱乐部？

阅读俱乐部，也称为"阅读社团(a reading group)"，是一个定期一起讨论阅读、讨论书籍的群体。通常阅读俱乐部人数不会太多，成员每个月会针对一本书或一套书举行会谈，会谈可以在某成员的家中，也可以在公共图书馆等公共场所，这为大家讨论和交流近期阅读的书籍提供了一个契机。学校中的阅读俱乐部成员通常是在一个或多个老师带领下，利用课余时间在学校图书馆见面。成员们一起参与讨论老师事先设计好的与所选书籍有关的活动。

(2)校园阅读俱乐部的活动目标

任何阅读俱乐部都要有明确的活动目标和宗旨，俱乐部的名称也应尽可能体现出活动目标，这样才能使阅读俱乐部在校园中得到更好的推广。俱乐部可以每年指定不同的活动目标，以下几个可供参考：

- 培养读者的阅读热情
- 提高读者的阅读水平
- 提高读者演讲、讲故事的能力
- 增加图书馆书籍的借阅量
- 给正在努力读书、写作的读者提供改进、提高的机会
- 给羞涩的读者在俱乐部提供表现机会

(3)阅读俱乐部的建立

①研究

在建立你的阅读俱乐部之前你应该首先做一些研究，比如说：学校图书馆会不会支持你的俱乐部，会不会给你提供人员、物资的支持；学校中是否有其他的校园阅读俱乐部；学生读者是否接受校园阅读俱乐部；另外还应考虑俱乐部所需的场地、教师、资金等问题。

②章程

如果经过各方面研究分析，你已经有了足够的基础去建立校园阅读俱乐部，那么是时候制定一个俱乐部的章程了。这里面应该提及例会时间、选书过程、讨论时间等问题。

③讨论

这个过程主要是在你招募到成员之后，成员选出一个俱乐部领导，这个领

导负责讨论会的组织、书籍的甄选等工作。通常俱乐部的领导由图书馆的工作人员或图书馆学的有关教师担任。

一般情况下,俱乐部的活动在图书馆、教室或安静的场所举行,每月举办1—2次,活动时应有专职老师负责管理组织,成员以8—12人为宜,可以设计适当的激励制度以提高成员的兴趣。

(4)俱乐部活动

阅读俱乐部的活动应多种多样,常见的活动有“故事会”“放声朗读”“专题书评”“第一人称讲故事”“小组阅读”“书籍封面设计”等。另外也可以不定期组织一些特别的活动,比如“书本剧”活动,就是让同学们将书中的故事用话剧的形势表演出来;“小问答”活动,就是老师将书中的内容设计成问题对学生提问,并对回答正确的同学予以小奖励;“阅读通行证”,则是每个成员自己专属的小册子,记录着自己已经读完的书籍,以此激励自己多多阅读。

(5)书籍甄选

每一个管理良好的阅读俱乐部都会有自己的书籍甄选过程。例如,每个成员都提出一本自己认为合适的书,再由大家一起进行讨论、投票,最终票高书籍成为阅读书籍。但这种方式有一个弊端,就是把太多的时间浪费在了选书阶段,俱乐部的组织者或老师直接选书就会避免这一问题。提前选书应多选择朗读书籍,例如动物故事、冒险、悬疑类型的书,另外主题应令人兴奋,让读者可以有话可讲、畅所欲言,最好书中附有精美插图,以提高读者的阅读兴趣。

(6)活动评估

活动评估是活动过后的一项重要工作,评估通常通过SWOT分析法进行,这样可以及时分析出活动的成败利弊,对今后的活动起到积极的指导作用,使阅读俱乐部日趋完善。另外,定期对俱乐部目标的达成情况进行评估也是至关重要的,评估一般每6或12个月进行一次。通过评估,就可以清楚地得知俱乐部这段时间的运行情况如何,知道哪些方面应该得到改进,哪些活动效果显著应继续举办。

说明:公共图书馆、高校图书馆等其他机构也可以参考上述流程建立阅读俱乐部或者读书会。关于阅读俱乐部(读书会),除了面向学生的,还有教师读书会和家长读书会,比如继“故事妈妈讲故事”活动在四川泡桐树小学拉开序幕后,2011年10月,“桐下读吧家长读书会”成立,家长们正式成为了阅读推广活动的一员。该读书会虽是完全自愿并免费的,但不是一个简单的闹着玩的组织,而是有着严格的淘汰机制——凡是连续3次以上(包括3次)没有参加共读并发言的家长，将从家长读书会的 QQ 群中删除。而 QQ 群也必须用来交流与阅读、教育相关的话题，如果发言大多是为了聊天或交流其他事务，该成员也将被删除。

2. 如何通过写作提升阅读能力——给教师的建议

阅读和写作是相辅相成的。孩子通过说话，玩耍，行动和思考积累的经验都可以促使他们去写作。因此，故事可以随时随地发生在家里、商场、森林中、步行到学校的路上，甚至在课堂上，并且不受时间的限制。

那么，孩子应该写什么呢？鼓励孩子写他们感兴趣的东西，包括：

- 写自己的童年回忆
- 学会分享任何感兴趣的话题
- 谈论一个想法或画画，先在心里构思，然后写出来
- 可以对听过或者看过的故事写下读后感

大人应该如何帮助孩子们写作？

- 提供写作的时间和机会
- 给他们必要的材料，如钢笔、铅笔、蜡笔、文件、图片等。
- 从报纸或杂志中选择一张图片，他们可以看图说话
- 阅读一篇孩子写过的故事，鼓励他们再写一个相似的话题
- 告诉孩子，作为老师的自己也同样喜欢写作

写作时应注意哪些？

孩子们需要知道，所有场所和对象在每个人的眼里是不同的，因此他们看到的、听到的、闻到的、尝到的以及感受到的也是不同的，所以他们写出的故事也是唯一的。故事里，他们需要交代出事情发生的时间、地点、原因以及是如何发生的。除此之外，五种感官（视觉、听觉、味觉、触觉和嗅觉）也应被融入他们的故事之中，这样一来，读者才能把自己当做故事中的一部分。

当孩子们写一个故事时，他们应该做到以下几点：

- 写出说明
- 创建一个场景或者是需要解决的问题
- 拥有主角，反派角色和调停者
- 建立一个故事，规划事件的发生顺序
- 解决问题，有一个幸福的结局
- 故事应该有一个吸引读者的标题
- 热爱写作！经验越多，语言组织能力越强，阅读越流畅

孩子们应该：

- 写作是为了娱乐，而不是其他目的
- 留出插图的地方
- 用选好的图片和插图填入表格中
- 向人们大声朗读自己写出的故事，鼓励建造一个温暖的、不加批判的、共享的课堂气氛，这样孩子们在阅读自己的故事的时候就不会感到慌乱。

请不要：

- 让孩子复制或窃取其他人的想法。并告诉他们，窃取别人的想法就如同偷盗别人的财产，拥有自己的想法才是最重要的。
- 标记你所写下来的东西。你可以选择最好的一篇，或让学生自己选择他们认为是最好的文章。
- 用红笔纠正每一个错误。这会打消学习者的积极性，让他们讨厌写作。相反，若让他们自己纠正自己的错误。你会惊奇地发现，他们很快就能学会。

第二节　面向成年人的阅读推广

一、成年人阅读现状

1. 国民阅读率低，阅读数量少

从1999年开始到2012年，中国新闻出版研究院共组织实施了9次关于全国国民阅读的调查，主要调查对象为18—70周岁的城乡居民。调查显示，其中1999年至2005年，我国国民图书阅读率持续走低。1999年首次调查发现国民的阅读率为60.4%，2001年为54.2%，2003年为51.7%，而2005年为48.7%。2005—2008年，国民图书阅读率一直低于50%。直到最近三年，国民的图书阅读率才有小幅提升。

2. 功利性阅读、快餐式阅读成为阅读的主导方式，深度阅读被忽视

在当下信息技术迅猛发展的环境下，国家的各项事业都在紧锣密鼓地开展，身为70、80后的成年人正在为社会的进步承担着重大的责任与使命。同时，在社会经济快速发展的同时，成年人也承受着来自家庭、社会的巨大压力，参加资格考试、评定职称。考试类的工具书反而成了他们阅读的主要对象。据统计，当代中国社会48.7%的识字人口中，大多数人是考什么，读什么；怎么考，

怎么读。功利阅读非常严重，这种趋势违背了现代阅读的宗旨。由于过早划分专业学科，知识结构单一，阅读对象和种类日益狭窄，久而久之，公众形成了阅读必须体现“收益考量”的观念，阅读成了追求“收益”的活动。

3. 数字化阅读方式受追捧，传统阅读方式遭冲击

阅读媒介在数字化社会发展迅猛的今天变得不再单一，以手机阅读和网络阅读为主要形式的数字化阅读的比重在不断扩大，成为成年人喜欢的阅读方式。手机阅读和网络阅读具有内容新颖、更新及时、操作简单、经济实惠、低耗节能的特点，尤其是年龄在18—40岁的成年人，他们更乐于接受这种阅读方式。从2008至2011年，国民数字化媒介接触率从24.5%上升至38.6%。网络在线阅读、手机阅读、电子阅读器阅读、光盘读取等数字化阅读方式的接触率，均有不同程度的上升。

二、影响成年人阅读的因素

1. 阅读媒介良莠不齐，影响阅读需求

我国图书出版行业日益繁荣，中国图书报纸期刊出版总量已跃居世界首位，每年出版将近20万种新书。但目前的图书报刊市场也呈现出良莠不齐的现象，一部分优秀读物淹没在平庸乃至垃圾图书的汪洋大海里，令成年人眼花缭乱，无从选择。一些图书披着华丽迷人的外衣，标题也设计得十分吸引人，但内容却粗糙不堪，错字连篇，让人读后生厌。

2. 缺乏良好的阅读习惯

当今很多成年人不读书、不看报，与其没有养成良好的阅读习惯是分不开的。在人的一生中，大部分习惯的养成是从孩提时代开始的，阅读的习惯也不例外。很多欧美国家十分注重孩子阅读习惯的培养，较早地建立他们对图书的兴趣与热爱，为成年后依然能保持对人类智慧结晶与先进文化的汲取打好坚实的基础。我们国家最近几年才对青少年儿童的阅读习惯加以重视。作为当前社会的成年人，大部分人没有建立良好的阅读习惯，这不仅是家庭教育的失败，更是社会责任的缺失。

3. 沉重的社会压力使得成年人阅读时间减少

随着社会现代化建设的不断发展，成年人作为社会建设的中坚力量所面临的压力也越来越大。沉重的购房压力以及医疗和子女的教育压力，都重重地压在成年人的肩上。繁重的生存压力，直接影响了人们的阅读时间，迫使人们更加重视经济利益，忽视亲近心灵的阅读。

4. 社会对于成年人的阅读状况重视不足

近几年来，我们国家一直把青少年儿童作为阅读推广活动的主要对象，社会各界专家学者都十分关注这一群体的阅读情况，并展开了大量的研究和实践。而针对于成年人这个群体的专门研究及实践较少。

三、面向成年人阅读推广的服务现状

阅读推广活动的有效执行离不开社会各方面的力量，只有凝聚全社会的合力才能使成人的阅读推广活动更好地发展。任何事物的发展不是孤立的，单靠一方面或少部分力量是无法顺利进行和发扬光大的。只有团结社会各方面的力量，才能为成人的阅读推广增添一份力量的同时，也为全民文化素质的提高做出一份贡献。

从组织形式上划分，阅读推广主要包括以下几个机构组织。

1. 政府及地方组织

在本文中，政府主要指政府之下的文化、教育等部门机构，这些国家部门组织举办阅读推广活动。国民素质是影响国家软实力的重要指标，促进全民阅读活动也逐渐被许多国家政府纳入到文化发展工作的重要内容。

(1)世界读书日为政府举办成人阅读推广活动的主要类型

4 月 23 日是世界读书日，各国政府在这期间都会举办各式各样的阅读推广活动，面向各国成年人的阅读活动也在当日展开。

①一人一本书

英国把读书日提早到 3 月 6 日举行，由国家读书发展委员会举行形式多样的阅读活动，例如家庭故事人物模仿大赛、午间故事时间、各类型的书展等。每年读书日到来时官方网站会在网上举办作家讲座、交流会，以及播放与读书有关的节目。当地有关机构发给市民面值 1 镑的读书日代用券，让他们到读书日会员书店换购一本图书。主办单位为世界读书日出版新书，又列出好书名单，不仅向市民推荐精彩的读物，还会提一系列活动建议，供家庭阅读活动参考。

②赠读书人玫瑰

西班牙的加泰罗尼亚有一个传统，每到 4 月 23 日世界读书日期间，由当地政府部门联合各大图书出版社及书店，举办许多大大小小的书展，展出的图书通常为当月、当年畅销书，读者每购买一本书，都可获得一枝玫瑰花，通过赠送玫瑰花的方式吸引读者购买图书。这样的方式在当地已成为读书节的传统，许多年轻人，尤其是情侣们为得到玫瑰花而购买图书，大街小巷上大多数人手里既有图书又有玫瑰,景象十分热闹。

③全民阅读10分钟

香港市民一同参与“全民阅读10分钟”活动——在4月10日至4月30日期间,每天或于任何一天至少抽出10分钟阅读课外书(杂志、报纸、漫画书及娱乐周刊不包括在内)。

(2)政府建立官方网站为成年人提供阅读写作指导信息

由澳大利亚教育部、就业劳资关系部联合资助的“成年人阅读写作热线”,为本国有阅读写作障碍的成年人提供了一个学习的机会。市民可以通过拨打热线或者登陆政府网站获取读书信息。“热线”为咨询者所咨询的有关阅读写作技巧问题提供有用的访问地址及检索目录,必要的话提供PDF格式的全文信息。同时,向注册会员定期推送相应领域的图书信息,提供阅读帮助。另外,由就业劳资关系部出资,新南威尔士技术再就业委员会为成年人提供就业培训及上岗指导。

2. 图书馆

美国作为全球经济的领头羊,在社会文化基础建设方面的成绩更是十分卓越。美国的社区图书馆遍布大小各州,很多公共图书馆都推出了针对各年龄段读者的夏季阅读项目。Adult Summer reading program是专门针对成年读者设立的阅读活动项目,深受成年读者的欢迎和喜爱。

(1)西雅图公共图书馆为成年人提供多语言阅读活动

西雅图公共图书馆为当地的成年人设立了丰富多彩的阅读活动,通过参加阅读活动,激发阅读热情,增加阅读兴趣,在一个短短的夏季,通过阅读丰富成年人们的生活。美国是世界上拥有海外移民最多的国家,这也造就了美国人民所使用的语言也种类多样,西雅图公共图书馆为成年读者提供了不同语言种类的阅读活动,包括英语、西班牙语、汉语、法语、塔吉洛语、韩语和德语等阅读活动,为使用不同语言的成年人提供特殊的阅读服务。其中设立的汉语阅读活动有:

①作者朗读会:用英语或中英双语阅读和讨论书籍;

②文化活动,包括:芭蕾舞、歌剧和戏剧预览、音乐表演、电影、和其他活动;

③课程,包括电脑与互联网、家族族谱、健康、个人理财等课程,以及一些用中文开设的课程;

④读书会,会员门可向图书馆推荐阅读性强并且适合讨论的书籍;

⑤成人扫盲和ESL活动,为成年基础技能学习者和英文学习者而设。

(2)华盛顿—森特维尔图书馆设立读书奖促进成年人阅读

该图书馆通过丰富的夏季阅读活动吸引了大量的读者,读者量从1998年的1100人发展到现在55 000人,图书馆鼓励读者通过读书参加阅读比赛,即通过读者从图书馆的借阅量来进行评比,另外,读者在还书的同时要对每本书做出简要的评价及写出阅读心得。评委参考读者的借阅量及阅读深度,每8周评选出阅读冠军。冠军的奖品包括免费的餐券、高尔夫票及电影票等,这对于读者来说是非常大的动力,另外,图书馆改进了原来的参选模式,将参赛者的资格从阅读10—20本书修改为阅读X本书即有资格参与评选(只要读了,不管多少本,都有评奖资格),这更是大大激发了成年读者的积极性,如此鼓励更多的人去阅读。作为派发奖品的饭店、高尔夫球场及电影院,都与图书馆有着密切的合作,图书馆在比赛宣传及广告语中,除了对奖品的必要宣传,还加入了赞助商的名称,这在一定程度上为赞助商做了广告,双方达到一种共赢。

(3)芝加哥公共图书馆为成年读者开展主题阅读活动

阅读活动于6月1日—8月4日进行,庆祝的主题包括:健康和财富、音乐、艺术、芝加哥历史、环境以及亚伯拉罕·林肯的二百周年纪念。活动的形式多种多样,如讲座、讨论及表演。本市市民持图书证到图书馆参加活动即可。图书馆为读者推荐精彩的阅读书目,一些畅销作家的图书通常在书目列表范围之内,讨论的主题通常是与当下环境与人类生存相关的主题,如健康、地球、环保等。

3. 公益服务机构

阅读推广活动是一项全社会、全民性质的活动,不仅要依靠国家的全国调控,整合全国阅读资源,统一规划;也要依靠图书馆丰富阅读资源的可靠保障,为地区成年人的阅读活动提供有力支持;更要依靠社会各界慈善机构组织及志愿者的无私奉献,因为他们的服务和工作,不仅壮大了成年人阅读队伍,也保障了成年人阅读推广活动的可持续发展。

(1)英超俱乐部"阅读之星"足球主题阅读活动——英国文学信托慈善基金会

这是一项由英国国家文学信托慈善基金会发起并举办的阅读活动,英超球星向成年人推荐好书,利用成年球迷对足球及足球明星的热爱和追捧以及英超联赛的影响力,鼓励更多的人拿起图书,培养阅读兴趣和习惯,怀有更积极的态度去阅读。一共约有20位英超足球明星参加了这个旨在鼓励人们多读书的活动,英超球星向球迷们推荐自己喜欢或者推荐阅读的图书,如《哈利·波特》系列丛书、《蝴蝶的精神》、《蝇王》等。

(2)文化大篷车——国际法语书商联盟

国际法语书商联盟于2002年5月27日在法国巴黎成立,来自五大洲30个国家的40多个书商共同促成了联盟的成立,达成合作,为法语系图书争取更多的话语权。该联盟集合了全世界约80多个法语零售书商,从2004年开始,在撒哈拉沙漠以南国家组织了文化大篷车项目,即图书阅读旅行队,目的是激发这个地区人民的阅读兴趣,培养读书习惯。这个活动不仅增强了当地人民的阅读热情,而且联络了书商之间、书商与作家之间的感情。马里和贝宁2010—2011年文化大篷车的主题是"促进年轻人及成年人开展公共阅读和诗歌批判",在乍得,为年轻人及成年人举行阅读竞赛。如此,这种旅行车的方式,为这些偏远贫困的非洲地区人民带去了文化盛宴。

(3)中国民间公益组织开展阅读活动

山西省读书援助协会成立于2010年。该协会为民间公益性组织,旨在通过开发利用出版社、报社、企事业单位、城市家庭的图书资源,推动党政机关、企事业单位、家庭、书店、文化传媒等组织为学校、社会、农村募集图书;发动志愿者参与指导并采取有效的读书方法,组织有益的读书交流活动,为读者提供多渠道、多方面的服务。2010年,北京"尚读"沙龙成立。这是北京青年报社和首都图书馆主办的公益性文化活动,以名家新作为出发点,旨在引导市民的审美取向和文化消费,培养全社会的阅读习惯,创造普通市民与作家、学者沟通的渠道。

4. 其他社会组织和个人

(1)文化新西兰——推广阅读,发展成年人文化素养

Literacy Aotearoa,即文化新西兰,是一个新西兰的文化发展组织,致力于对成年人文化素养及算数技能发展的推广和监督,由新西兰高等教育委员会工厂素养基金为其提供活动资金。Aotearoa即毛利语中的"新西兰",毛利语是英语之外的新西兰官方语言。该组织推行一种整体的培养方式,包括阅读写作、计算能力、文化意识及批判性思维等基本的技能培养。由多个成年人素养发展组织组成的全国网络活跃于整个国家和地区,在各类型场所向成年人提供基本的教育,如工厂、社区及监狱。同时,在其官方网站上,向广大成年用户发布了各种阅读指导信息,如某个地区举办阅读活动信息,阅读书目的推荐和介绍,新闻快报等便民信息,以及相关职业的就业指导及培训信息。Literacy Aotearoa还为工厂的工作人员提供个性化的识字训练,通过对工人的识字能力及计算能力、

企业文化的培养,来满足企业对雇工的文化需求。

(2)中国西部偏远地区阅读推广活动

由中国图书馆协会联合中国远程教育中心共同发起并实施的西部地区阅读一年计划,旨在补救西部偏远贫困地区人民知识匮乏、教育普及不足、人民文化素养较低的境况。从2010年4月至2011年4月,这个项目的一个远程教育中心向当地人民宣传普及农业科学知识。通过对偏远贫困地区青少年及成人的阅读习惯的研究,从而形成系统的方法,指导阅读开展工作。全国各地组织向当地图书馆捐赠图书,项目还为当地建立阅读室,为贫困地区人民更好地接受教育,学习文化和科学知识。同时,邀请农业专家参加科学讨论小组,组织年轻人参加主题为"书籍乃精神食粮"的论文竞赛,共同为西部偏远贫困地区带去新的精神文化气息。

四、我国开展成年人阅读推广的构思与建议

1. 加强政府对成人阅读推广的经济和制度保障

政府部门对阅读推广的重视,主要反映在阅读政策的拟定和预算规划上。为阅读推广活动提供活动资金。从国家政策上制定阅读活动的规范与细则,举办相应的读书节。

2. 积极促进社会各类型机构组织的合作

加强各类型社会机构组织的联系与合作,共同推进成年人阅读推广活动的开展。目前网络的普及、数字出版物的急剧增加,开启了全新的数字阅读时代。发达国家开展阅读活动一般采取由政府机构、出版社和书店、图书馆及其他民间组织,充分发挥各自优势,联合起来共同完成的模式,值得我们借鉴。

3. 建立以图书馆主导的成人阅读推广机制

阅读,书是根本,只有确保图书的质与量,才能在更大程度地促进阅读推广活动的有效进行,图书馆是阅读推广最有力的物质保障。图书馆协会于图书馆界同样重要,他们设计阅读引导活动,提供丰富的阅读资源。

4. 成年人树立阅读意识,发挥主动性,积极参加阅读推广活动

成年人作为阅读的主体,必须强化对阅读的意识,不仅要做阅读人,更要做阅读推广人,主动向周围的朋友宣传推广阅读;通过新闻、报纸、网络等手段,及时获取有关阅读活动的信息,积极参加并为成年人阅读推广活动建言献策,共同推动成年人阅读推广事业的发展。

(潘慧芳撰写)

第三节　面向老年人的阅读推广

2006年全国老龄办发布了《中国人口老龄化发展趋势预测研究报告》，该报告指出：21世纪的中国将是一个不可逆转的老龄社会。随着我国老龄化趋势的加剧，老年工作日益得到全社会的关注和重视。作为社会成员实现终身教育的阅读推广机构，如何更好地为日益壮大的老年读者群服务是一项新的课题和挑战。

一、IFLA：面向老年人的图书馆服务指南

对老年读者而言，有效的图书馆服务应当包括提供阅读以及其他图书馆材料，对此，国际图书联合协会针对老年人阅读，在2000年制订出指南，主要内容如下：

——鼓励和支持老年人参与阅读

——为不同阅读能力的人提供阅读材料

——大字体的书籍和杂志，行与行之间有额外的空隙，质量轻且易于携带

——设定报纸杂志专栏，尤其是报纸，按时间顺序排放

——针对注意力不集中且词汇量有限的老年人，提供有照片及图画的书籍，尽量使用简单的词汇

——提供不同种类的书籍，如，旅游书籍、自学书籍、历史、园艺、烹饪、文化、漫画、字谜游戏等

——提供音频和视频，磁带，音乐，电影，以及基本的教学视频（为聋哑人提供字幕）

——提供阅读辅助设备，如放大镜、老花镜等

二、ALA：面向老年人的图书馆及信息服务指南

美国图书馆协会一直在促进图书馆和信息服务。早在20世纪70年代就已制订了面向老年人的服务指南，近来，因为美国人口老龄化的结构性变化，该指南也于2008年得到了更新。其中和阅读相关的主要内容包括：

——确保在你的社区图书馆中，老年人的特殊需要和兴趣有所体现

——保障图书馆馆藏和物质设施的安全，这会使老年人感到舒适

——对那些无法去图书馆的老年人提供阅读场所

——服务中充分地体现出对老年读者的尊重

——在社区中为老年人提供参与阅读的机会

三、典型案例——为老年读者讲童话故事

老年人经常面临心理健康和孤独问题。澳大利亚的 Lu Rees 档案馆设计出一个项目为老年读者讲童话故事，目的是为了在讲故事的同时为老年人带来精神激励、自我反思和回忆，从而提高社会互动和个人幸福。在一年的时间里，项目发起人为独立生活的老年人提供了 18 个专题的故事时间，例如，一个叫“阅读和回忆：最喜欢的故事书”的项目，其目的就是为了触发记忆。就像爱丽丝梦游仙境一般，让老年人把那些记忆中的事情与童年联系起来。另一个专题使用了澳大利亚儿童图书作家柯林·泰勒的故事——《暴风少年》，通过他与家人朋友在灌木丛中的露营，寻问我们是从哪里来，从而刺激反应同时分享经验。这些活动起到了比较好的效果，“对那些陷入困境和被孤立的居民带来了激励”，“开辟了美好的回忆”，带来了“更多的快乐和更好的学习”。

四、新趋势——代际阅读推广

随着阅读推广的深入，人们认识到阅读以及阅读习惯是代代相传的；阅读推广不仅仅能培养阅读兴趣，提升阅读能力，同时也是促进交流的一个重要载体。因此，需要几代人同时参与阅读推广项目，共同分享图书以及阅读的乐趣。项目的实施有很多种方法，不同地区和机构可以根据当地的具体需求来制订实施方案，在世界人口老龄化的背景下，许多国家的代际阅读推广项目开始招募老年志愿者，这样既让他们发挥了余热，同时也避免他们退休在家的孤独和寂寞，促进了代与代之间的沟通和理解。

1. IFLA 促进代际阅读的《突尼斯宣言》

2011 年 9 月 23 日，IFLA 联合突尼斯图书和图书馆之友协会联合会（FENAABIL）在国际座谈会上发表了《图书馆、阅读和代际对话的突尼斯宣言》（以下简称《突尼斯宣言》）。《突尼斯宣言》中明确提出：“图书馆应利用它们丰富的基础设施开展跨代阅读推广项目，把年轻和年长的群体组织起来，促进他们阅读，增强相互间的理解和照顾双方的利益；图书馆应该为跨代的对话和学习提供机会和场所；图书馆应开展促进不同年龄组之间交流互动的服务项目，如老年人向婴儿、儿童和青少年提供的阅读活动；为了传递文化和传统，由老年人来讲故事；所有年龄段的成年人都可以为孩子们提供作业辅导的工作；年轻人给老年人提供信

息技术培训，以填补他们和高科技之间的鸿沟。图书馆应积极工作，以减少因为年龄问题而产生的隔离，通过代际的项目和服务来构建有凝聚力的社会。”

这个宣言表明了图书馆在代际阅读推广中地位和作用，从而对图书馆的职责做出了规范，为代际阅读推广提供了场地、设施以及技术支持，通过代际阅读推广的展开来建设更有凝聚力的社会。

2. 案例——德国的“书籍搭建桥梁”

为了促进青少年和老年人之间的了解，2009 年德国阅读基金会发起了“图书搭建桥梁”项目，项目首先在 Bielefeld 试运行，由 8 到 10 年级（大约是 14 到 16 岁）的青少年到老年人的家中为老年人进行朗读。这些青少年在进行朗读之前要接受培训，具体读物由德国阅读基金会选择和提供，包括 20 本图书，有短故事、歌曲、神话传说、非小说类作品、诗歌等。一般一次活动不超过 10 个人，青少年给老人朗读最多 10 分钟，然后老年人和青少年一起对书中的话题进行讨论，之后商定下次要朗读的图书。一般每月进行两次。项目的试运行非常成功，在德国医疗保健部（Ministry for Health，Emancipation，Care）以及北莱茵—威斯特法伦州①老年中心（Elderly in North-Rhine Westphalia）的支持下，该项目已经扩展到 11 个地区。德国阅读基金会建议当地的老年中心和学校可以一起开展此项目。

图书搭建桥梁项目：青少年为老年人阅读

（汪玉杰　李明晨撰写）

① 北莱茵—威斯特法伦州，是德国人口密度最大的州，位于德国东部。

第六章　经典案例分析

读遍美国(Read Across America)

一、读遍美国简介

苏斯博士

读遍美国(Read Across America),是由美国教育协会(National Education Association,简称 NEA)主办的阅读推广活动。该项目始于 1997 年,当时美国教育协会阅读工作小组提出:"我们会成立拉拉队让孩子们为足球兴奋,我们会记得哪个明星得了多少分,为什么我们不能做一些事情让孩子们为阅读着迷呢?"①因此倡议创立读遍美国。为了纪念美国著名的儿童文学家苏斯博士(Dr. Seuss)②,特选定了苏斯博士的生日,即 3 月 2 日为全美读书日。读遍美国正式启动是在 1998 年的 3 月 2 日,发展至今它已经成为美国经典的阅读推广活动之一。读遍美国的目标就是让阅读成为孩子们获得成功的重要因素之一,并且使他们最终成为一名优秀的阅读者,因此而受用终生。

二、读遍美国的主要活动

读遍美国最主要的一项活动就是全美读书日的阅读活动。全美读书日是美国规模最大的阅读盛宴,读遍美国集聚了极大的社会力量来共同努力促进美国青少年的阅读能力,他们倡导的活动几乎覆盖到了学校、图书馆、社区、教堂、

---

① National Education Association. NEA [EB/OL]. [2012 - 01 - 04]. http://www.nea.org/grants/886.htm.

② Dr. Seuss,苏斯博士,是 21 世纪美国深受广大儿童喜爱的著名儿童文学作家和插图画家之一,其一生共创作了 48 种精彩绘本,其代表作有《戴帽子的猫》、《绿鸡蛋和火腿》、《圣诞怪杰》、《霍顿与无名氏》等,其中很多故事已被搬上了银幕。

书店、公园甚至医院等社会各个角落，据读遍美国项目组的统计，2011 年约有 5000 万人参加了全美读书日的相关读书活动。美国政府非常重视全美读书日，以 2011 年为例，全美读书日的前一天，美国总统奥巴马专门发布公告宣布第 14 届的全美读书日拉开帷幕。第二天美国第一夫人米歇尔·奥巴马、美国教育部部长阿肯·邓恩、国会图书馆馆长詹姆斯和美国教育协会会长丹尼斯等人共同出席在国会图书馆举行的全美读书日的读书会活动，他们同 300 多名小学生分享自己读书的经历，还为孩子们阅读他们喜爱的故事书。

美国第一夫人在 2010 年全美读书日的活动

读遍美国鼓励各个地方、各个学校、社区等各类各级机构组织方式多样的阅读活动，组织者会邀请来自不同地区、不同行业、不同领域的人给孩子们讲故事，他们可能是警察、消防队员，或是市长、牧师、运动员，也有可能是某位孩子的父母，他们除了给孩子们讲故事，还会与孩子们分享他们对阅读的理解，介绍他们在孩童时期最喜欢的书籍。读遍美国提倡任何来自不同生活环境、拥有特殊视角的人都来和孩子们分享读书的乐趣。

读书日还有一项重要的活动，那就是庆祝苏斯博士的生日，孩子们特意为此准备一块生日蛋糕、一些甜点和饮料来为他们最喜爱的苏斯博士庆生。

由于美国各州的教育水平不统一，有的学校，尤其是公立学校，会因为资金缺乏或是资源有限等原因而表现欠佳，美国教育协会称其为“优先学校”（Priority Schools），并设立专门项目去帮助他们①。读遍美国项目同样也开展了面向

① NEA, Priority Schools Campaign [EB/OL]. [2012 - 01 - 04]. http://neapriorityschools.org/.

这些优先学校的服务。在全美读书日前后,读遍美国项目会采用阅读巡访车的形式专门到访优先学校,把阅读推广带到容易被人忽略的地方。阅读巡防车刷有红色车头,透明玻璃车身,并印有读遍美国标志,车身里载着苏斯博士故事书里著名的卡通形象——戴帽子的猫,因此,这一活动被形象的称为 Cat-a-Van①。与阅读巡访车一同随行的还有美国教育协会执行委员会的会员以及受邀给孩子们讲故事的嘉宾,他们会在到访地举办一场阅读交流会。除此之外美国教育协会通常会借巡访车带去必要的捐款、书籍或是其他礼物。至今,阅读巡访车已经走访了包括阿拉巴马州,佛罗里达州,佐治亚州在内的 12 个州。

阅读日的活动

三、读遍美国特点分析

1. 注重品牌建设

读遍美国通过统一格式的标志、阅读誓言等方式加深人们对读遍美国的了解,起到了很好的宣传效果,深入人心。

(1)统一标志。读遍美国首先选择了非常受欢迎的形象———戴帽子的猫,作为阅读活动的切入点之一,其统一标志物就是戴帽子的猫和美国地图的结合。读遍美国所有活动上的装饰上都大量采用了戴帽子的猫的形象与颜色。在读书会或是其他活动上,孩子们和老师都会带上红白相间的高帽子,会场的装扮上也多是以红色和白色为主色调,使得戴帽子的猫成为了阅读全美计划的

① Read Across America, Cat-a-Van Reading Tours[EB/OL]. [2012 - 01 - 04]. http://www.nea.org/grants/30767.htm.

标志之一。而苏斯博士创作的多种卡通形象为后续的阅读推广提供了丰富的材料与背景，2012年读遍美国的主题是绿色环保，在戴帽子的猫的基础上，增加了苏斯博士笔下的以保护森林为己任的卡通形象老洛（Lorax）为标志，这样保持了品牌的持续性和创新性。

读遍美国的标志

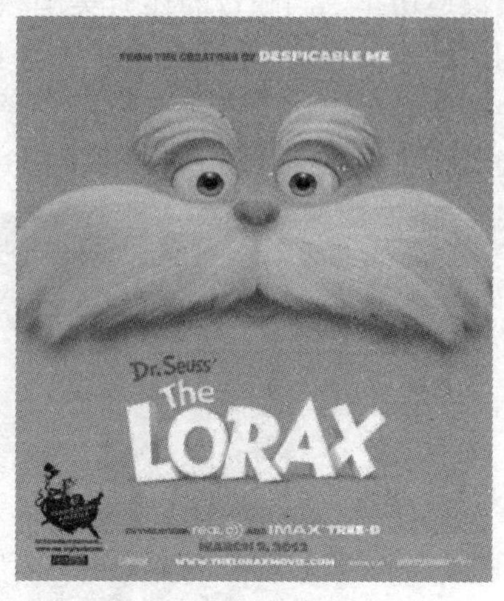

读遍美国2012年宣传海报

（2）阅读誓言、主题曲和主题诗歌。

在读书日活动中，孩子们要宣誓终生热爱阅读。阅读誓言这种方式最早是由美国最高法院的法官所提出，后来一直保留下来，阅读誓言大意如下：

我发誓每个白天和夜晚都会阅读，
我知道那对我的健康成长至关重要。
我会读给自己，也会给大家读，
默读或者大声朗读都可以。
我会随时随地阅读，不管是在书桌旁，在家里，在学校，在火炉旁，在池塘边。
我每阅读一本书，我的智慧就会增长一分。
因此我发誓每天阅读滋润我的智慧。

作曲家格伦（Glenn Weiss）为读遍美国创作了专门的主题歌曲，同时密苏里州的美国教育协会会员黛布拉(Debra Angstead)为其写作了主题诗歌①。

(3)统一格式的宣传海报、证书和感谢信

为了使读遍美国能够更好地推广,项目组织方设计了统一的宣传海报。印有美国教育协会主席签名的证书,将颁发给那些参加读书活动的人员。印有美国教育协会主席签名的感谢信将颁发给那些在阅读活动中提供帮助的组织或者个人。

读遍美国统一格式的证书

2. 定位明确——阅读推广的指导方

读遍美国项目组除了在全美读书日邀请第一夫人等重量级人物进行阅读活动外,其最重要的活动是为学校、社区等准备组织读书活动的机构或者个人提供指导。读遍美国的官方网站提供了很详细的指导,工作人员专门制作并提供了举办活动的一般流程指南和活动形式的参考②,指导老师应该怎么准备一个阅读活动、如何获得校长同意、如何和媒体进行沟通等,并且这些指导非常具有可操作性,比如和媒体的沟通方面,他们提供了5种写给当地报纸的联系信模板,还提供校长或者其他领导在开幕式的演说词模板。除此之外,读遍美国项目组提供了精心设计的阅读主题日历,如一月帮助学生建立一个读书角,二

① Read Across America, Reader's Oath[EB/OL]. [2012-01-04]. http://www.nea.org/grants/13770.htm.

② Read Across America, Create a Reading Event[EB/OL]. [2012-01-04]. http://www.nea.org/grants/13005.htm.

2012 年一月份阅读日历封面

月动手装饰一个阅读寻访车，三月将阅读活动的照片等上传分享阅读体会，四月庆祝地球日，鼓励学生将环保理念带到街头巷尾和各种大众传媒等（见表 6-1）。同时提供了非常详细的班级活动指南，比如 2012 年的主题是环保，读遍美国项目组提供电子版小册子，指导教师如何将环保贯彻到教学中去，介绍如何利用可回收物品制作帽子，并提供制作帽子的方法、材料与剪裁尺寸等信息。读遍美国提供的指导非常全面、具体、可操作性强，保证了更多的机构可以按照读遍美国的指导进行相关的阅读活动。

表 6-1　读遍美国阅读日历

月份	可安排的活动
一月	帮助学生建立一个素质项目，如建立一个读书角
二月	动手装饰一个阅读寻访车，在所在地区进行推广。在读遍美国网站上注册并分享你的阅读规划
三月	将阅读活动的照片、视频等上传，分享你的阅读体会
四月	庆祝美国教育协会学生地球日，鼓励学生将环保理念带到街头巷尾和各种大众传媒
五月	阅读喜欢的老师的著作或者编制教师喜欢书目来庆祝教师节。同当地的电影院和剧院探讨合作的可能
六月	指引学生阅读和夏令营相关的探险书
七月	由于奥运会将在伦敦举行，举办一些和伦敦有关的阅读活动，如各种体育运动的发展、福尔摩斯等
八月	新学期伊始，给学生推荐一些比较轻松的书籍，并让学生组成阅读互助小组
九月	建立你的读书博客，并鼓励学生建立他们自己的读书博客
十月	如果没有足够的预算邀请作者前来，可以考虑通过网络视频邀请作者和学生进行交流 对诵读困难的学生重点关注
十一月	纪念美国教育周主题活动
十二月	到 we give books 网站上阅读一本电子书，该网站就会把书送给某些有需要的学校或者图书馆

读遍美国项目组设计的以老洛为标志的贴画图案

3. 广泛的合作网络

读遍美国有非常庞大的合作伙伴，目前为止它已经建立起了超过50个合作伙伴关系①，其中包括美国的一些儿童培训和服务机构，来自各州的协会、团体等，比如美国图书馆协会（ALA）、苏斯博士公司（Dr. Seuss Enterprises, L. P.）等。不同性质的社会组织以各自所擅长的方式共同推进阅读推广计划的实施，也成为读遍美国的动力之一，如读遍美国和图书冒险基金会（Book Adventure Foundation）合作，采用虚拟智力游戏的方式让孩子们在家里就可以游遍美国；读遍美国和阅读火箭（Reading Rocket）合作，指引读者到阅读火箭网站上寻找资源。为了更好地支持读遍美国，促进儿童阅读素养的提升，美国教育协会还不断尝试开发着新的合作伙伴关系，力求把阅读的重要意义传递给每一位孩子。

同时，美国教育协会擅长借助媒体的力量扩大阅读推广活动的影响力，它鼓励任何一个举办活动的组织充分地利用公共关系扩大对自己的宣传，尤其是

① Read Across America, Partners and Supporters［EB/OL］.［2012 - 01 - 04］. http://www. nea. org/grants/30483. htm.

学校，在举办活动时可以联系当地的主流媒体或是争取政府和学校董事对活动的支持，这不仅是展现学校学生工作，提高学校声誉的绝佳机会，同时对于读遍美国的推广也起到了推动作用。

4. 充分使用交互技术促进交流

读遍美国的网站开通了博客、Twitter、Flicker、Youtube 等交互工具，进行阅读推广的机构和阅读爱好者利用这些工具进行交流，扩大了阅读推广的影响力。

四、对我国全民阅读推广活动的启示

我国全民阅读活动自 2006 年开展以来，在中宣部、中央文明办等部门的共同倡导下，全民阅读活动在全国各地蓬勃发展，但是和读遍美国相比较，我国全民阅读还有很长的路要走。

1. 加快全民阅读的品牌化建设

提到读遍美国，人们马上会想到 3 月 2 日、戴高帽的猫、孩子们带着红白相间的高帽子围聚在一起宣誓、听故事，这些词汇与场景就形成了它的品牌，从 1998 年读遍美国正式启动开始，虽然活动形式越来越丰富，但是这些东西从来没有改变过，而且被一直延续下来沉淀成为读遍美国的标志，形成了其品牌的核心；提到我国的全民阅读，会想到什么明显的标志？笔者没有做调查，这里只能根据笔者自身的经验来谈，很遗憾笔者脑海中没有明确的形象，希望全民阅读在今后应该加大品牌建设，首先设计统一的标志、统一的宣传单、统一的证书等，这样有利于大众了解全民阅读活动。除此之外，要加强阅读推广的质量建设，特别要注意阅读推广活动的长期性。目前很多地方的全民阅读主要是作为亮点工程、形象工程存在，4 月 23 日会举行声势浩大的宣传和活动，这些宣传造势非常有必要，在进行宣传造势的同时要注意阅读推广的长期性。阅读习惯的培养是一个长期行为，因此我们需要借鉴读遍美国的经验，除了读书日的活动外，应该对阅读推广机构开展长期活动进行指导和鼓励。

2. 改变阅读推广的理念和模式

目前国内的阅读推广的主体是图书馆，还有一些民间阅读推广机构。国内阅读推广机构的主要方式是举办各种各样的读书活动，如故事姐姐、征文比赛等等，这些读书活动为阅读的推广起到了很重要的作用。但是由于每次读书活动的人数有限，其影响的范围也有限，因此需要阅读推广机构突破"阅读推广就是举办阅读活动"这种认识，借鉴读遍美国的经验，认识到专业阅读推广机构不

仅仅是阅读活动的举办者，还应该成为阅读活动的指导者和组织者。特别是图书馆，在阅读推广方面具备比较多的经验，需要及时将这些经验进行总结，制订出可操作性强的阅读推广指南，这样，其他机构比如学校、工会、公司等就可以遵照指南举行符合本机构特点的阅读活动。

3. 加强合作

图书馆是阅读推广的主要力量，但是需要和其他机构合作，尤其是目前图书馆社会影响力不突出的情况下，更需要加强和其他机构的合作。目前国内图书馆一般比较注意和媒体以及出版机构的合作，在此基础上，国内图书馆可以借鉴读遍美国的经验，和各类机构密切合作，比如和教育部成人教育司合作，推出面向识字水平不高的成年人的阅读书目；比如和工会组织合作，举行工人阅读大奖赛；比如和足球俱乐部合作，面向不爱阅读但是喜欢运动的孩子，提高他们的阅读兴趣。

4. 注重新技术的应用

通过读遍美国的分析可以看出，新的交互工具在阅读推广中发挥着很大的作用。除了在阅读推广机构的网站上提供比较强劲的交互功能外，阅读推广方案的设计也要充分考虑使用新技术，比如在传统的征文比赛的基础上，可以让学生制作并上传视频来推荐一本书，这样不仅能够结合学生喜欢新技术的特点，还能够鼓励学生向别人推荐图书。

总之，我国的全民阅读正在遭到着前所未有的挑战，而阅读推广活动，尤其是儿童的阅读推广活动缺乏有效的运作更让我们担忧未来阅读形势的发展。美国国家教育协会的读遍美国自创立以来凭着它富有特色的活动和有效的运行模式取得了卓越的成效，希望我们可以从中借鉴经验并不断反思，给我国的阅读推广带来新的生机。

（赵俊玲　栾晓红撰写）

2012 澳大利亚国家阅读年（National Year of Reading 2012）

一、2012 澳大利亚国家阅读年简介

根据澳大利亚 2006 年《成人文学素养和生活技能调查》（*Adult Literacy and Life Skills Survey*）显示，46% 的澳大利亚人民缺乏基本的识字能力，不能阅读报纸、日程表，看不懂说明书，甚至看不懂服用药物的指南。澳大利亚工业集团（Australian Industry Group）在 2010 年发布的一项调查显示，75% 以上的雇主认为劳动力识字水平低，影响了公司业务的开展。

国民识字能力的欠缺不仅给他们自己日常生活带来巨大的困难，而且也是阻碍澳大利亚整个国家进一步发展的主要原因之一。因此澳大利亚图书馆和信息协会与澳大利亚 15 个地区公共图书馆共同主办，并联合媒体、作家、学校、出版商、工厂雇主和其他组织一起推出了 2012 澳大利亚国家阅读年项目，旨在提高国民的识字能力、鼓励国民阅读更多的书籍和提升图书馆重要性。在 2012 阅读年期间，社会各阶层共同努力，全国各地陆续举办了 4000 多项活动，是预期的两倍，阅读年活动取得了巨大的成功。

2012 澳大利亚国家阅读年宣传 logo

二、2012 澳大利亚国家阅读年主要活动

举办国家阅读年的主要目的在于让孩子学习如何阅读，在尊重口口相传这样一个记录历史的方式的同时鼓励国民阅读，帮助人们发现阅读的魅力，使澳大利亚成为阅读的国家。面对严酷的现实，主办方为此次活动定下三个目标：让所有澳大利亚的人明白阅读的益处，让他们认识到阅读不仅是一项生活技能，同时是幸福的催化剂；在每一个家庭推广阅读文化；要为家庭建立一个理想

目标，即家长每天都要与孩子分享阅读。在这一年，通过丰富多彩的活动，让不同年龄段的人、拥有不同背景的人发现阅读的乐趣。下面对 2012 澳大利亚国家阅读年的主要活动进行分析。

1. 我们的故事（Our story）

“我们的故事”是指澳大利亚的故事，项目主办方希望找到那些能准确深入反映澳大利亚的书籍，主办方发起全民投票。通过全民在 ABC① 网站或者当地图书馆的投票，8 本书脱颖而出，它们从各个角度讲述着澳大利亚不同的侧面，有的是一个神秘的故事，有的是回忆录，还有到内陆的旅行记录，有恐怖的战争，有欢笑，有悲伤，从而构成了一个全面丰富的澳大利亚。这一套书，便是整个澳大利亚的历程，一个遥远的原始的荒芜的新大陆成为现如今现代澳大利亚的历程。

主办方鼓励人们阅读其中的书籍，参加当地图书馆举办的读者俱乐部，一起讨论读后的所思所感，以获得更深的理解。

由澳大利亚人民投票选出的诉说澳大利亚故事的 8 本书

① ABC：澳大利亚广播公司（Australian Broadcasting Corporation）网站地址为 http://www.abc.net.au/。

2. 我们到了吗？(Are we there yet?)

《我们到了吗?》是屡获殊荣的澳大利亚作家和插画家艾莉森·莱斯特的一本书,这本书描写的是她们一家驾驶大篷车环游澳大利亚的故事。"我们到了吗?"这项活动面向12岁以下的孩子,主办方组织了一个2—12岁孩子的全国范围内的竞赛,要求他们描述自己家乡或者澳大利亚某个让他们印象深刻的地方。参赛的孩子把自己的故事或者图片寄给主办方,主办方按年龄段将孩子的作品分组,获奖的孩子有机会分享价值4万美元的奖品,还可以拜访作者、参加更多的活动等。这个竞赛在全国各地举办,于2012年2月12日从北领地开始,结束于维多利亚。

这个活动的另一个部分就是展出《我们到了吗?》这本书的一些背后故事,包括所有最原始的插图和旅行日记。整个展览于2月1日从达尔文市开始,12月结束于维多利亚。

《我们到了吗?》书中插画

3. "什么时候开始读都不晚"("It's never too late…to learn to read")

"什么时候开始读都不晚"是一个针对所有澳大利亚作家的竞赛,希望他们创作出一些鼓舞人心的作品来鼓励成年人继续学习并且明白读书永远不晚的重要意义。这个竞赛也是2012年国际成人学习周①(Adult Learners' Week, ALW)的一部分;在澳大利亚,成人学习周的主要目的是提高成人对教育的认识程度并且鼓励他们积极参与再学习。

① 国际成人学习周,1997年《第五次国际承认教育会议》中首次提出,1999年由联合国教科文组织正式确立,目的在于联接各国的成人学习周活动,促进各国交流与经验分享并从中学习他国成功的经验,同时与各种不同背景的民众分享庆祝活动,积极扩展各机构间的合作关系,以增进国际成人学习。(Martinez&Weil,2000,p.7;UNESCO Institute for Education, 2000a,p.7)更多信息:http://adultlearnersweek.org/。

2012 成人学习周海报

参与者把自己创作的作品在 8 月 6 日前寄给主办方，然后由人们从所有的参赛者中投票选出 14 个获胜者，包括 8 个已出版过作品的作者和 6 个未出版过作品的作者，结果于 8 月 25 日公布。

丽贝卡雷森的《教导托马斯》，描写了一个单亲妈妈教导她儿子读书的感人故事，荣膺2012 年最受欢迎的作品①。

4.“读这本”(Read this)

孩子们自己喜欢书，是不是能把他们对某本书的喜欢充分地表达出来，把他们喜欢的书向别人做推荐呢？2012 澳大利亚国家阅读年联合其他机构一起推出“读这本”阅读推广项目，孩子们可以以个人或者团体形式参赛，提交的作品形式不限，包括书评、视频短片、手工作品、音乐作品、绘画作品等，只要求是根据自己喜欢的书创作出来的作品。每个州最后评选出三个个人获奖选手，三组团体获奖选手。通过获奖选手的作品来看，形式非常丰富，包括海报、自己做的蛋糕、用毛线编织的书中的人物、卡通画、铅笔画、纸艺作品等。

澳大利亚首都领地(ACT)地区获奖作品，“山的另一边”，作者为 13 岁的 Zoe

维多利亚地区的获奖作品，以爱丽丝历险记为主题的蛋糕，作者是 12 岁的汉娜

5. 描写工作中的人(Writers at work)

作为国家阅读年的一项活动，澳大利亚教育劳工部资助专业作家参观不同工作场景的工人，每个州都有一个作家团队。这些作家和工人聊天，观察、学习

① 阅读所有获奖故事：http://www.love2read.org.au/never-too-late.cfm。

他们是如何工作的，进而写下工人的日常工作。这些作家选择的角度不同，有的去农场，描写剪羊毛的工人、采摘水果的工人、打鱼的妇女、养蜂人等，有的去公交公司，了解公交司机的生活，有的去火车站，有的去房地产中介，有的去博物馆，有的去志愿服务机构了解志愿者的生活等等。

6. 保存土著文化(Indigenous Literacy)

2012 澳大利亚阅读年活动的重要思想之一就是继续支持在澳大利亚文字读写方面做出杰出贡献的工作者，特别是在国家偏远地区服务的组织和社团，他们的工作为保存澳大利亚文化做出了不可磨灭的贡献。

土著教育基金(Indigenous Literacy Foundation)旨在提高居住在澳大利亚偏远地区土著居民的识字水平，改善他们的生活状态。这个目标需要通过为土著居民提供书籍等文化资源和加深广大公众对土著扫盲重要性的认识来实现。

土著教育基金网站插图，呼吁人们为澳大利亚偏远地区捐书

艾利斯－斯普利斯是一个夹在低矮山丘中间的小城，也是土著居民聚居区之一。国家土著文化日中的“分享我们的故事”(Sharing Our Stories-Anwerne-kenhe Ayeye①)就是专属艾利斯－斯普利斯小镇的。2011 年 9 月 8 日，IAD 出版社②首次庆祝艾利斯－斯普利斯土著讲故事节(Festival of indigenous reading, writing and storytelling in Alice Springs)，2012 年这个节日成为了国家阅读年的一部分，这个活动简直是观众耳朵和眼睛的一次盛宴，人们可以亲身体验来自澳大利亚心脏

2012 年“分享我们的故事”节日海报

① Anwerne-kenhe Ayeye 是澳大利亚中部土著语“Sharing Our Stories”的意思。

② IAD 出版社：澳大利亚专门出版本土读物的出版社。

地区的土著人用他们的土著语、绘画和民歌来讲述他们的历史。

7. 加入图书馆(Join your local library)

这个活动希望那些不曾去过图书馆的人们或者那些自从毕业后就再也没有使用过图书馆的人们能抽出时间去图书馆参观一下，体验图书馆的服务。这个活动的时间是2012年5月21—27日，图书信息周。

图书馆的意义是什么？对于所有人都意味着免费、乐趣和有益。对于年轻父母来说，图书馆的“故事时间”可以在孩子快乐的同时帮助他们从小培养热爱读书的好习惯。对于青少年来说，图书馆有安静的地方可供他们学习和小组讨论，同时可以从图书馆获得更多信息。图书馆拥有很多除书本以外的资源，如果你在当地图书馆找不到你想要的信息，也可以求助图书馆员进行馆际互借。成为一个图书馆的会员可以使你的生活更加丰富。

活动主办方同时设计了一款iPad/iPhone应用程序，它可以轻松地帮助人们找到距离他们最近的图书馆，而且这款应用也会随时将其所在区域内所有的国家阅读年活动推送给使用者。

主办方希望读者在参观完图书馆之后积极地将图书馆吸引人之处反馈给他们，从而为每年的“年度图书”提供素材。

8. “读书时间”(The Reading Hour)

“读书时间”这项活动包括：与孩子每天一起读书10分钟；利用午餐时间读书，更好地平衡工作与生活；与朋友一起阅读，讨论最喜欢的图书。设立这项活动是为了使人们树立起这样一个信念，即每天至少阅读一个小时会大有裨益。

2012年的“读书时间”活动在墨尔本联邦广场举行，主要面向8—12岁的孩子，在活动中表现突出的孩子将会获得免费参观国家体育博物馆和科技馆的机会。

“读书时间”网站宣传图片

三、活动宣传大使

宣传大使威廉·麦金尼斯[①]
(William McInnes)

2012澳大利亚国家阅读年主办方邀请了43位宣传大使,为每个星期的活动做宣传,从政府议员到歌星、体育明星,从声明远扬的作家到年龄只有13岁的小学生,从最畅销的小说家到漫画家,都是澳大利亚耳熟能详的名人,几乎涵盖了文化生活所有方面。

四、合作者

2012澳大利亚国家阅读年活动有超过20家企业参与合作,包括迪士尼、恬墨书舍连锁书店(Dymocks Booksellers)、学术澳大利亚(Scholastic Australia)、MS阅读马拉松(MS Readathon)、新光食品(Sunbeam Foods)、澳大利亚广播电视台(ABC)等。

例如迪士尼公司与恬墨书舍连锁书店合作,面向儿童在书店内开展读书和慈善活动,向偏远地区捐赠图书。迪斯尼公司提供布置房间的道具,使孩子们在童话故事的环境下享受读书的乐趣,分享故事的魔力。

新光食品联合企鹅图书出版公司(Penguin Books)一起为国家阅读年活动宣传,宣传健康阅读和健康零食的理念,在阅读推广期间,只要孩子购买3袋新光公司推出的零食产品就可以免费获得一本图书,目前已经免费送出超过10 000本书!

五、2012澳大利亚国家阅读年特点

1. 全民参与

43位宣传大使几乎涵盖澳大利亚所有文化生活领域,4000多项活动分布在从首都到中部山区的广大区域,面向各种不同的年龄段。澳大利亚国家阅读年调动了全民的读书热情,政府利用各种办法保障所有人的阅读权利,使每个人都享受阅读的快乐。澳大利亚政府深知国民素质对于一个国家一个民族的重要性,不遗余力地向所有人宣传读书的意义。

---

① 威廉·麦金尼斯(William McInnes)是澳大利亚最畅销的作家之一,代表作有回忆录 *A Man Got to Have a Hobby* 和 *That'd Be Right*,小说 *Cricket Kings*,2006年 *A Man Got to Have a Hobby* 荣获澳大利亚现代50部伟大图书,2007年 *CRICKET KINGS* 荣获澳大利亚年度最佳科幻小说。

2. 从儿童抓起，培养国民终身阅读

儿童和青少年是本次阅读推广的重点关注对象。孩子如能从小养成热爱阅读的习惯，往往能够养成独立的人格，心智较高，从而具备终身学习的能力。

阅读不仅是孩子的习惯也是今后学习和工作必不可缺的技能之一，对于孩子来说，推动其阅读的主体是家庭，这就需要家长为孩子营造浓厚的阅读氛围。但是对于弱势群体来说，这或许会成为困难之处，因此需要图书馆介入，为其提供阅读场所及指导。

在信息爆炸的时代，终身学习是时代对所有人的要求，因此鼓励成年人进入图书馆也是本次阅读年主题活动之一。活动通过手机应用向他们主动推送图书馆的资源，帮助他们了解图书馆的重要作用。

3. 宣传科技与保存历史并重

纵观阅读年的各种活动，既包括了对现代图书馆技术的大力宣传，也包括对澳大利亚历史和对土著文化的记录。

在这片广袤的国土上，存在着生活了至少 50 000 年的原住民族，他们组成了 250 多个不同的文化群体，创造出了独特而神奇的艺术——澳大利亚土著艺术，它被称为是世界上现存的最古老的文化传统之一。土著人把自己对这片土地的观察和理解，以石刻、树刻、飞镖、图腾、洞穴绘画、人体绘画和土著语言、象形文字等方法记录下来，形成了独特的土著艺术。

这些古老的记录不仅是考查澳大利亚历史的重要来源而且对澳大利亚的文化艺术乃至世界的文化艺术起着重要的作用，为许多现代艺术家提供创作的灵感。但伴随着现代化的脚步，这些古老的文明以飞快的速度淡出人们的视野甚至消失，为保存这些瑰宝而努力，是我们现代人对古人和后人应该担负的责任。

六、结语

阅读，决定着一个民族思维的深度和高度，对国家的发展同样具有重要意义。全民阅读水平是衡量一个国家社会文明程度的重要标志，当今世界，综合国力的竞争日益体现为文化与科技的竞争，体现为民族凝聚力的竞争。为了从根本上提升国民素质、提升我国的综合国力，我们应当吸收国外先进经验，以我国国情为基础，营造全民阅读的良好氛围，开展各种形式的阅读推广活动，使全民阅读、终身学习深入人心。

（张佳伊撰写）

医疗领域的阅读推广："触手可读"阅读推广项目

"触手可读"项目(Reach out and Read)是美国面向儿童的一个阅读推广项目,该项目始于1989年,主要由医务工作者负责,利用儿童进行体检和治疗的时间向儿童进行阅读推广,向家长说明阅读的重要性,该项目发展到现在,已经形成了比较完善的组织结构和运作模式。本文希望对"触手可读"项目进行深层次的剖析,以期对国内阅读推广的开展提供借鉴。

一、"触手可读"项目概况

研究表明,34%的美国儿童(特别是生活在贫困地区的儿童)在进入幼儿园之前,缺乏最基本的语言技能,即如何阅读的能力。统计显示61%低收入的家庭没有孩子们可以阅读的书籍①。基于以上的考虑,"触手可读"项目应运而生。

1. "触手可读"的目标人群

"触手可读"项目主要面向6个月到5岁的儿童,尤其是来自低收入家庭的儿童,在儿童进行体检和治疗的时候进行阅读推广活动。总的目标和任务是为美国年幼的儿童群体做好入学前的准备,使他们能够掌握良好的阅读能力、识字能力和语言表达能力,从而能够迅速地融入学校生活,为今后的成功人生做好准备。该项目计划让每个儿童在入学前读到10本图书,让每一位家长理解到大声朗读的重要意义。为实现这一目标,每一个儿童在5年内的平均花费是50美元。

"触手可读"标志

2. "触手可读"发展进程

(1)1989年,巴里·朱克曼和罗伯特·妮得曼以及早期儿童教育工作者简·尼格罗、凯瑟琳·麦克莱恩和凯瑟琳·菲茨杰拉德瑞斯在波士顿市儿科医院(现在的波士顿医疗中心)创办第一个"触手可读"项目。

(2)1994年,安妮·凯西基金会为"触手可读"项目提供了为期三年的资助,为其在全国的推广提供了大量资金支持。

① Reach Out and Read. Immunizing Children Against Illiteracy[EB/OL].[2012-02-18]. http://www.reachoutandread.org/impact.

(3)1996 年,“触手可读”与美国儿科学会合作,共同推进儿童健康培养计划,之后参加“触手可读”项目的机构数量增加了一倍。

(4)1997 年,“触手可读”成为白宫促进儿童早期读写能力的重要合作伙伴。“触手可读”在波士顿建立了全国阅读中心。“触手可读”深入全国社区卫生服务中心介绍推广这种阅读模式。第一个“触手可读”阅读地区中心在大纽约地区成立。

(5)1999 年,在波士顿医疗中心“触手可读”的 10 周年庆典上,美国第一夫人希拉里·克林顿发表讲话。“触手可读”成为一个独立的组织并且成立了全国董事会。

(6)2000 年,“触手可读”收到了 200 万美元的联邦拨款,“触手可读”地区中心也得到了州政府的支持,“触手可读”马萨诸塞地区中心收到马萨诸塞州教育部门的 50 万美元拨款。

(7)2004 年,“触手可读”成立 15 周年。11 家出版机构支持“触手可读”项目。

截止到 2011 年年底,“触手可读”项目已经覆盖美国 50 个州,4779 家医疗机构,有 28 460 个医务工作者和众多的志愿者参与这个项目,发放图书 640 万册,受益儿童达到 390 万人①。

表 6-2 “触手可读”数字发展进程表

年	参加机构个数	覆盖州个数	分发书籍量(本)	儿童数量
1989	1	1	1000	——
1991	1	1	1000	——
1994	34	9	19 607	——
1995	45	12	103 937	——
1996	107	28	265 861	——
1997	261	39	579 480	——
1998	556	47	797 048	——
1999	795	49	1 027 798	——
2000	795	49	1 300 000	——

① Reach Out and Read. History of Reach Out and Read[EB/OL].[2012 - 02 - 16]. http://www.reachoutandread.org/about/history.aspx.

续表

年	参加机构个数	覆盖州个数	分发书籍量(本)	儿童数量
2001	1456	50	1 600 000	——
2002	1728	50	1 900 000	1 300 000
2003	2083	50	3 100 000	2 000 000
2004	2379	50	3 200 000	2 100 000
2005	2826	50	3 800 000	2 300 000
2006	3300	50	4 600 000	2 800 000
2007	3714	50	5 400 000	3 300 000
2008	4226	50	5 800 000	3 700 000
2009	4431	50	6 000 000	3 800 000
2010	4654	50	6 400 000	3 900 000
2011	4779	50	6 400 000	3 900 000

二、运作模式

“触手可读”的最显著的特征在于将医疗和阅读结合起来。这种模式主要有两个特点:一是低成本,以现有的医疗设施为基础,不用建立新的阅读推广机构,减少运营组织的成本。二是权威性,医疗工作者的专业性对于阅读推广的效果有很好的保证,不管是家长还是儿童都比较信任医务工作者,这就为阅读推广取得比较好的成效打下了坚实的基础。具体来说,“触手可读”首先对儿科医疗工作者(包括儿科医生、家庭医生和儿科护士等)进行培训,帮助他们做好指导儿童阅读的准备。具体的阅读推广主要通过以下3个方面来实现:

1. 最初保健护理机构(Primary care provider,病人首次接触医疗保健系统时所受到的医疗护理,然后在此系统内转向别处。是指一般的医疗保健,即病人在转诊到医院或专科前的一些医疗。),会送给每一个6个月到5周岁的儿童一本适合他们年龄的新书,每个孩子在上小学之前,大约会收到10本赠书。

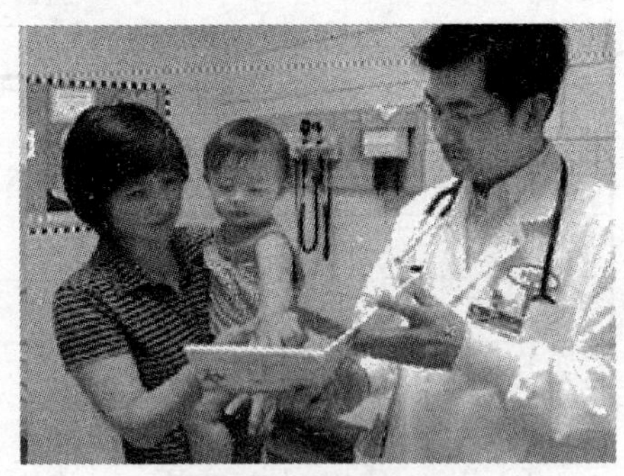

全科医生在做阅读推广

2. 在检查室,医生和护士向家长说明

儿童每天大声朗读的重要性，并给出适合儿童年龄的阅读指导建议，包括如何和婴儿一起享受看书和用手指指图画的乐趣；给两到三岁孩子阅读时韵律和重复的重要性；如何向学龄前儿童提出开放性的问题。

3. 在候诊室，为儿童创造适宜阅读的环境，同时志愿者会向家长示范和孩子一起阅读的方法和乐趣。

候诊室的阅读环境

三、组织模式

"触手可读"经过二十多年的发展，已经形成了国家中心、地区中心、成员机构三个层次的组织模式。

1. "触手可读"国家中心

"触手可读"国家中心位于马萨诸塞州的波士顿市。国家中心负责对"触手可读"模式实施情况的监督和指导。目前国家中心共有 9 名工作人员，其工作职责主要包括以下几个方面：制订和修改"触手可读"官方培训课程；建立与维护"触手可读"地区中心的关系，并为他们提供培训材料、营销方法以及分享实践经验；通过直接与出版商合作来取得购买儿童图书的折扣；负责和企业、基金会和其他儿童组织保持良好的沟通；在政府层面，主要负责与联邦政府合作来提高"触手可读"知名度。

2. "触手可读"地区中心

"触手可读"地区中心隶属于"触手可读"国家中心，直接参与"触手可读"项目的实施，保障"触手可读"模式在各州各地区高效地运行。"触手可读"地区中心为每个"触手可读"项目提供技术帮助，指导"触手可读"成员机构的发展以及社区推广、捐赠、处理社会关系等事务。约 85% 的"触手可读"成员机构在地区中心的管理范围之内①,每一个地区中心由一名普通主任和一名医学主任来领导。

3."触手可读"成员机构

"触手可读"成员机构是指医院、医疗中心、诊所、儿科护理或家庭等具体进行阅读推广的机构或者场所。"触手可读"成员机构培训所有的医生、护士等医务工作者,以帮助儿童提高早期识字率,为儿童入学做准备。"触手可读"成员机构定期向地区中心报告进展状况。"触手可读"成员机构通过与地区中心合作的方式来提升其对"触手可读"宣传和筹款的认识。要成为"触手可读"成员机构需要按以下程序进行申请:

(1)确定负责人员

一般来说,参与到"触手可读"的医疗机构主要由一个医学主任和一个项目协调员负责对阅读项目进行管理。医学主任主要负责对该机构医疗工作者进行培训、与该机构领导进行沟通,项目协调员主要协助医学主任,负责具体的事务,如订购书籍、对志愿者进行管理。项目协调员可能是医疗机构工作人员,也有可能来自患者群体。

(2)年度图书承诺(Annual Book Commitment)

所有的申请机构都要出示完成至少75%年度图书承诺(即每年计划需要的图书总数)的证明。一般而言,"触手可读"的平均花费是每本书2.75美元②。所以年度图书预算的计算方法应该是:

年度图书预算=每年健康儿童体检总次数(6个月到5周岁)×2.75美元

只有那些年度图书承诺完成率达到75%的机构,才能提出申请,未达到的机构将被划到等候名单中。

(3)提交申请材料

申请者可登陆"触手可读"官方网站直接申请,也可以通过邮寄的方式进行申请。申请时必须提交支持信。支持信内容应包括机构领导对"触手可读"项目的支持,以保障项目的顺利开展。支持信必须有申请机构领导的签字。

(4)审查

通常每月的最后一周,"触手可读"审查委员会单独审查每一个已完成的申

① Reach Out and Read. Organizational Structure[EB/OL].[2012-02-18]. http://www.reachoutandread.org/about/org_structure.aspx.

② Reach Out and Read. Starting a Program Brochure[EB/OL].[2012-02-18]. http://www.reachoutandread.org/FileRepository/StartUp_brochure.pdf.

请信息。

(5)申请状态通知

审查委员会每周都会更新申请机构的审查状态信息,特别是审查完成的信息。如果申请者成为正式的阅读推广机构,约4至6周后,“触手可读”会为该机构发送一组欢迎套件,包括对医疗机构工作者培训所需的信息和材料,为开展项目提供的海报、书签、“触手可读”书目和用于购买图书的预付费账号。

(6)对医疗机构进行培训

在正式开展“触手可读”项目之前,每一个医疗机构都要接受培训。一旦一个医疗机构中75%的医务工作者都完成了培训,那么这个机构将获得开展阅读推广工作的资格。“触手可读”对医务人员的培训主要采用网络课程的方式,为每个儿科医生、家庭医生、骨科医生、护士和助理医生提供在阅读指导、选择儿童书籍等方面的指导。除了网络培训,对于工作者超过6名的医疗机构,地区中心可能会为其派发一名经验丰富的培训人员,对他们进行1个小时的培训。

四、特殊项目

除了常规的阅读推广,“触手可读”还开发出了针对特殊人群的阅读推广项目。

1. 面向双语家庭

由于很多家庭第一语言不是英语,“触手可读”开发了面向双语家庭的阅读推广项目,目前“触手可读”提供了13种语言的儿童双语读物,包括阿拉伯语、韩语、孟加拉语、波兰语、波斯尼亚语、葡萄牙语、柬埔寨语、俄罗斯语、汉语、西班牙语、海地—克里奥尔语、越南语和高棉语。

2. 面向西班牙语家庭

目前“触手可读”项目中,约有86%的项目服务的家庭是西班牙语家庭,因此。“触手可读”制订了面向西班牙语或拉丁语系家庭的参考指南,同时提供了面向西班牙语家庭的推荐书目。

3. 面向军人家庭

因为各种自然灾害和人为的事故,军人家庭的家长经常不在儿童身边,“触手可读”发起面向军人家庭儿童开展阅读推广的活动,使儿童通过阅读克服来自分离、伤害以及父母死亡的压力和恐惧。目前,44个美军基地参与了“触手可读”项目,每年超过9万名来自军人家庭的儿童参加这一项目,项目向这些儿童发放了 18 万本图书①。

4. 面向印第安/阿拉斯加家庭

80%的印第安/阿拉斯加家庭生活在贫困线以下，印第安/阿拉斯加的孩子们考试成绩最低、高中毕业率最低、只能读全美最差的学校。鉴于以上事实，“触手可读”联合美国印第安人保健部以及美国儿科学会，建立美洲印第安/阿拉斯加原住民中心，采购美洲土著语言的书籍，服务更多的土著儿童。目前面向印第安/阿拉斯加家庭的“触手可读”项目点已经达到 200 个，每年为超过 4.9 万的土著儿童服务，这些孩子的家庭每年将收到超过 9.5 万册的新书。

5. 面向问题儿童家庭

美国数以百计的儿童存在视听触等感觉障碍、智力障碍、语言障碍、学习障碍和自闭症谱系障碍等。许多“触手可读”医疗机构为这些儿童提供初级的保健，训练他们的阅读能力，分别推出了面向视觉障碍儿童、听觉障碍儿童、自闭症儿童、智力低下儿童等不同儿童群体的阅读指导指南，包括给父母的建议、阅读书目等。

五、资助方和合作方

“触手可读”每年的运行经费约 3000 万美元，主要来自公共资金、非营利机构、公司和个人捐赠。其中公共资金和私人资金的比例大约为 1∶2。公共资金主要包括美国联邦政府教育部的资助，另有 9 个州的州政府资助当地“触手可读”项目。基金会是“触手可读”项目资金的另一个重要来源，1994 年安妮.E. 凯西基金会为“触手可读”项目提供了为期 3 年的资助。2001 年，项目收到了来自约翰.S 与詹姆斯.L. 奈特基金会 100 万美元赠款；1997 年，士林公司为“触手可读”提供大量赞助。

许多“触手可读”项目都有自己的年度筹款地点，如早餐出售点。其他资金来自每个社区的个人、小企业、大公司或其他基金会和慈善事业等。每个当地的“触手可读”机构根据当地的人口规模和筹款预算，向上级报批。

除了资助方，“触手可读”非常注意争取其他各方的支持，发展到现在，形成了比较广泛的合作群体，包括出版社、广播电台、零售店等。“触手可读”和其他机构的合作方式主要包括以下几种：

① Reach Out and Read. How Reach Out and Read Benefits Military Families[EB/OL]. [2012-02-18]. http://www.reachoutandread.org/providers/uniquepopulations/military.aspx.

1. 图书捐赠

“触手可读”项目一项最重要的支出是图书的购买；因此该项目寻求同出版社、书店等机构的合作。出版机构 Scholastic 为该项目提供打折图书，并且其领导层志愿在“触手可读”国家中心和地区中心的理事会提供服务。每年，美国的精装本书店 Borders 组织一次图书游行，要求顾客购买一本书捐献给当地的“触手可读”机构。2011 年，通过这种方式，捐献了 30 万册图书。童书出版商 Charlesbridge 和广播电台 WBUR（马萨诸塞州最大的广播电台）合作，在 WBUR 每年秋季的筹款季节，每收到 100 美元的捐款，出版商就会捐献给“触手可读”一本新书。2009 年通过这种合作模式，捐献了 12 000 本书。

2. 和市场咨询公司合作进行专业化的定位和宣传

市场营销咨询公司 Prophet 和“触手可读”合作，为其提供免费的服务，帮助“触手可读”进行品牌定位，以及扩大影响力。除了一系列的宣传活动之外，还邀请国会成员到“触手可读”成员医疗机构给孩子们阅读，让这些国会成员能够近距离地了解“触手可读”，从而争取更多的政府资助。很多参议员和众议员对“触手可读”提出了很高的评价，如参议员查理斯·格拉斯利（Charles Grassley）曾经说过：“研究表明给孩子阅读对孩子的发展非常重要，我们已经看到‘触手可读’项目对于孩子的巨大影响，特别是那些可能面临上学后会落后的危险的孩子。‘触手可读’是一项对未来的投资，对孩子未来的成功有很大帮助。”

3. 和技术设备提供商合作。

“技术之汤”是一家非营利机构，2011 年捐赠给“触手可读”项目相关的软件，促进“触手可读”对其技术设施进行现代化改造。

六、志愿者

“触手可读”项目本身就是一个志愿服务，所有的医疗工作者提供阅读指导和建议都是志愿服务，除了医疗机构的工作者外，“触手可读”项目还有庞大的志愿者队伍。2009 年，“触手可读”大约有 2000 多名志愿者。这些志愿者为候诊室的儿童阅读、组织社区图书捐赠、制作书架、装饰墙面等，他们为“触手可读”做出了巨大贡献。

这些志愿者从志愿阅读服务中获得了巨大的成就感。

国会议员给孩子们阅读

志愿者在进行阅读

“一天，我刚做完志愿阅读服务，正要开车回家，我看到一个4岁的小男孩跳着向我挥手，我摇下车窗，认出那是曾经和我一起阅读的一个男孩。那个小男孩冲我说道：‘谢谢你，阅读女士，谢谢你给我阅读。’我那天离开的时候感觉很好，因为我给这个小男孩烙下了阅读的印象。”

——Jeri Kentz, Reach Out and Read 志愿者

“一天当我正给一群小孩阅读时，角落里有一个上年纪的男士。我一个故事一个故事地讲，那位男士坐得越来越近，并且听得很专注。我忍不住停下来问他是否听过我正在讲的故事，他回答说没有，但是他被我讲故事的感染力所吸引。他接着告诉我，在他小的时候从来没有人给他讲故事，他听我讲故事之后，非常想了解他应该如何给他自己的孩子讲故事，并且让孩子们对故事感兴趣。然后我就告诉他“触手可读”的作用，以及给孩子讲故事是多么重要。今天一个人的观念因“触手可读”而改变，这是我最大的回报。”

——Beatriz Vasquez, Reach Out and Read 的志愿者

七、效果评估及成就

“触手可读”项目推出之初，就非常注重效果评估，1991年出现了第一篇经过同行评议的“触手可读”效果评估的研究性论文，到现在已经有14篇评估的同行评议论文在相关期刊上发表①，自1998年之后几乎每年都有“触手可读”效果评估的研究发布。这些评估或者访谈儿童家长，或者访谈医疗工作者，或

① Reach Out and Read. Reach Out and Read's Evidence Base[EB/OL]. [2012－02－18]. http://www.reachoutandread.org/impact/evidencebase.aspx.

者对家长和儿童进行观察，或者对家长的感谢信进行定性分析，采用的研究方法多样，由于样本不同，年代不同，这些研究结果有细微差别，但是能够总结出几个主要的结论：参加“触手可读”项目的家长给孩子阅读的次数比不参与该项目的家长多；参加该项目的儿童在语言方面比其他学龄前儿童领先半年的水平，这些儿童在入学评估语言测试方面的分数比其他儿童高。随着该项目的深入开展，相关的研究也在逐步深化，2009 年的一项研究就分析了具体阅读推广项目的成功和医疗机构文化之间的关系，这些为更好地开展“触手可读”项目提供了科学的根据。前文提到由于采用的评估方法不同，评估结果可能会有差别，因此“触手可读”项目正在着手研制一个标准的质量评估和提升工具包，从而使各个阅读推广成员机构能够使用统一的评估标准评估本机构的表现，从而提升阅读推广的效果。

“触手可读”的成功运作和巨大影响，得到全美各界的表彰与嘉奖。例如，2003 年，“触手可读”获得慈善导航者的最高评级——四星级；2005 年，美国独立慈善奖授予“触手可读”卓越勋章；2007 年，联合国教科文组织授予“触手可读”在提高读写能力方面的国际孔子奖；2008 年，美国科学院发育行为儿科分会表彰“触手可读”项目负责人安德森 · 奥尔德里奇在儿童发展上的杰出贡献；2010 年，BET 奖首席执行官马丁 · 法伦伯爵为“触手可读”颁发“闪亮之光/本地英雄奖”。

八、对我国开展阅读推广的启示

通过对“触手可读”项目的深入分析，笔者认为它对我国阅读推广活动的开展有如下借鉴意义。

1. 开拓思路，充分利用已有的基础设施体系或者其他已成规模的服务网点体系

“触手可读”项目利用儿童去体检和看病的时间，利用已有的医疗体系和资源进行阅读推广，不需要重新进行大量投入。我国也可以考虑引入这种模式，尽管我国大型综合医院人满为患，开展阅读推广不太现实，但是在我国很多地区，特别是在城市，已经初步形成了社区医疗体系，因此在社区医疗体系内推广阅读具备一定的可行性。建议中国图书馆学会和中华医学会或中国医学基金会合作，促成教育部和卫生部合作，共同促进阅读推广的开展。除了利用已有的医疗体系，同样可以考虑和网点比较多的银行、邮局等机构开展合作，在提供金融、邮递服务的同时，向顾客宣传阅读的重要性，提供各种推荐书目以及阅读

建议。

2. 加强阅读推广机构的品牌和组织建设

我国的阅读推广活动近几年有比较大的发展，但是也有一个比较突出的问题就是各个阅读推广机构各行其是，影响非常有限，没有整合出一个有规模、成体系的阅读推广品牌。希望国内目前做得比较好的阅读推广机构尽快将自身经验总结，提炼出一套能用于其他图书馆或者机构的推广模式和推广方案。借鉴“触手可读”项目的经验，可以采用国家中心、地区中心和成员机构的建设模式，形成一个有影响的阅读推广体系，而不是一个单一的阅读推广项目。

3. 加强对阅读推广效果的研究

不管是哪类机构开展的，面向哪类群体的阅读推广项目，都应该对阅读推广的效果进行评估，这样才能保证阅读推广的科学发展。国内尽管有不少阅读推广活动，但是“用实证方法来评估和重新设计阅读推广活动的研究几乎没有”①。因此希望国内从事阅读推广研究的学者加强对阅读推广效果评估标准体系的研究，指导阅读推广项目的评估实践，同时具体的阅读推广项目应该强化评估意识，特别是应该做好对某些特定人群推广项目实施前和实施后的比较，从而总结阅读推广的成效和不足。

（赵俊玲　周田田撰写）

① 王波．图书馆阅读推广亟待研究的若干问题[J]．图书与情报，2011(5)：32－35，43.

用足球踢开阅读的大门：英超俱乐部"阅读之星"项目

一、英超俱乐部"阅读之星"简介

阅读之星标志

榜样的作用是巨大的，尤其在风靡全球的足球运动中，足球明星的一举一动备受球迷们的关注，即使不是足球爱好者多少也会对其有所耳闻，他们的影响力不可小觑，这对于英国的儿童来说尤其有着巨大的榜样力量。英国读写素养信托组织（National Literacy Trust，英国一家独立的慈善机构，致力于提高全民读写能力，以下简称 NLT），发现很多男孩不喜欢阅读，但为他们提供一些与足球有关的活动，他们的热情就会激增。英超俱乐部"阅读之星"项目（Premier League Reading Stars）由此产生，此项活动由 NLT 主办，英超俱乐部和英格兰艺术委员会协办，英超俱乐部主要提供球星和资金，英格兰艺术委员会主要提供资金支持。

该项目始于 2003 年，当时的目的是帮助热爱足球却不喜欢阅读的青少年和成人，提升他们的阅读兴趣和阅读能力。现在主要面向不爱阅读却喜欢足球的 5 至 6 年级的小学生和 7 至 8 年级的初中生，特别是那些如果不采用有效措施，成绩有可能被远远落在后面的男生。该项目致力于将他们对足球的热爱传递到阅读中。2003 年到 2010 年期间，主要通过英超俱乐部和图书馆的合作来推动阅读，共有 16 000 多名学生和家长参加，参与者共阅读了 25 000 本书。之后该项目改变了其运作模式，主要面向学校、图书馆和英超俱乐部，目前有 1000 多所学校参加到该项目中。事实也证明这种将阅读和足球整合在一起的方式确实有效，NLT2012 年的一项研究表明："74% 的男孩表示运动员能够激励他们阅读。因此将足球运动员纳入阅读推广中为我们提供了一种全新的、有效的面向男孩的推广策略。"①下面对该阅读推广项目的主要活动进行分析。

---

① Dugdale. models and young people's reading［EB/OL］.［2012 - 02 - 13］. http://www.literacytrust.org.uk/assets/0000/0403/Role_models_2009.pdf.

二、阅读之星的主要活动

项目方设计每年度的活动之后，申请方提交参加申请，该项目限定三类机构进行申请，学校、图书馆和足球俱乐部。从目前参加情况来看，以学校为主。阅读之星主要通过以下三项工作推动阅读。

1. 指导培训教师和图书馆员利用足球推广阅读

为了更好地提高孩子们的阅读水平，“阅读之星”项目组设计了面向教师和图书馆员的策略书（tactic book），策略书一般由知名的足球作家或者评论员撰写，策略书包括 10 个环节的教学设计和指导，其中包括著名的足球作家设计的足球故事等①，为教师和图书馆员提供充分详细的指导。除此之外，项目组还设计了分发给学生的带有英超标记的物品，包括笔、书签、徽章和生动的阅读杂志，策略书和纪念品包装在一起，在“阅读之星”中被称为资源包，以免费或者付费方式分发给学校。

在英超联盟和英格兰艺术理事会的资助下，符合条件的前 1000 个学校的班级或者团队可以获得一个免费的资源包，项目组主要考虑两个标准②：一是看该校学生的英语水平，会优先考虑低于全英国平均水平的学校；二是考察该学校是否能提供较多数量的免费校餐，优先考虑高于全国平均水平的学校。如果学校需要更多的资源包，则需要从 NLT 购买，面向 32 个学生的资源包价格约为 290 英镑，平均每个学生的费用为 9 英镑。在固定的日期前订购会有一些折扣和优惠。

不管是免费还是收费，学校在申请获得资源包后，需要指定一个负责短期阅读指导的教工，可能是学校的教师、助教，也有可能是图书馆员，这个教工即便自己不是足球爱好者，也必须充分了解运动对孩子的影响。

“阅读之星”项目组会对每个学校选出的进行阅读指导的教工进行免费的为期一天的培训，由策略书的作者负责，培训一般在一个足球体育场进行，通过一天的培训，使具体负责阅读指导的教工能够掌握策略书的精髓。

2. 在线阅读挑战赛

比赛是阅读推广中比较常见的一种方式，特别是针对青少年群体的阅读推

---

① NLT. Resources[EB/OL].[2012 - 02 - 13]. http://www.literacytrust.org.uk/purchase_resources/9_premier_league_reading_stars.

② NLT. Information for teachers and librarians[EB/OL].[2012 - 02 - 13]. http://www.literacytrust.org.uk/premier_league_reading_stars/practitioncrs.

广，这种方式非常普遍，比如书评比赛、读书活动征文比赛等。“阅读之星”项目也比较注意采用比赛竞赛这种方式，阅读挑战赛自该项目建立就开始运行，原来的阅读挑战赛采用小组的方式，每个参加挑战的小组阅读完 100 本书就有可能获得免费的书籍和比赛门票。这种方式有其弊端，那就是无法评估学生是否阅读了那些书籍，因此，NLT 2011 年对这种模式进行了调整，改为网络在线挑战模式。具体来说，就是每个英超俱乐部提供一位球员作为“阅读之星”，该球员会朗诵 5 段不同风格的内容，可能是一本书，也可能是一篇新闻文章，也可能是网页的内容，球员朗诵的不是全部内容，只是片断①。每个片段即一个挑战。每个片段设计 3 个问题，其中前两个问题能在该片段中找到答案，而第 3 个问题在片段中是找不到答案的，只有参加挑战的学生将相应的书籍、文章或者网页的全部内容阅读完才有可能回答正确。除了球员的阅读视频外，网站上还提供该片段的文本方便学生查看。学生每通过一项挑战就会获得相应的积分，当积分增加到一定数量就有机会获得足球运动员谈论他们所喜欢书籍的完整视频，并且可以获得相应证书。完成所有 100 个挑战的学生将获得纪念片。因为在线阅读挑战赛设计得比较科学，很多学校老师会将其作为作业布置给学生，让学生到该网站参加挑战。

3. 推荐书目

前面提到，每个英超俱乐部会提供一位球员作为“阅读之星”，每一位“阅读之星”会推荐一本面向儿童和成人的书目，组成一个 20 强书单在网站上公布。同时阅读挑战赛中球员选择朗诵的图书也具有推荐作用。对于这些图书，NTL 和布朗书屋（Browns Books）合作，给予购买者 30% 的折扣。

另外，为了更好地让教师、图书馆工作者等利用足球推进阅读，“阅读之星”项目组在其网站上提供了大量的指导方案，包括如何邀请足球明星到学校进行交流，非常具体，例如应该联系俱乐部的什么部门，如果已经联系成功了下一步需要准备什么等细节。除此之外，为了让项目实施机构，如学校等，更好地组织学生，项目组设计了统一模板的《告家长书》、《使用学生照片申请家长同意书》等，这样节省了学校、图书馆和足球俱乐部的时间和精力，并且统一模板有利于项目在更大范围内被社会认知。

① NLT. Information for parents[EB/OL]. [2012-02-13]. http://www.literacytrust.org.uk/premier_league_reading_stars_challenges/parents.

英超球员在朗读

三、效果

"阅读之星"项目组非常注重对该项目的评估，申请参加该项目的学校、图书馆和英超俱乐部在申请时要同意该项目对其进行评估。每年采用问卷调查、访谈等多种方式进行评估，内容包括询问参加"阅读之星"之前和之后的情况变化、教师和图书馆员的反馈等。通过2012年的评估数据来看，"阅读之星"项目起到了比较好的效果：

——对阅读态度的改变：64%的儿童表示，他们在参与此项目后非常享受阅读；

——阅读的数量：71%的儿童表示，在知道足球运动员在阅读后他们现在开始读更多的书；

——使用图书馆的情况：88%的儿童表示现在经常去图书馆读书；

——自己选择书的情况：70%的受访者表示现在自己选书更有自信；

——写作情况：70%的受访者表示参加该项目后在写作方面更有自信；

——带动他人阅读：47.3%的受访者表示曾经鼓励他人进行阅读；

——口头表达：65%的儿童感到现在在他人面前说话更加自信①，包括小组讨论中的发言，在他们不明白的时候提出问题等多个方面表现得更加自信，更加愿意说出自己的看法。

---

① NLT. Annual Review[EB/OL].[2012-02-13]. http://www.literacytrust.org.uk/assets/0000/7334/01588_PLRS_Annual_Review_2010_3.pdf.

家长的参与可以帮助孩子们提高自己的信心，同时激发了家长提高自身技能的热情，并使他们更加愿意用心培养孩子的读书兴趣。40%的家长都觉得在参加英超俱乐部“阅读之星”后更有信心在其他人面前发言，84%的家长与他们的孩子在参加英超俱乐部“阅读之星”后阅读量得到了增加，85%的家长反映他们与孩子在一起的时间更多了。

其中一个家长提到：“我儿子 Connagh 以前不喜欢写作，讨厌写作，每个星期我都要被老师叫到学校两次，因为他不做作业。后来学校教师建议我们试一下‘阅读之星’项目，孩子可能感兴趣。老师的建议太好了，Connagh 很喜欢这个阅读项目，他非常喜欢足球方面的书，而且他经常给我朗读一晚上，他八岁了，原来他从来没有这么做过，这是他第一次这么做。并且他现在特别喜欢写故事，我需要每天工作很多个小时，我妻子也是需要每天工作很长时间，如果我们当中的一个外出工作，他就给我们写一个故事，然后晚上我们读给他听。他学习到很多东西，我们之间的沟通也比原来好很多，我们经常一起阅读。原来我们都不知道我们社区的图书馆在哪，现在我们每两周去一次，每次他会借一本新书。现在他也经常给弟弟妹妹读书，这给他的弟弟妹妹带来很好的影响。”

四、思考和启示

1. 利用名人效应激发阅读热情

我们都了解爱屋及乌的现象，由此也能够理解偶像的感染力与号召力。人们往往会对喜欢的人或事物格外关注，对与其相关的事务也会更易于接受。人们愿意与喜欢的人有更多的相同点，因此去模仿偶像的行为，这就是为什么偶像会有巨大号召力。

“阅读之星”的活动恰好运用这一点，它通过和英超合作，将孩子们对足球的热爱转化为对阅读的热爱。我们也可以仿效这种模式，和中国足球协会合作，将每一支中超球队纳入到阅读推广的行列；以此类推，也可以和国家体育总局合作，将历届奥运冠军纳入到阅读推广的行列；也可和作家协会、棋类协会等充分合作。孩子的爱好是多元的，只要我们善于发现和组织，或许就能将孩子们喜欢的名人和阅读建立一座桥梁，培养出孩子的阅读兴趣。

2. 设计科学合理层次多样的阅读推广模式

说到利用名人效应，我们一般想到的就是张贴名人在阅读的海报，或者一段名人陈述阅读重要性的公益广告，或者是名人给出的推荐书目。这些当然有作用，但是我们还需要再深入设计阅读推广的方式，英超俱乐部“阅读之星”给了我们很好的启示，那就是要让球员充分参与到阅读推广中，英超俱乐部的球员要进行阅读，并根据阅读的内容布置问题，学生们一边观看球员阅读的视频一边回答问题，学生们会觉得好像和球员在互动，会提高他们的阅读热情。同时英超俱乐部“阅读之星”充分利用孩子们对英超的喜爱，孩子完成了相应的阅读数量或内容，会获得英超球员的签名、与球员面对面交流、甚至获得免费门票，这无疑会激励那些足球粉丝。建议国内如要进行类似的阅读推广，从阅读推广用户群、阅读推广方式、激励机制等方面充分围绕选择的主题来进行。

3. 重视阅读推广效果的评估

对活动进行评估总结是积累经验、提高阅读推广水平的有效手段，这样既能节省资源提高资源利用率，又能够扩大活动的影响力。NLT 每年都会对其开展的各项阅读推广项目进行评估，也包括英超俱乐部“阅读之星”项目，评估报告中既有组织机构的总结，也包括了涉及的各个参与方的信息反馈，比如图书馆员、俱乐部球员、孩子、家长、教师和媒体，这些评估一方面可以反映阅读推广的实际效果，同时也是一个宣传文本。国内尽管有不少阅读推广活动，但是“用实证方法来评估和重新设计阅读推广活动的研究几乎没有”①。因此希望国内从事阅读推广研究的学者加强对阅读推广效果评估标准体系的研究，指导阅读推广项目的评估实践，同时具体的阅读推广项目应该强化评估意识，特别是应该做好对某些特定人群推广项目实施前和实施后的比较，从而总结阅读推广的成效和不足。

（赵俊玲　杨骞撰写）

① 王波．图书馆阅读推广亟待研究的若干问题［J］．图书与情报，2011（5）：32－35，43.

利用同龄人的影响促进阅读:“阅读带头人”项目

一、活动简介

1. 活动源起

“阅读带头人”(Reading Champions)始于2005年,是由英国读写素养信托组织(National Literacy Trust)举办的一项关于提高孩子阅读素养的活动,此活动利用同龄人积极的影响力使一些不喜欢阅读的孩子,尤其是一些男孩去阅读。其最终目的是要改变男孩对阅读的消极态度,让孩子们觉得阅读是一件很酷、很有趣并且有用的事情,参加此活动不仅可以提高孩子们的听说能力,还会增强他们的自信心、自尊心,同时让他们享受阅读。

英国读写素养信托组织(NLT)是一个独立的基金会,它致力于通过提升人们的素养改变人们的生活,为每个人创造学习的机会,让每个人都能拥有听、说、读、写的能力以更好地发挥自身的潜能。目前开展了少年读者、和宝贝对话、工作单词等9项活动,从各个方面激励不同类型及不同年龄段的人们去学习,提高他们的文化素养。英国政府数据显示在文化素养和测试方面男孩的表现一直不如女孩,英国读写素养信托组织2005年调查了英国8000个5—18岁孩子的阅读习惯和偏好,结果也显示出男孩不如女孩热爱阅读并且他们大多对阅读抱以消极的态度,所以此活动在全国范围内展开并致力于改变这种趋势。

2. 活动基本情况

“阅读带头人”活动是以学校为单位,主要针对中小学生,各个学校需要在英国读写素养信托组织基金会的网站上购买此活动的资源包(90英镑),包括20个“阅读带头人”的金、银、铜证书和徽章以及一份全面的活动指南(toolkit)。若只购买20个学生的证书及徽章而不包括活动指南需要65英镑,其他相关资源(活动介绍、框架、成功案例、简单的实际活动等)可以在英国读写素养信托组织的网站上免费下载。各学校要根据本校实际情况购买相应的资源包,随后按照活动指南及自身情况实施活动。学校首先要招募一批有影响力的男孩作为“阅读带头人”,这些“阅读带头人”通过举行一些积极的阅读宣传活动去鼓励其他男孩阅读,最后学校根据活动的框架及“阅读带头人”完成的活动颁发给他们相应的证书和奖章以兹鼓励。参加这项活动的学校一般会就这个活动设立一个网站,公布此活动的详细信息和获奖学生的姓名、照片等以扩大此活动的影响力。

二、活动框架

英国足球明星的阅读海报

"阅读带头人"及他们的工作分为3个级别:铜奖、银奖、金奖,"铜奖带头人"通过推荐和宣传活动让男孩们对阅读产生兴趣,"银奖带头人"积极参加并鼓励其他男孩阅读,"金奖带头人"要对学校阅读文化做出杰出的贡献。英国读写素养信托组织提供了很多活动指南对开展此项活动的学校进行指导,但是更加鼓励各个学校的学生能有自己的想法,推出更多更适合本校的活动。下面简单介绍一下活动指南中各个级别的阅读活动。

1. 铜奖级别的活动,按照活动主题分为5个方面

(1)体育运动方面

设立体育节目及大事记交换盒让男孩们互相交换自己喜欢的体育节目及交流体育大事;举办阅读竞赛并用足球门票作为奖励;展览男孩们最喜欢的体育明星的传记;"阅读带头人"扮演和模仿一些体育明星,用角色扮演吸引男孩参加阅读活动;在体育日设立小摊来交换体育主题的图书、杂志、卡片和纪念物等。

(2)图书馆方面

运用阅读墙进行阅读宣传和推广;图书馆应有丰富的男孩们感兴趣的图

阅读墙

书、杂志、报纸等馆藏以吸引他们来阅读;“阅读带头人”参与图书馆日常工作,鼓励其他男孩来利用图书馆;在图书馆举办男孩感兴趣的主题展览,如体育、汽车、流行音乐等方面。

(3)必要的宣传推广活动

成立男孩阅读小组,男孩们一起阅读他们感兴趣的资料;张贴明星阅读海报并定期更换,这些海报都可以从英国读写素养信托组织的网站上免费下载;阅读墙展览,展览男性工作人员阅读的照片;把推荐读物制作成屏保、海报或小册子用来宣传;运用吉尼斯世界纪录展览一些有意思的记录来吸引男孩;举办极限阅读比赛,让男孩们拍一些在某些稀奇古怪的或特殊的地方阅读的照片,展览获奖图片并给予奖励。

男孩阅读小组

(4)插画小说方面

评选出最受欢迎的五大或十大漫画或者漫画人物,然后推荐给全校的男孩;利用插画家的作品,让“阅读带头人”把自己最喜欢的插画家的作品推荐给大家;鼓励“阅读带头人”扮演一些漫画或者插画小说中的人物来吸引男孩阅读。

(5)利用现代技术和多媒体方面

设立网站,让“阅读带头人”每月评选出一位男性工作人员作为阅读大使,并列出他们推荐的读物和他们的阅读建议;把计算机游戏和阅读联系起来;每两周或一个月推荐并链接一些著名作家的网站,并放在学校网站的首页;建议男孩写自己的阅读博客;建立讨论书籍、杂志和漫画的聊天室。

2. 银奖级别的活动，也按主题分为5个方面，

(1)体育运动方面

男性工作人员参与，比如说体育教师，提供体育部门推荐的读物，还有在体育场等地展示体育明星或者体育老师阅读的海报等。

(2)图书馆方面

"阅读带头人"在学校范围内调查出男孩们最感兴趣的图书，然后建议图书馆购买；参与图书馆工作，鼓励更多男孩来利用图书馆；投票选出男孩们最想看的杂志，然后推广到全校；欢迎7年级新生加入"阅读带头人"小组。

(3)必要的阅读推广活动

让男性工作人员晒出他们小时候的照片并写出他们小时候最想看的书，"阅读带头人"把这些做成日历；成立军队班，讨论第一次世界大战和第二次世界大战中的一些大事，也可以请一个军事专家给他们讲解，让他们读一些战争或装备方面的书。

(4)插画小说方面

"阅读带头人"画一些漫画板报，解释什么是"阅读带头人"及他们的工作，再画一些阅读的重要性方面的漫画，吸引更多的"阅读带头人"加入，也鼓励更多的男孩去阅读；通过漫画板报推荐男孩们最喜欢的读物；"阅读带头人"邀请一些漫画家或插画家来学校访问，讲解一下他们的作品或作品中的人物；在校报或学校网站上做一些漫画宣传，并定期更新；举办故事会，基于故事会的讨论让"阅读带头人"和伙伴们画出一些漫画，把这些漫画整合然后做展览；成立插画小说俱乐部以讨论心得。

(5)利用现代技术和多媒体方面

在学校网站上设立阅读推广区，包括一些推荐读物、阅读活动等新闻；通过视频会议和别的学校的阅读小组建立连接，进行讨论。

3. "金奖阅读带头人"

"金奖阅读带头人"要对学校阅读文化做出杰出的贡献。指南中"金奖阅读带头人"的任务比较少，但并不意味着他们只需要做这些活动，而是意味着他们已经完成了铜奖和银奖级别的活动任务。

活动包括：把男孩最爱的图书以及他们喜欢的原因制作成影集，"阅读带头人"可以按照自己的想法做成摇滚风格或者其他风格放在休息室等地来吸引全校男孩阅读；成立王牌俱乐部，买一些足球俱乐部、教练、球员、摔跤明星、汽车、橄榄球明星等的相关装置及纪念品；英格兰足球超级联盟每年会选出一个运动

员作为英超俱乐部“阅读之星”(PLRS)并推荐两本书，一本给孩子，一本给成人，“阅读带头人”可以使用这个推荐书目组织男孩们阅读；专门为“阅读带头人”在图书馆里划出一个区域举办阅读活动，持续一个学年或更长才能得到金奖；在校报或学校网站上做一些他们自己画的漫画宣传，并定期更新；“阅读带头人”采访学校学生、教师及工作人员最喜欢的图书，并把这些小片段用视频剪接技术做成电影传到学校网站上或者专门做活动播放；上无线电台去宣传自己学校的阅读活动并推荐读物，这样会大大提高活动的影响力。

三、活动实施步骤

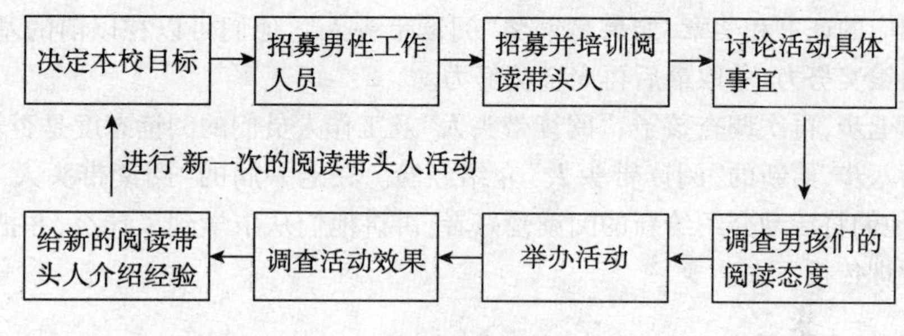

活动实施步骤

第一步，学校首先要决定本校活动所要达到的目标，结合本校实际决定要完成哪个级别的“阅读带头人”活动并购买相应的资源包；

第二步，招募男性工作人员。男性对男孩的影响比较大，一个男孩看见一位男性在读书会比看见女性读书更能激励他阅读，所以尽可能地招募男性工作人员，辅助“阅读带头人”工作，并且这些工作人员也可以被提名为“阅读带头人”。

第三步，招募、培训男孩作为“阅读带头人”，招收10—15人组成一个小组。这是活动的关键，因为他们是整个活动的主要组织者，这些“阅读带头人”不仅要擅长阅读，还要对阅读充满热情，他们不仅自己很喜欢阅读还会经常鼓励别人去阅读。招募“阅读带头人”一般有两种途径：一是招收纯粹热爱读书的男孩；二是招收一些在学校人气比较高的学生，他们在学校有一定的地位并且在别的男孩眼里看起来很“酷”，这样活动的影响就会比较大，效果可能会更好一些。如果学校采取第二种途径，在招募成功之后首先要对这些男孩们进行培训，因为这些前卫的男孩可能比较喜欢抛头露面参加这些公众活动，但是他们可能不是太擅长阅读。

第四步，讨论活动具体事宜。一旦这些“阅读带头人”着手准备这些活动时，学校就要放手给他们自主权，除非他们遇到什么困难需要学校的帮助，学校再插手男孩们的活动，最好让他们自己决定自己想要举办的活动。指导孩子们自己讨论，讨论如何来宣传和推广阅读，比如阅读要扩展到杂志、网站、连环漫画等，而且阅读活动应该有深浅不一的层次来适应不同基础的孩子们以吸引更多的男孩参加；然后总结并分析这些活动建议。

第五步，调查孩子、“阅读带头人”及工作人员们的阅读态度。此活动不仅可以增加他们的阅读乐趣，还可以发展他们的社交能力和领导才能等。

第六步，举办活动。“阅读带头人”在完成了他们的推广活动之后，学校应给予相应的证书和奖章，如果是铜奖“阅读带头人”，他们可以在以前的基础上继续向银奖努力，争取最后再向金奖努力。

第七步，再次调查孩子、“阅读带头人”及工作人员们的阅读态度是否转变。

第八步，给新的“阅读带头人”介绍经验。在老一届的“阅读带头人”离校前，让他们将活动介绍给新的阅读爱好者，讲讲他们从中学到了什么，并把一些经验教训传授下去。

四、注意事项

1. 阅读材料的选择

男孩感兴趣的话题大多数是运动、音乐、计算机、汽车等方面的，所以可以找很多相关方面的阅读材料来吸引他们读书。

2. 活动的关键

一是创造男性阅读模范，因为男孩会深受他们同龄或年长的男生、男性工作人员、家庭成员以及他们的英雄或偶像的影响，如果这些人给他们推荐一本书，那么男孩子们去读的概率会比较大；二是“阅读带头人”一定要明白活动的意义所在；三是进行一些竞赛、游戏等让男孩们对此产生兴趣，可以用一些读书券、T 恤、足球门票等来吸引他们参加，比赛之后还要有证书和奖章；四是给“阅读带头人”相当的自主权，让他们亲自来组织活动并要赋予他们一定的责任。

3. 让更多的男性参加，包括工作人员、家庭成员以及志愿者

管理者、行政人员到家长教师联合会的成员都可以参加成为男性阅读模范，把工作人员读书的照片制作成海报贴到学校或放到日历册上，总之要让男孩们随处可见男性在读书，还可以请工作人员给男孩们做一些有启发性的演讲。男性家庭成员可以包括爸爸、爷爷、叔叔伯伯以及兄弟们等，尤其是爸爸对

男孩学习的影响很大，因为爸爸一般都是孩子们心中的英雄。2005 年英国读写素养信托组织的一份调查也显示如果爸爸参与到孩子的学习中，孩子就会进步很快，因此爸爸在孩子的学习上起着至关重要的作用，一定要想办法吸引爸爸们也参加到阅读活动中来（活动指南上有具体的如何吸引爸爸们的一些措施）。志愿者可以是警察、记者、运动员、大学生、企业人员等，最好能招募一些比较有名气而且男孩们感兴趣的志愿者，如果“阅读带头人”在寻找志愿者方面有什么问题，可以在帮助阅读的志愿者网站上找到答案（www. vrh. org. uk）。所有参加活动的志愿者、爸爸们及工作人员都可以和男孩一样有机会被提名阅读带头人，获得相应的证书和奖章。

爸爸参与阅读活动

4. 明人的参与

调查结果显示名人也可以起到一个阅读模范的作用，为了吸引男孩参加，需要邀请一些名人来参与阅读活动，比如说请一些足球明星来讲讲他们为什么喜欢读书，再让他们推荐一些图书给男孩们，这肯定会影响一批男孩子去读书，至少是喜欢足球的孩子们；还要请一些当地有名的作家，这些都会使学校的阅读气氛变得浓厚，让更多的男孩去读书。如果邀请名人很难的话，可以从英国读写素养信托组织网站上下载一些对明星“阅读带头人”的采访和他们读书的海报（www. literacytrust. org. uk/search/1258？ qr = poster&tags = Reading + Champions）。

5. 女孩“阅读带头人”活动

虽然“阅读带头人”活动最初是为了改善男孩阅读态度，但是对女孩们的阅读活动也是不容忽视的，女孩们也可以用同样的方式参加此活动。但是英国读写素养信托组织强烈建议男生和女生的活动应该分开进行，因为在一起举办，男孩子的积极性会受到打击。

五、活动效果

现在此活动已经普及全英国，并且在小学和初中都非常成功，目前已经有3000多个学校和机构参加。参与活动的人也越来越多，包括很多明星、孩子、志愿者、工作人员等。“阅读带头人”网站上已经有数不胜数的明星“阅读带头人”的海报及对他们的采访，有他们关于“阅读带头人”的看法以及他们的收获；有很多学校的成功的案例，谈了他们的收获及经验；还有更多具体活动的案例供下载学习。“阅读带头人”对于自己的表现都很自豪，他们使很多男孩都改变了对阅读的看法。“阅读带头人”活动极大提高了男孩们的自尊心和自信心，改变了其他孩子的生活和学习态度，也为他们创造了良好的阅读气氛，King RC Primary School 的老师说：“孩子们人人都想参加。”

总之，“阅读带头人”活动的效果可以概括为以下几个方面：一，“阅读带头人”本身对阅读变得更积极，阅读更规律也更享受阅读；二，锻炼了“阅读带头人”的社会交流、团队合作及领导能力等；三，使学校其他学生的阅读态度也更积极；四，学校的阅读文化和气氛更加浓厚；五，学生们的爸爸和男性家长经常和孩子们在一起阅读，很多同时也和孩子们更多地讨论阅读，大大促进了孩子们的阅读水平。

（李晓娜撰写）

利用新技术进行阅读推广的典范:Story Tubes

Story Tubes 是美国盖尔波恩公共图书馆(Gail Borden Public Library)发起的一个在线视频竞赛项目。该项目自 2008 年起开始实施,一年举行一次。该项目的主要内容是让儿童和青少年通过制作两分钟视频短片来介绍一本自己喜欢的图书,从而激发他们的阅读兴趣,并起到推介图书的效果。目前参与该项活动的主要是来自美国、加拿大和英国的适龄儿童。

一、背景

Scholastic 出版集团的研究表明儿童的阅读兴趣正在减弱,但是他们对技术的兴趣却越来越浓厚。以此为出发点,Story Tubes 团队希望能够找到信息技术与阅读的结合点,从而有了 Story Tubes。

Story Tubes 的标志

二、组织和实施

Story Tubes 通过组织竞赛进行阅读推广,不同于传统的读书征文评选,该项目充分利用青少年对信息技术的兴趣,要求参赛选手自己动手制作视频,讲述自己最喜爱的图书。参赛者将视频上传至 YouTube 或者 TeacherTube,通过网络将视频传播并进行评选。

Story Tubes 和学校以及公共图书馆进行密切的合作。学校负责获得参赛选手家长的同意,给学生提供必要的技术支持。公共图书馆负责对竞赛进行管理。到 2010 年已有 6 家美国的图书馆加入了该项目。这 6 家图书馆分别是

Charlotte Mecklenburg Library（夏洛特梅克伦堡图书馆）、Gail Borden Public Library（盖尔波恩公共图书馆）、Buffalo & Erie County Public Library（布法罗 & 伊利县公共图书馆）、Harris County Library（哈里斯县公共图书馆）、Juneau Public Library（朱诺公共图书馆）、Annapolis Valley Regional Library（安纳波利斯河谷地区图书馆）。另外还有来自加拿大和英国的图书馆参与该项目。

Story Tubes 把参赛选手分为 5 类，设计了四个年龄组，分别是 5—7 岁、8—10 岁、11—13 岁、14—18 岁；还有一类是不区分年龄的（for all ages，Just for Fun），只为好玩，成人也可以参加。针对不同年龄组的竞赛单元设立两种奖项，一是评委会奖，包括评委会大奖和评委会荣誉奖，由所有参加该年度活动的公共图书馆一起组建专门的评委会进行评审；二是网上投票（virtual voting），网上投票环节由具体参加活动的图书馆来负责，合作图书馆选择部分高质量参赛视频进行网上投票，如某一个县图书馆负责从该县选择部分作品上传至网络，由网民投票选出获奖作品。Just for Fun 竞赛单元不设立评委会大奖和评委会荣誉奖，只设立网上投票。对于网上投票环节，项目组织方进行了特别说明："希望选手了解网络投票并不是一种科学的方法，进行网络投票的目的更多是为了推广图书，而不是要用一种严格控制的科学方法评选出最好的视频。"

奖品一般是由该项目资助商提供，奖品的设置也充分体现了阅读和技术的融合这一特点。其中包括哈伯柯林斯（Harper Collins）和小布朗（Little Brown）等出版社提供的图书，如果某个参赛选手获奖，不仅选手自己可以获得图书奖品，他/她所代表的图书馆也可以获得图书奖品。除了图书奖品之外，获奖选手还有机会获得索尼公司提供的相机。

该在线视频竞赛项目设计了非常详细的比赛规则，包括参加年龄、方式等，如

- 所有年龄在 5 岁到 18 岁的青少年都可以参加，拟参加比赛的选手必须获得父母或者监护人的同意。家长、教师和其他成人可以出现在视频中，但是如果要获奖的话，拍摄的参赛视频必须至少有一个 5 到 18 岁的青少年。
- 参赛视频可以是一段一个学生推介一本书或一系列图书的视频，也可以是 2—5 个学生推介一本或一系列图书的视频。只有在如下的情况下才允许一段视频超过 5 个人出现：多出的人是制造场景的需要（例如一场混乱或友情客串），这些人不涉及推介图书，并且这些人要声明放弃奖品。
- 一个选手可以提交多个视频，但是推荐的图书必须是不同的。
- 视频中可以展示所推介图书的封面，引用部分内容。

统一格式的宣传海报

• 参赛视频中不能显示个人信息。

• 在允许孩子参加比赛之前，家长须对互联网的特性有所认识，并且确保采取了适当的安全防范措施。这些视频可通过 YouTube 和 TeacherTube 自由访问。合作图书馆和赞助出版商对这些网站的其他内容以及观看这些视频的人的行为不负任何责任。

• 参赛视频的评选标准主要包括参赛者的表现力、台词的魅力以及辅助材料的创造力。其他次要标准包括：对图书知识的陈述、视频制作的技术、整体吸引力等。

Story Tubes 的官方网站上提供了很详细的信息，除了参赛规则等方面的信息，还提供了统一制作的宣传海报、给家长信的模板、关于制作上传视频的指导性信息，提供了详细的操作步骤和常用软件以及链接，极大地方便了参赛选手。

三、推广及效果

为了扩大该项目的影响，项目组织方将电子宣传单发送到北美洲的博客、各级图书馆协会、中小学学校协会、童书理事会等相关组织。2009 年参加人数达到 400 多人。网上投票环节吸引很多民众参加，有一个老师说："Story Tubes 网上投票的那几天，在超市买东西的人们会停下来相互询问是否投过票了。"

2008 年的比赛进行期间，Story Tubes 的点击量达每小时 1031 次，网页数目每天增加 1037 个，网站浏览次数达到 150 000 次。

因为使用的是 YouTube 和 TeacherTube 的平台，所以比赛本身交互性非常好，大家纷纷对参赛作品和赛事本身发表评论。其中一个参赛作品推荐的图书是 *Your Chickens：A Kids Guide*，它的观看次数超过了 10 000 次，并且获得了许多评论。有的小学生在评论中写道：

"我喜欢你的视频和你的小鸡！非常棒的书评！看了你的推荐，我也想买只小鸡！"

很多小学老师非常认可这个项目，在评论中发表自己的见解："在比赛的过程中我们获益匪浅。Story Tubes 让学生们真正地去思考他们所推介的图书。他们需要通过自己的视频向同伴们推介自己喜爱的图书，这能够激发他们的创造性和批判思维。成功地制作视频能够帮助他们成为优秀的信息和技术的利用者。这是一项辛苦的工作，但孩子们乐在其中，我也是。我强烈的推荐这个比赛！”

四、结语

我们会有很多种方式进行阅读推广，重要的是我们的推广方式要结合对象人群的特点，Story Tubes 给我们提供了一个思路，对于青少年来说，将他们对阅读和新技术的热爱充分地结合起来，无疑会提高他们的阅读兴趣。这里所说的结合并不是指数字阅读，而是我们在进行阅读推广的时候可以充分利用网络、利用各种交互平台等工具。相信不久的将来国内会开展更加丰富多彩的阅读推广项目，提高青少年的阅读兴趣。

（赵俊玲撰写）

“秀书秀自己”——青少年阅读视频大赛①

一、青少年阅读视频大赛的缘起

2011年中国图书馆学会阅读推广委员会推荐书目专业委员会工作会议上，委员们提出2012推荐书目委员会准备面向社会组织一个阅读推广活动，之后笔者在委员会的群里广泛征求意见，得到了邓咏秋和赵俊玲两位老师的积极回应，她们推荐了一系列的阅读推广活动，此后又组织苏州图书馆的活动策划人员商讨，最后决定在2012年推出“秀书秀自己”——青少年阅读视频大赛等一系列活动，而且将青少年阅读视频大赛作为重点活动来推广，因为它有别于图书馆经常做的主题知识竞赛、征文、演讲等活动。众所周知，新技术的发展突飞猛进，青少年对新技术又具有浓厚兴趣，青少年阅读视频大赛能把新技术与阅读结合起来，以一种新颖的形式推动青少年阅读。基于上述原因推荐书目委员会、苏州图书馆于2012年策划组织了“秀书秀自己——青少年阅读视频大赛”。

二、如何做青少年阅读视频大赛

作为承办方，根据以往办活动的实践，我们清楚地知道，要搞好一个活动，一定要充分的整合资源。在做该活动方案前我们充分酝酿请哪些机构合作可以借势造势，把活动很好地宣传与推广出去。首先我们想到苏州市阅读节组委会，因为该组委会在苏州市范围内已连续成功举办七届阅读节，苏州阅读节已经成为了全国、全省知名的文化活动品牌，成为了苏州市群众性精神文明建设的重要载体，在提升市民文明素质、提升城市文化品位、弘扬苏州城市精神等方面发挥了重要作用，所以我们请阅读节组委会作为主办单位之一。其次，我们邀请了活动的参与对象单位，苏州市教育局。再次，我们又协调了苏州市科学技术协会，因为他们一直致力于新技术的推广和普及，也因此得到了他们的经费支持。于2012年5月由主办机构苏州市教育局、苏州阅读节组委会办公室、苏州市科学技术协会联合发文到各市、区教育局(教育文体局、教育和体育局)、阅读节组委会办公室，市直属学校，发布《关于举办“秀书秀自己”——青少年阅

① 此案例作者郭腊梅女士系中国图书馆学会阅读推广委员会推荐书目委员会主任，“秀书秀自己”阅读推广活动的负责人，时任苏州图书馆副馆长。

读视频大赛的通知》，通知明确了活动主题、活动组织单位、参赛对象、参赛方式、作品要求、评选方式、奖项设置等内容。参赛选手自己动手制作两分钟左右的视频短片，来讲述自己最喜欢的图书，参赛视频可以是一个学生推介一本书或一系列图书的视频，也可以是2—5个学生推介一本书或一系列图书的视频。对制作视频有困难的青少年，我们欢迎提交PPT参赛。活动自6月正式启动以来，得到了广大中小学校的重视和积极参与，截至2012年9月30日，共收到作品102份（其中视频76份，PPT26份），参与学校近20所。孩子们通过镜头向大家推荐图书，展现了新技术在阅读推广中的应用。2012年11月活动主办、承办方举行了表彰会，苏州电视台新闻频道等多家媒体给予了宣传报道，同时本次活动也获得了2012第七届苏州阅读节优秀活动奖称号。

参赛选手制作的图书推荐PPT（苏州图书馆提供）

颁奖大会（苏州图书馆提供）

三、青少年阅读视频大赛给我们的启示

1. 制订详细方案

制订详细方案是阅读推广活动顺利开展的前提，本馆每年年底就下一年度的阅读活动广泛听取多方意见，开展头脑风暴，并指定一位馆长召开专题会议，拟定全年的读书方案，同时上报阅读节组委会和相关部委办局。紧接着宣传工作也就跟进了。我们5月在发《关于举办“秀书秀自己”——青少年阅读视频大赛的通知》之前，详尽的活动方案在年初已形成了。

2. 重视组织协调

与社会携手推动青少年阅读，本身就是一个阅读推广的过程。前期的沟通协调可以说是活动成败的关键，一定要想方设法说服主办方，把办该活动的目的，活动的特色、亮点和预期达到的成果与主办方汇报，并进一步听取主办方的意见，反复协商调整活动方案，比如，我们在与教育局沟通的过程中得知，教育局相关的活动已安排诸项，我们就商量把活动的主要时间放在暑假期间，不影响学生的正常上课。又向阅读节组委会的领导汇报本次活动的新颖性、活动成果推广作用等。2012年苏州阅读节开展了各类阅读推广、阅读交流和阅读辅导活动，其中主题活动11项，重点活动45项，系列活动891项，青少年阅读视频大赛被列入阅读节11项主题活动之一，在阅读节的宣传海报上给予了宣传报道，扩大了活动的影响。

3. 活动形式新颖

在2012第七届阅读节颁奖仪式上市领导充分肯定了“秀书秀自己”——青少年阅读视频大赛以其时尚和新颖的活动形式吸引了青少年的参与。“青少年阅读视频大赛”起源于美国的Story Tubes活动。Story Tubes是由美国的盖尔波恩公共图书馆发起的一个在线视频竞赛项目。该项目自2008年起开始实施，一年举行一次，主要内容是让儿童和青少年通过制作两分钟视频短片来介绍一本自己喜欢的图书，从而激发他们的阅读兴趣。在中国举办这种形式的阅读推广活动尚属首次。

4. 全程跟踪服务

在活动的实施过程中，我们主动与教育局方面的承办人员对接，全面了解文件下发后，学校对此活动的积极性和参与度，作为承办方我们编写了培训教案，组织了培训讲师，对拍摄视频有困难的家长和学生给予免费培训，不定期召开主承办单位联络员会议。

5. 分享活动成果

本次活动我们设了小学组、中学组、成人组，小学组推荐了《爱丽丝漫游仙境》等56本，中学组推荐了《三国演义》等42本，成人组推荐了三毛《温柔的夜》等系列书刊。大赛结束后我们分别对这些推荐的好书进行了整理，整理他们的推荐理由。为了分享活动成果，分享阅读的快乐，激励青少年阅读情志、引导阅读起程，提高阅读效率，征集作品出来后，主办单位又联合下发了《关于表彰“秀书秀自己”——青少年阅读视频大赛获奖单位和个人的决定》，我们通过举办表彰活动，邀请电台、电视台、报社等媒体来宣传我们的活动成果，同时请本市的著名作家评析参赛作品，活动取得了良好的社会影响，用学生的成果进一步深化推广阅读。

四、青少年阅读视频大赛的不足

要在学校加强对活动的宣传和氛围的营造，要制作醒目的“秀书秀自己”——青少年阅读视频大赛的宣传海报，随通知一起发至学校，让学校张贴在宣传栏，这样让更多的师生关注；作为活动承办方发动的面还要进一步扩大；就视频大赛作品参赛者的表现力来说，青少年表现力都极强，在推荐优秀图书的过程充分展示良好的自我形象。在表达上，青少年的表达方式比较单一；阅读辅助材料的创造性应用方面，青少年用的普遍较少，因此，视频的整体吸引力一般；视频拍摄的培训工作一定要跟上，最好制作课件挂在网上，让没时间来参加现场培训的人员，能通过网络学习，使推荐图书的整体效果更好。

（郭腊梅撰写）

出版界的阅读推广："直击阅读"(Get Caught Reading)

一、"直击阅读"(Get caught reading)活动概况

AAP 主席兼首席执行官
Pat Schroeder 女士

"直击阅读"是美国出版商协会推出的一项面向全美的阅读推广活动，1999 年，前美国国会议员、美国出版商协会(Association of American Publishers，简称 AAP)主席兼首席执行官的 Pat Schroeder 女士，提出并推动了"直击阅读"活动的开展。目的是使更多美国民众认识到阅读的乐趣，提高自身文化素养。迄今为止，AAP 已经建立了专门的监管委员会管理"直击阅读"活动。主要通过让人们发现自己身边正在阅读的身影，使人们注意到阅读活动每时每刻都在发生，阅读是生活的必然组成部分。同时，"直击阅读"的组织者也向社会各领域的成功者、受大众喜爱的明星发出邀请，邀请他们为本活动拍摄主题宣传图片，鼓励青少年向自己喜欢的榜样学习，热爱阅读。每年五月，是"直击阅读"的活动月，但与此主题相关的阅读推广活动却延展到一年中的各个月份。

"直击阅读"活动自开展以来，得到了美国社会各阶层的支持和帮助，很多有社会影响力的人物为其拍摄过主题宣传海报，如前美国第一夫人劳拉·布什(Laura Bush)、联合国儿童形象大使简·西摩尔(Jane Seymour)、全美职业棒球明星赛最佳球员德瑞克·吉特(Derek Jeter)、奥斯卡最佳演员得主罗宾·威廉姆斯(Robin Williams)等。此外，还有近 200 名国会议员以国会山为背景，为"直

名人阅读图片

击阅读”拍摄宣传图片。在全国很多社区，教师、图书馆员、社区教育工作者以“直击阅读”为主题开展了形式多样的阅读推广活动。这些都使“直击阅读”逐渐成为全美有影响力的阅读推广活动。

二、“直击阅读”阅读推广活动的开展

近年来，围绕“直击阅读”这个主题，在“直击阅读”管理委员会宣传和指导下，许多学校、图书馆、社区教育机构以及多种性质的社会团体或单独或协同开展了很多有创意的阅读推广活动。

1. 学校、图书馆和社会教育机构是主要的推广场所

社区是社会生活的基本单元，而遍布在社区中的学校、图书馆以及各种社会教育机构则是阅读推广最具体最直接的场所。“直击阅读”的管理机构从各社区征集有创意、可推广的阅读活动案例，通过网站、新闻通讯、电子邮件等方式分享给学校、图书馆等机构，指导相关人员更好地开展工作。在学校、图书馆开展的比较典型的“直击阅读”主题活动有：

向“直击阅读”工作组申请获得活动的主题宣传海报，将这些印有社会名人正在阅读的画面海报张贴在社区公告栏，为活动的开展营造氛围。

将社区中遇到的成年人和儿童阅读的场景拍下来，贴在公告栏上。

在学校和图书馆张贴“直击阅读”主题海报，设定每天一个特定的时间开展阅读活动，并将这个活动命名为“直击阅读”时间。

学校的负责人随机对学生进行家访，对那些正在家中阅读的孩子给予奖励。

在本社区开展影响较大的“直击阅读”活动，邀请当地电台、电视台名人或其他社区的著名人物为儿童朗读书籍。

在课余和周末组织“直击阅读”读书俱乐部，儿童和成年人可以共读同一本书，然后交流彼此不同的感受。

让孩子用自己的视角画出某人阅读的场景或与阅读相关的场景，将这些画放在公告栏上。有一年一个住在新泽西的小朋友画的画甚至刊登在了著名的杂志《公告牌》(*Billboard*)上！

向小学生发放一次性照相机，让他们发现并拍摄下那些正在阅读的同学。

此外，“直击阅读”的参与者还创造出了“制作你自己的直击阅读海报”比赛、在卡片上记录每日所读、邀请作者一起阅读、听祖父读书等丰富多彩的阅读活动。

2. 使用社交网站

社交网络的快速发展,深刻改变了人们的生活。据 2011 年美国著名数据分析公司 Pew 调查中心数据显示,2005 年,美国成年人中使用社交网络的比例不到 5%,而 2011 年,这个数字已达到 65%。利用社交网络的力量宣传阅读推广活动,似乎已成为必然。“直击阅读”工作组在社交网站脸书(Facebook)上设立专门的页面,发布主题信息,人们可以通过点击“关注”,即时获得这些信息,选择并参加自己喜爱的阅读活动,同时也可以向所有人分享自己的阅读感受,参与阅读讨论。此外,“直击阅读”目前最大的视频分享网站 YouTube 建立主题页面,发布和分享各机构、成员上传的相关视频。在微博客网站 Twitter、图片分享网站 Flicker 上亦有“直击阅读”的主题宣传页面。

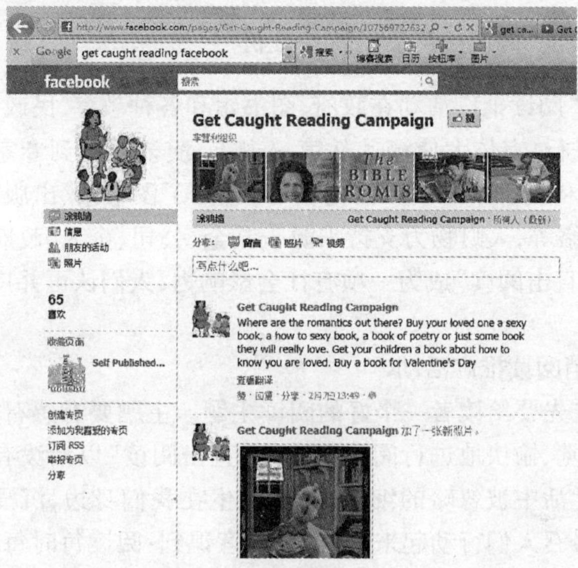

Facebook 上的直击阅读

3. “直击阅读”的拓展:Get Caught Listening

有声图书的销售近年来呈现快速增长的势头,2006 年美国有声图书的销售达 8.7 亿美元。2012 年,美国出版商协会将“直击阅读”活动拓展到有声读物领域,推出 Get Caught Listening 活动,在洛杉矶美国书展上举办有声图书的宣传活动,这个活动将一直持续到 6 月份的“全美有声图书月”(National Audiobooks Month)。美国出版商协会还专门为此新成立了有声图书委员会,在有声图书出版领域处于领先地位的出版社,如 BBC 有声图书美国公司、阿歇特美国图书公司、哈珀·柯林斯、麦克米伦、兰登书屋、西蒙与舒斯特大型出版集团将与美国有声图书出版商协会共同推动有声图书宣传推广活动。美国出版商协会将通过广播、纸媒和互联网宣传有声图书，同时，美国书商协会（ABA）将向会员发放以 Get Caught Listening 为主题的宣传海报和有作者录音、图片或影像等的其他资料来扩大对有声图书的宣传。新创立的 Get Caught Listening 活动受到了美国数千家书店、图书馆和学校的关注，他们纷纷登录网站，了解在书店、图书馆和学校开展 Get Caught Listening 的具体做法。教师、图书馆员和书商可以在美国出版商协会的专门网站上下载有用的有声图书相关信息，为中小学生的学习发挥辅助作用。有声读物为学生学习超出其阅读水平的读物提供帮助，以此改善儿童的阅读能力。

三、"直击阅读"阅读推广活动特点分析

"直击阅读"阅读推广活动在政府、图书馆和各种教育、民政、商业等公私营机构的合作下进行，宣传大使涵盖从第一夫人、演艺明星到专家学者的广泛层面，活动的策划和组织渠道以社区为中心，包括了图书馆、出版商、书店、学校、电台、电视和网络等，人财物力支持来源于基金、公司、个人、政府机构等广泛途径。这些都使"直击阅读"成为一项有社会影响力，人们认可并广泛参与的阅读推广活动。

1. 注重营销阅读推广活动

阅读推广首先要给读者一个好的阅读主题。主题要有感召力、有创意和亲切感，让人们自觉、愉快地进行阅读活动。"直击阅读"以活泼有趣的方式让人们去关注日常生活中被忽略的细节：那些发生在我们身边，沉浸在阅读中的人们。这个方式号召人们行动起来，在实践中意识到：阅读每时每刻、在任何地方都可以进行，是日常生活的必然组成部分，阅读能给人带来快乐。"直击阅读"的策划者通过网络、广播、电视、印刷品、户外广告等多种渠道宣传推广这个主题。特别值得一提的是"直击阅读"活动意识到社交网络对人们的工作和生活产生的重要影响，在相关网站上建立专页，发布最新活动信息，为人们提供相互讨论、分享阅读体验的空间。无论是现实中的各种趣味比赛、阅读聚会，还是虚拟网络中的阅读体验，都加深了读者对活动主题的理解，使更多的人更深入地参与到"直击阅读"活动中，体验阅读的乐趣。

2. 发挥名人效应，树立阅读典范

社会名人的言行通常能在不同程度上影响人们的行动，对于青少年来说，

那些受到他们追捧的名人,会对他们产生极大的影响。“直击阅读”的宣传大使涵盖从第一夫人、演艺明星、体育健将到专家学者的广泛层面,这些名人为人们树立起了阅读典范。当这些名人的阅读形象出现在“直击阅读”面向全国的电视节目、全美社区中的大街小巷时,“直击阅读”活动必然会让人们印象深刻,成为人们有意无意模仿的对象,最终实现阅读推广的目的。

事实上,并不是只有名人才能成为人们阅读的典范。在家庭中,父母是孩子的阅读典范;在学校里,教师以及很受同学欢迎的学生也可以成为阅读典范;在社区中,那些受人尊敬,取得社会成就的人,亦可以成为社会典范。这些人的快乐阅读体验,也可以影响更多的人参与阅读活动。

3. 以社区作为阅读推广活动的基本单元

阅读素养被认为是参与现代社会的先决条件,民众良好的阅读习惯对一个国家的经济社会发展有很大影响。全社会对阅读活动的参与程度、阅读体验的认识和评价是衡量阅读推广活动的成功与否的重要标准。“直击阅读”活动以美国出版商协会下属的专门的宣传管理委员会作为全局性组织管理者,以社区为阅读推广的基本活动单元,以家庭为基本对象,协同社区中的学校、图书馆及其他社会团体,面向所有社会成员开展丰富多彩的阅读推广活动,为其提供阅读场地、阅读时间的便利。以社区为基本单元的阅读推广活动,可以在一定程度上避免推广活动的表层化、标语化,使阅读活动真正深入到人们的日常生活中。

4. 注重青少年阅读习惯的培养

青少年是未来促进社会发展进步的生力军,关注他们的启蒙教育、学前教育,培养他们养成良好的阅读习惯,将为他们未来的求学、发展打下良好的基础。“直击阅读”的阅读推广活动面向全美所有年龄层的读者和潜在读者,但尤其关注青少年阅读问题。教育心理学表明,如果一个人在 13 到 15 岁之前,还没有培养出对书的感情,养成阅读习惯,那么他将永远失去享受阅读乐趣的能力。图书馆、学校以“直击阅读”为主题面向青少年开展亲子阅读指导、读书会、阅读俱乐部、摄影比赛等主题鲜明、形式活泼的推广活动。

5. 寻求与各种社会机构合作的可能

通常而言,图书馆、作家、出版商和图书销售商是阅读推广活动的重要参与者。可是,从“直击阅读”活动案例可以看出,协同“直击阅读”开展阅读推广活动的合作者并不局限于此。政府机构、商业企业、银行、医院、咖啡馆,甚至篮球协会这样的非营利组织,都可以成为阅读推广活动的参与者。“直击阅读”与纽约市教育局(New York City Department of Education)和童书委员会(Children's Book Council)合作开展“认领学校”活动,由美国出版商协会安排作家参与学校阅读活动,纽约市教育局向这些学校的图书馆提供支持资金;底特律银行职员不但积极参加“直击阅读”阅读活动,还向“直击阅读”捐赠图书;国家地理儿童频道(National Geographic Kids)为“直击阅读”建立一个主题相关的网页,并为相关主题的摄影竞赛提供赞助。2009 年“直击阅读”同 NBA 合作邀请著名篮球运动员拍摄阅读宣传海报。

要组织阅读推广活动,需得到人、财、物方面的支持。事实上,那些能为阅读推广活动提供这些资源的社会机构和团体,都可以被看做是阅读推广活动组织者现实的或潜在的合作伙伴。关键是,组织者要开动智慧,寻求与各种社会机构合作的可能。

四、小结

根据 2009 年中国出版科学研究所“第六次全国国民阅读调查”结果显示,被调查国民中超过六成(61.2%)对自己的阅读情况表示不太满意。同时,只有 6% 的国民表示自己的身边有读书活动,仅有 8.5% 的国民表示参加过相关部门组织的阅读推广活动,六成以上(63.8%)的国民希望当地有关部门举办读书活动。从这些数据可以看出,在我国,重视并投入力量组织阅读推广活动是非常有必要的。国外阅读推广活动的参与者众多,以学校、图书馆、出版商为主,多种社会团体协同合作。“直击阅读”作为全美最有影响力的出版商联合体——美国出版商协会组织的在全国范围内比较成功的阅读推广活动,其在组织管理活动有很多独特、有效的方式。如创意灵活的活动主题、充分调动整合各种社会资源提升活动的参与度及影响力、以社区家庭为基本单元推动阅读活动深入社会生活。这些都可以为相关工作者今后开展阅读推广活动提供借鉴。

(陈琳撰写)

“奥普拉图书俱乐部”

一、“奥普拉图书俱乐部”的由来

市场上的书浩如烟海，面对如此众多的选择难免会让人们感到茫然。众多的书商和出版社等机构为了将自己拥有的书籍顺畅的推销出去也尝试了多种营销方式，而通过电视向广大的观众朋友推荐图书已经被众多的实例证明确实是一种可靠又有效的图书推荐方式。而且这种在电视上介绍图书的方式，各国都有不短的历史，例如，法国的电视一台、二台的图书俱乐部每周都要推出新书，这已成为法国文化生活中的一大特色。在美国，以电视介绍的形式来推荐图书也至少有几十年的历史，其中“奥普拉图书俱乐部”可谓石破天惊，从一开始便创造了极高的收视率，产生了空前的反响，成为观众、作家、出版家关注的焦点。

在美国，奥普拉不仅是一个家喻户晓的电视主持人，也是当今美国书业界影响力最大的人物之一，当年，奥普拉及其公司为了提高自己电视节目的收视率和影响力，同时也是由于奥普拉本人从童年时代就开始的对于书籍的爱好和良好的阅读习惯，她一手打造了奥普拉图书俱乐部这一档脱口秀节目，堪称图书推荐方面的典型成功案例。

二、“奥普拉图书俱乐部”的具体做法

“奥普拉图书俱乐部”每月一次，它第一次出现在荧屏上是在1996年9月。其具体做法是每个月选择一本书向电视观众介绍，并且请作家到节目中与现场观众进行交流。所选图书完全都由奥普拉本人决定，不受出版社商业因素的影响。并且在选出图书之后，这本被选的书籍登上荧屏与观众见面的过程也不是简简单单就能完成的，这些都与奥普拉个人独特的创意和具体的运作模式息息相关。

“奥普拉图书俱乐部”在公布推荐的图书之前，通常要先与出版社签订保密条约，出版社只有一个星期的时间重新设计图书封面，在图书封面上加上“奥普拉图书俱乐部”的标志，并加印图书，向全国

“奥普拉图书俱乐部”标志

书店铺货,以保证公布推荐图书的当天读者能够买得到书。

为了保障充足的读者需求,出版社有时加印多达100万册。开始的几年奥普拉推荐的图书大多都是当代的小说,2000年1月,奥普拉选中*Gap Creek*一书作为自己要推荐的图书。该书之前每年的印数是1万册,经过“奥普拉图书俱乐部”推荐之后,该书的印数一下子冲到了52.5万册。在奥普拉推荐此书之后的一个月之内,*Gap Creek*被卖出了65万册。出版商Algonquin Books在2000年1月10日获得消息,但奥普拉要求他们在8天之内必须保守秘密,出版社的销售人员在向书店推销时只能称此书为“奥普拉图书第30号”。虽然各个书店不知道其具体的书名,但出版社在短短几天内仍然收到了50万册的订货。由于时间短促,两家印刷厂和一家装订厂的工人一天三班倒,足足干了6天。

当然,这样的成功除了颇具心思的整体化的图书推荐设计思路之外,也是与奥普拉本人的介绍方法和技巧息息相关的。

首先,以情动人,与嘉宾和观众进行真诚交流是奥普拉节目打动观众的优势之一。看奥普拉的节目,就好像在倾听一个好朋友的交谈。她会从观众的角度出发,将注意力重点放在嘉宾和现场的观众共同遇到的问题上,讨论如何跨过人生的阴影,加强人与人之间的沟通等。然后在合适的时机,将准备推荐的图书与观众一起分享。

其次,以诚待人,把真实的自己袒露给观众,使奥普拉赢得了观众的信赖。对于观众来说,镜头前的奥普拉就像是一个可以倾听自己心声的可靠的亲人。奥普拉在节目中不仅倾听别人的故事,在介绍图书时,如果书中涉及的人物,或者观众提及的问题与她个人的经历相关,她也常把自己的故事和盘托出。比如,她自己一些不堪回首的往事:曾在男朋友的引诱下吸毒,幼时遭遇强暴等。奥普拉把自己不幸和痛苦的经历告诉给嘉宾和观众,这不仅没有让她失去观众的信赖,反而让嘉宾和观众对她更加信任,也就更有勇气把自己的故事告诉她,使得图书俱乐部与读者之间的互动更加真实而丰富多彩。

在观众面前,奥普拉总是真诚的、不戴面具的,这种真实和真诚让观众触摸到的是一个活生生的、有血有肉的主持人。奥普拉在演播室中会为嘉宾和观众的倾诉而落泪,会被他们的故事深深打动,但她同时不忘鼓励观众和嘉宾,同他们拥抱,向他们灌输积极的人生价值观。正如一些评论家所说:奥普拉的同情心、爱心和诚实,使她成为美国最受人爱戴的妇女。

再次,施情于人,在节目中时常为观众和嘉宾制造意外惊喜是奥普拉吸引观众的有效手段。在奥普拉的节目中,她经常会设置一些令人意想不到的情节来打动现场的观众，比如请一些与被推荐图书的作者有关的神秘嘉宾、送上一份精致的礼物等。这不仅为节目制造了很多兴奋点，更让观众和嘉宾深深感受到了奥普拉的真诚和情谊。

正是奥普拉这种在宏观上的精密安排和微观上的主持艺术与技巧的结合，才使得其图书俱乐部栏目吸引了众多的观众和读者的兴趣和参与，为阅读推广工作指出了一条鲜明的道路。

三、"奥普拉图书俱乐部"的成功案例

奥普拉向全国观众推荐的第一位作家是一位当时还没有名气，刚刚出版了第一部长篇小说的杰奎琳·米查德，她的长篇小说《大洋深处》在节目播出前只销售了10万册，节目播出后，短时间内它的销售量一下子跃升至85万册，而且跃至《纽约时报》畅销书排行榜首位。

奥普拉为自己的图书俱乐部邀请的第二位来宾是1993年诺贝尔文学奖获得者、著名美国黑人女作家托尼·莫里森，谈论的小说则是她的出版于1977年的长篇小说《所罗门之歌》。这期节目的商业影响或许更为出人预料：这本书在节目播出前的19年间一共只销售了37.4万册，而在节目播出后的短短一个月之内，该书的销量就达到了89.5万册，超过了前19年销量的近2倍。

四、"奥普拉图书俱乐部"的影响

"奥普拉图书俱乐部"自开播以来，已经连续成就了几十本畅销书，累积销量达几千万册。据统计，目前美国有将近1300万人定期观看她的图书俱乐部节目，有些出版商感叹说："奥普拉可以捧红一本小说，救活一个出版社，她是美国书业界最成功的广告人。"只要得到了奥普拉图书俱乐部节目的推荐，一个作者的处女作的销售量就可以达到100万册。

奥普拉不仅创下了图书销售的壮举，还在美国掀起了一股图书俱乐部热潮。据统计，1999年，美国的图书俱乐部增至50万个，是1994年的两倍。这些俱乐部在选材、讨论模式等方面，全面模仿了奥普拉图书俱乐部，在不同的社区乃至大学校园，形成了以文学为凝聚力的读者群体。同时，以商业利益为目的的图书俱乐部，也成为电视节目追随的时尚。"早安美国"、"里吉斯与凯莉脱口秀"等节目都相继添加了以图书俱乐部为名的读书讨论内容，不少大众杂志也开始以图书俱乐部的形式来推荐文学书目。这些图书俱乐部都拥有庞大的读者群体。例如，成立于1999年的以推荐黑人文学作品为主的"黑人表达图书俱

乐部”在2001年的会员人数就超过了25万。

五、“奥普拉图书俱乐部”对我国阅读推广工作的启示

第一，图书馆可以像奥普拉那样，定期邀请一些书籍的作者来图书馆（或者如果本馆条件不够殷实，可以在这方面开展“馆际合作”，由几个图书馆共同邀请嘉宾，共同开展工作）开展阅读推广活动，同时不妨通过与电视台的外联，将这一活动作为一个图书馆承包的栏目定期与观众见面，扩大宣传力。此外，图书馆还不妨不定期的邀请一些既有声望，又有较多“粉丝”支持的人来图书馆做图书的推荐，同时，图书馆或者嘉宾必须为读者提供这些被推荐图书的信息，从而引起他们的阅读欲望。通过邀请嘉宾来推荐图书可以在客观上通过其“粉丝”的作用，带动人们对其所推荐的图书进行阅读。

奥普拉把电影里扮演哈利·波特的丹尼尔也请到了她的图书俱乐部

第二，图书馆必须事先就推荐的书籍与这位受邀嘉宾之间进行沟通，根据奥普拉图书俱乐部的经验，对这些即将被推荐的图书应做到事先的保密，这样往往会调动读者的好奇心，从而使被推荐的图书得到重视。因此，图书馆在与嘉宾协商好准备推荐的图书之后，应该通过协议的方式与这位嘉宾之间建立保密的协约，直至做节目的时候才可以公开。

第三，不受出版商业利益的驱动。书商和出版社等机构会想方设法地争取图书馆对其所生产的图书的推荐。但是，奥普拉图书俱乐部的成功经验告诉我们，这些被推荐的图书不应该受到利益因素的干扰。因此，要做好这一点，图书馆应该与读者群之间保持密切的沟通，做好实地调查，及时了解具有不同代表

性的读者群的需要，然后根据他们的需求，以及书籍本身的价值等参考因素，有针对性地进行图书的推荐，只有这样真正面对读者需求、而非面对利益诱惑的阅读推广才有可能是真正有意义的。

第四，就准备推荐的图书的数量方面，图书馆必须做出一个合理的“预算”。奥普拉在图书俱乐部这一节目中，每期只选择一本图书进行推荐，这也可以作为我们借鉴的地方，当然，由于推荐图书、指导阅读是图书馆工作中不可缺少的方面，因此，我们可以不拘泥于像奥普拉图书俱乐部那样只推荐仅仅一本。但是必须指出的是，**我们图书馆每次所推荐的图书不能太多**，因为如果推荐的图书数量太多的话，难免会给读者造成一种负担和阅读上的压力，久而久之就可能造成图书馆推荐图书工作的不良循环，从而影响图书馆阅读推广的质量。像以往那样列出一个长长的书单是完全不可能起到指导阅读的作用的。每次所推荐的图书的数量应该“因馆制宜”。具体来说，如果是中小型馆，每次可以根据自己人数最多的读者群挑选一两本适宜这一读者群阅读需要的书，另外可以指定一本普及类的书刊，供其他为数不多的读者阅读。如果是大型馆，考虑到其读者群和阅读需要的多样性，可以根据不同的读者群分别进行阅读的引导，为每个具有类似阅读需要的读者群只推荐一本图书，而且可以适当地缩短图书推荐的周期。

第五，图书馆采取图书俱乐部的方式来推荐图书、指导阅读，必须对其人员进行严格的选拔和培训。争取选拔出一个既了解阅读推广工作，又拥有主持修养和魅力的人担任这一活动的带头人，并充分发挥沟通读者群体的纽带作用。奥普拉图书俱乐部的成功与她个人的主持方法和技巧是密切相关的。一个具有亲和力的能够做到以情动人、以诚待人、施情于人的优秀带头人无疑是阅读推广工作中的窗口和重中之重。

第六，应该坚持活动和栏目的稳定性和持续性。奥普拉图书俱乐部栏目一直由奥普拉·温弗瑞担任主持，而且节目也有其稳定的播出时段、节目样式和节目风格，很少有大的改动。这种栏目化原则有利于培养稳定的观众群。因此，图书馆在开展借助于电视节目的阅读推广的工作时，一定要坚持自己节目的稳定性和持续性，循序渐进地扩大自己的渐趋稳定的观众群体和最终的阅读群体，保证栏目的持续性。

（孙青撰写）

英国 Booked Up 阅读推广活动

Booked Up 是一项由英国国家慈善机构 Booktrust 主办的旨在为所有 7 年级(相当于初中一年级)学生提供免费图书以便其开始中学学习的阅读推广活动,其目标是倡导图书的独立选择和快乐阅读,7 年级的学生可以从 Booked Up 为其特别筛选的入选图书清单中免费选择他们喜欢的图书。

Booked up 的标志

一、Booked Up 概况

Booked Up 活动最早始于 2007 年,由 Booktrust(图书信托基金会)主办。Booktrust 是英国一家独立的慈善机构,其宗旨是倡导不同年龄各种文化的公民都来享受读书的快乐。该机构主要通过向特定人群发放图书(bookgiftting),鼓励人们对于书、快乐阅读、家庭阅读的积极态度,保证每一个儿童、成人都有机会体验书与文字的乐趣和力量。

图书信托基金的主要赠书项目

图书信托基金的主要赠书项目
Bookstart:面向婴幼儿
Booktime:面向 1 年级学生
Booked up:面向 7 年级学生
Letterbox:面向寄养儿童
SchoolPack:面向学校图书馆

Booked Up 的活动对象为所有 7 年级的学生,既包括不同类型的学校的学生,又包括在家学习的年龄相当于 7 年级的学生,无论其阅读水平如何,只要学生所在学校注册参与 Booked Up 活动或者以个人身份注册,就可以得到 Booked

Up 为其提供的免费图书。Booked Up 之所以选择 7 年级的学生作为活动对象，主要是为了帮助这些学生更好地适应中学的学习。

二、主要环节和流程

1. 邀请学校进行注册。首先主办方向每个学校发送电子邮件介绍项目，邀请学校进行注册。

2. 接受学校注册。每个学校需要指定一名协调员负责该校活动的开展，协调员需要在规定的时间内进行网上注册。Booked Up 完全免费注册、免费预定图书、免费为学校和学生服务，参加 Booked Up 活动不收取任何费用。协调员可以通过网络在线搜索确认学校是否已经成功注册。非主流教育机构包括旅游教育机构、医院附属学校、儿童慈善教育团队、学生推介单位等也可以通过电话进行咨询注册，如果不能确定所属单位是否可以注册，可以通过电话咨询客服人员，客服人员会提出相应的建议。

除去注册以及图书分发工作之外，协调员还要配合 Booked Up 举办众多的相关活动以充分调动学生迎接图书到来的兴奋感。

3. 确定图书清单，每年清单中图书的数量是变化的，2010 年是 19 种图书，2011 年是 17 种图书。（说明确定图书清单和邀请接受学校注册并没有时间的先后顺序，这两项是可以同时进行的。）

4. 主办方向每个学校发放启动资源包（预热包）。确定图书清单后，将图书清单和相关资料邮寄到注册的学校或者个人，又成为启动包，这个启动包的主要目的是让学生了解入选图书从而做出自己的选择。每年启动包中包括的内容会有些微差别，一般来说包括：

（1）项目基本情况，以及如何帮助孩子选书的指南（也有可能是一本面向初一学生的杂志）。

（2）激发阅读兴趣的海报。

（3）图书清单中的样书一套，以方便学生选择，同时还有介绍图书内容的 DVD 光盘，该光盘主要是图书清单中的作者如何评价图书，以及一些 7 年级学生对图书清单中图书的评价信息。2011 年不再提供光盘，所有的信息在网上发布，并可以下载，包括书的封面、作家和（或）7 年级学生朗读该书章节的视频、以该书为背景的电子贺卡、墙纸等。

（4）书签（所有学生都有）。

以入选图书《The Kick Off》为背景的墙纸

5. 学校组织7年级学生对这些图书进行选择，每个学生从清单中选择一本图书，学生选完后，学校将选择结果进行汇总，并将结果反馈给项目主办方。所有的学校成功提交选书清单之后，Booked Up 将送出第二份礼物，其中包括：送给七年级学生的免费图书，每人一份的儿童便贴纸，为家长准备的关于 Booked Up 的相关信息。

6. 图书发放。Booked Up 根据每个学校提供的选书清单为学校配送相应的图书，由学校的协调员负责图书的具体分发工作。

整个过程有两个比较重要的环节，一是图书清单的确定，二是学校阅读推广活动的开展。下面对这两个方面进行重点分析。

三、确定入选图书

因为该项目的一个突出特色就是孩子可以在清单中自主选择喜欢的图书，因此考虑到不同孩子喜欢的图书类型不同，Booked Up 图书清单中的图书包括小说、非小说读物以及诗歌等多种体裁的图书。

Booked Up 进行图书选择的最重要的标准是图书的价值也就是图书的质量，其他因素，诸如出版商和作者是谁，并不能决定图书是否能够入选，因此 Booked Up 入选图书清单上的出版商的名字每年都会变动，以2010年为例所有参选的60家出版社最终只有13家出版商的19种图书被采纳。

Booked Up 的提供的图书是由独立的图书遴选委员会精心挑选的，委员会成员都是相关领域的专家，包括：图书馆员、教师、作家、儿童图书专家等。以2010年的图书遴选委员会为例，其成员包括资深教师、作家、教育顾问、青少年丛书委员、扫盲协会委员、儿童与青少年图书馆负责人、图书馆员、学校协调员、畅销书作家、儿童读物网站编辑、儿童阅读方面的活动经理等。他们或者有从事阅读推广的丰富经验,或者在倡导积极的学校阅读文化、提高孩子阅读兴趣、养成良好的阅读习惯方面有着多年的实践工作经历,或者在最佳图书评价方面颇有见地。图书遴选委员会的人员构成合理、相关工作经验丰富,能够有效保证图书的质量。

图书遴选委员会每年邀请出版商提交他们认为适合 Booked Up 的图书,委员会从收到的图书中选择 80 至 100 种作为初选结果。接下来委员会通读初选的所有图书并收集 7 年级在读学生的意见,在此基础上确认一份尽量包括各种流派、各种风格,适合各种阅读水平学生的图书清单。其过程可以简单表述为:

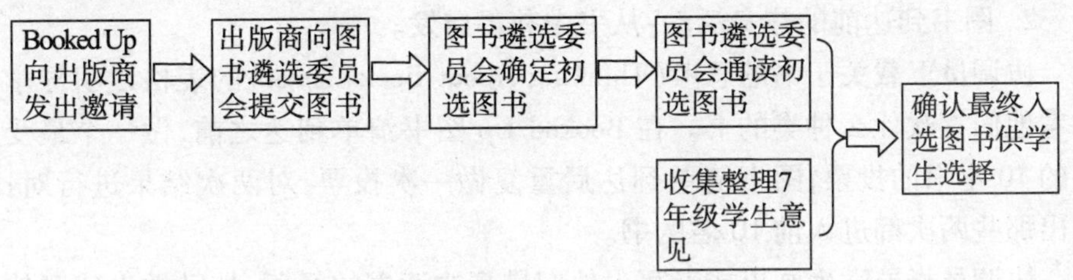

图书清单的确定过程

Booked Up 希望为每一个孩子提供合适的书,所以 Booked Up 活动需要适应不同兴趣爱好、不同能力、不同阅读年龄的学生的多样化的需求。在意识到参加 Booked Up 活动的有些孩子可能会有特殊的需求,Booked Up 在进行选择时,特意在图书清单中增加一些特别的图书,其中有带有 CD 的图书以方便需要使用音频的孩子(比如失明儿童、视力有障碍的儿童),Booked Up 与英国皇家盲人研究所合作为盲人提供盲文图书以及大字体打印的图书,以及专门为那些在英语的阅读理解方面水平较低的学生特意选择的图书。

在广泛采纳特殊学校协调员的建议的基础上,通过与教育专家合作,Booked Up 挑选整理出一套特别图书,具体包括:能给人以感官刺激的图书、触觉书、带有音频 CD 的图书、吸引力强的简单图画书、能使低龄阅读儿童产生广泛兴趣的书、适合阅读的图书、为不愿意阅读或有语言障碍的儿童专门创作的图书。为了满足特殊学校学生的特别需要,所有的特殊学校都可以得到 Booked Up 的全套特别图书,学生可以从整套的图书中挑选自己喜欢的图书。

四、对学校开展阅读推广活动的指导

对于 Booked Up 项目来说,其最终目的并不是送给每个 7 年级学生一本书,而是激发他们的阅读兴趣,那么学校的引导和组织就至关重要。因此 Booked

Up 项目组面向学校提供了丰富的、可操作性极强的指导，同时要求每个学校必须有专门的人员来负责该项目在该校的开展工作。下面就简单介绍一下项目组提出的面向学校协调员的指导内容。

1. Booked Up 展览

Booked Up 送给学校的资源箱内有一系列的图书和海报，Booked Up 官方网站上有 Booked Up Logo、Booked Up 精选图书彩色封面、Booked Up 图书与作者资源，为有效宣传推广 Booked Up，协调员可以利用这些资源在学校图书馆或者 7 年级的教室里举办 Booked Up 展览。

2. 图书到达前的热身活动：从书中获得启发。

协调员下载关于书的思考(Thinking About Books sheet)的表格以引导学生思考他们喜欢什么种类的书。在 Booked Up 图书清单到达之前，做一个最受欢迎的 10 本书的投票，图书清单到达后重复做一次投票，对两次结果进行对比，找出那些两次都进入前 10 名的书。

协调员指导学生画出或者写出他们最喜欢读书的场所，鼓励学生猜测他们的老师最喜欢的书。

举办"遇见阅读"(Get Caught Reading)海报制作竞赛，海报要通过照片展示出教师和学生读书的情形，同时用文字解释他们在读什么书，他们为什要读这本书。

与学校或图书馆合作举办"快速书会"，在桌子上展览图书，协调员负责指导每个学生用两分钟浏览一本书，看完之后把再把书传给下一个学生，轮流传递，直到每一个学生都浏览过桌子上的全部图书，会议结束前学生填表选出他们最喜欢读的图书。

协调员从图书馆中选择一些图书，拍照记录这些书的封面和简介，指导学生根据简介设计图书封面，或者根据封面制作图书简介。

3. 举办图书到达后的图书发放聚会

每当一本新书出版时出版商通常会为作者和有关工作人员举办一个发行会议，因此协调员可以在图书馆或者教室举行 Booked Up 自己的专门聚会。

聚会嘉宾：邀请 Booked Up 工作人员建立一个俱乐部，然后可以邀请学生父母、当地名人、作家为学生分发图书。

会场装饰：学生亲自制作有关于图书作者的海报并张贴在墙上，买一些气球并把每本书的名字写在气球上，悬挂学生自已设计的 Booked Up 条幅等。

活动内容：学生朗读每本书的第一页并说明选择这本书的理由，年龄比较大的学生可以谈论他们关于 Booked Up 的经验体会。建立图书交换箱，以方便学生交换已经读完的图书，启发学生从学校图书馆和公共图书馆借书阅读。

4. 公关活动

协调员写新闻稿并寄给当地的报纸，告诉对方自己在做什么，访问其公关网页寻求更多的支持和意见以推动工作的开展。

5. 创建读书小组

通过建立 Booked Up 阅读小组鼓励更多的学生进行阅读图书。项目组官方网站上提供了详细的读书小组 6 周系列计划（six-week session plan）活动表，指导协调员开展读书小组的相关活动。

读书小组的活动

6. 举办图书交流活动

在图书馆建立图书交换箱以方便学生相互交换已经阅读完的图书。

7. 鼓励学生说出自己的想法

鼓励学生在 Booked Up 网站上撰写关于 Booked Up 图书的评论，或者是投票选择他们喜欢的书，或者在留言板上留言。

8. Booked Up 竞赛

从 9 月到 11 月 Booked Up 官方网站每周都会举办各种竞赛，协调员及时通知学生以方便他们参加，获奖的学生有机会去邀请相关作家到学校演讲和交流。

除了面向学校协调员的详细指导，项目组还给家长提供了很多建议：

为孩子做出读书的榜样，让孩子看到家长读书的场景，经常和孩子一起读书，鼓励孩子随身携带图书。

和孩子一起去图书馆或者书店，尤其是孩子喜欢的作家出现在图书馆或者在书店签售的时候，把图书作为礼物送给孩子，同时也鼓励其他人送书给孩子。

营造家中的阅读氛围，确保家中有书架，尤其是在孩子的卧室中准备一个书架。

鼓励孩子和他们的朋友互相交换图书，启发他们思考并谈论图书的内容。

鼓励孩子阅读食谱，为家庭饮食提出建议，鼓励孩子讲出电视节目的内容。

同时 Booked Up 还在网络上提供了大量面向学生家长的资源，主要有：提高阅读技巧的相关资源、快速阅读资源、BBC Skillswise 关于提高英语和数学技能的资源等。

五、Booked Up 活动成效和评估

从 2007 年 Booked Up 活动开始到 2009 年 3 年间，Booked Up 共向英国的两百万儿童发送了免费图书。其中，2007 年 5300 多所中学的 630 000 多名 7 年级学生获得 Booked Up 免费图书；2008 年，672 000 多名 7 年级学生获得 Booked Up 免费图书；2009 年，5000 多所中学的 660 000 多名 7 年级学生获得 Booked Up 免费图书。2010 年，5000 多所学校的 650 000 多名学生拿到 Booked Up 免费图书。在 Booked Up 活动开展的前 4 年，Booked Up 总共为英格兰的 7 年级学生发放免费图书 250 多万册。那么具体成效如何呢，项目组从一开始就非常重视效果评估，每年都要借助第三方评估机构对 Booked Up 的实施效果进行科学的评价，下面主要介绍其评估程序和效果。

1. 评估的实施

为进一步认识 Booked Up 活动的效果以便改进提高，Booktrust 展开对 Booked Up 活动 2010 年至 2011 年的评估计划，评估计划的具体情况如下：

（1）评估的内容

效果评估主要是评估 Booked Up 活动对学生及家长的影响情况，评估内容主要包括 4 个方面：阅读频率、阅读信心、对阅读和图书的态度、家庭图书消费或采购情况。

（2）评估活动实施阶段

评估活动分两阶段进行，在学生收到 Booked Up 图书前进行第一阶段评估计划，学生收到图书之后再进行第二阶段评估计划。

第一阶段评估计划：通过学校联系学生和家长或者学生监护人邀请他们完成问卷调查，问卷内容主要是学生收到 Booked Up 图书和有关材料前的阅读活动。评估人员与 Booktrust 进行沟通后制订调查问卷，Booktrust 负责确定调查样本人群，并在遵守《数据保护法案》的前提下为评估人员提供样本人群的联系方式，外部评估人员负责调查问卷的操作，并收集处理分析调查数据。

第二阶段评估计划：在征得第一阶段调查对象的同意之后，评估人员对已参加 Booked Up 活动的学生、家长或者学生监护人进行第二轮问卷调查，问卷内

容以调查对象的阅读活动和对阅读及图书的态度为中心。

第一阶段所有的调查结果必须在学生收到 Booked Up 图书之前完成，Booktrust 与评估小组共同确认本次调查的合适的样本。在调查问卷最终确定之前，Booktrust 邀请有关人士通过信件、电话、网络为调查问卷提出意见；在调查问卷是否可以通过信件、电话和网络进行的问题上，Booked Up 会邀请提案者进行案例研究。

(3)调查分析和评估报告

评估人员对两次调查结果进行分析比较，从而得出 Booked Up 活动的影响力究竟要有多大，在咨询 Booked Up 和 Booktrust 活动方的意见的基础上评估人员写出完整的调查报告。

(4)评估人员的选择

评估人员要在众多申请者中经过严格选择确定，申请者要提交一份总结，总结的内容是本人在相关领域的调查评估工作的经验介绍。由于此次评估计划是一个时间紧迫的活动，因此申请者要保证严格遵守规定的期限，因此申请者要充分弄清调查步骤，并制订详细的工作计划。Booktrust 在参考申请者提交材料的基础之上，对申请者进行面试筛选，最终确定评估人员的人选。

2. 效果

从 2011 年的数据看，大多数学生和协调员都比较认同该项目，具体数据如下：

(1)92% 的学生认为该项目是一个很好的项目。

(2)96.9% 的学校协调员认为该项目在推动快乐阅读方面发挥了非常大的作用。

(3)73.5% 的学校协调员认为他们能够明显感觉到学生阅读意愿增强。

(4)一半以上的学生读的书比以前多了，并且比之前喜欢阅读了。

(5)56% 的学生去书店的次数增加了。

(6)36% 的学生购买图书的次数增加。

(7)一半以上的学生表示他们向朋友或者家里人推荐过图书。

(8)66% 的学生家长表示此项目让他们和孩子谈论图书的次数增加了，32% 的家长表示他们给孩子买的书也增多了。

3. 经过评估反映出来的问题

评估的目的并不单纯是总结成绩，更重要的是发现问题，经过科学的评估，发现项目运行中的一些问题：第一，超过半数的 Booked Up 的协调员认为

Booked Up 为特殊学校学生提供的选择不够多；第二，参与 Booked Up 的学生中，女孩子不像男孩子那么喜欢他们的书；第三，大约四分之一的可以称之为“热衷的读者”（对阅读很敏锐、充满自信、经常阅读）的孩子认为 Booked Up 对他们没有影响，百分之八有“逃避阅读”情绪的学生认为他们不喜欢阅读，Booked Up 不可能对他们有影响。约有三分之二的孩子介于热衷的读者和根本不热衷的读者之间，在鼓励阅读和享受阅读方面，Booked Up 对这些孩子的潜在的影响力尚未发挥出来。

评估报告认为 Booked Up 应该对图书传播和图书种类的选择工作进行改进，具体包括：重新审视下一年度供女孩子选择的图书的情况；考虑如何鼓励有“逃避阅读”情绪（不喜欢阅读、对阅读没有信心、不喜欢 Booked Up 图书、认为 Booked Up 对他们没有影响）的孩子，考虑如何对那些介于热衷的读者和根本不热衷的读者之间的学生施加影响，促进阅读，保证他们能够选到自己真正喜欢的图书。

六、启示

1. 要结合目标群体的特点进行有针对性的推广

首先阅读推广一定要面向某一个特定群体，特别是作为图书赠送这种方式的阅读推广。因为不同的群体的特点不同，在推广模式设计的时候就应该有所区别。这个案例面向 7 年级的学生，我们知道刚上初中的孩子正好处于青春发育期，比较叛逆，你只给他一种书，让他去读，他未必愿意。如果给他一个书单，让他自己选择所喜欢的书，他能够体验到自己做主的感觉。**因此此案例和图书基金会其他项目的区别在于突出了让学生自主从书单中选择的特点。**其他的项目，比如面向幼儿的、面向小学一年级学生的，没有这一个特点，主要就是固定的一本书。因此希望国内在开展阅读推广项目时，一定要注意区分不同的读者群的特点，对不同的读者采用不同的推广方式。就目前国内情况来看，针对儿童的阅读推广实际上已经在起步，但是针对小学生、中学生的还比较少，也希望国内同行加强对这方面的研究。

2. 加强与各方的合作

Booked Up 由 Booktrust 负责运行，同时还得到英国教育部出资支持，通过与出版商和学校合作在社会各方支持下开展。Booktrust 与教育部双方出资可以有效解决资金短缺问题，与出版商合作保障了图书供给，邀请图书馆员、教师、作家、儿童图书专家组成图书遴选委员会，又可以集思广益，保证图书的质量，与学校合作保障图书及时发送到每个学生手中。争取政府部门、慈善机构、基金会和社会各方的支持与合作是缓解资金短缺的有效手段，强化与学校、图书馆、出版商的合作是保证活动顺利开展的有效支撑，因此国内进行图书推广活动时要注意加强与各方的合作，只有集中力量才能把图书推广活动办好。

3. 多种渠道搞好宣传

Booked Up 的宣传工作相当到位，它把英国所有中学的信息收集起来，提前向每一个学校发出邀请，保证所有中学都能了解、认识 Booked Up 活动。在制作各种实体宣传材料（杂志、手册、书签等）的同时，Booked Up 设立网站以增强效果。Booked Up 请入选图书的作者向学生介绍自己的著作，同时请一名 11 岁的学生现身说法讲述自己的阅读感受，宣传效果很好。国内举办图书推广活动要通过各种手段、各种渠道进行宣传，既可以利用各种宣传材料进行针对性宣传，又可以充分利用网络、电视、广播、报纸、宣传单、宣传条幅等进行普及性宣传。

4. 保证图书的质量

Booked Up 的图书是由图书遴选委员会独立选择的，图书遴选委员会是一个独立的机构，其成员包括：图书馆员、教师、作家、儿童图书专家等。因为图书遴选委员会是独立于 Booktrust 和 Booked Up 之外的，所以委员会拥有自主的选书权而不受其他机构的影响和干涉。图书选择的标准是图书本身质量的好坏，与出版社和作者无关，所以即便是著名出版商或者著名作家的作品，只要其图书质量不够好，委员会就不会采纳其图书。

5. 注重评估

Booktrust 非常注重 Booked Up 活动的评估，无论是英格兰本土的活动还是北爱尔兰的试点活动，Booktrust 都聘请专门的评估机构和评估人员对 Booked Up 活动的实施效果进行评估。全面客观的评估是正确认识评估对象的有效方法，通过评估既可以了解活动试运行的成果，又可以找出活动实施过程中的问题与缺陷。以评促建、以评促改，通过评估可以改掉缺点、敦促进步。国内在进行阅读推广活动时要注重效果评估，可以参照 Booktrust 聘请第三方进行活动聘雇的经验，第三方评估的方式能保证评估结果的客观性，采用招标形式选择实施评估活动的机构，可以节省资金、提高效率，保证评估结果的客观、公正、可信。

说明：Booked Up 项目到运行到 2011 年年底停止。笔者分析停运原因是费用比较庞大，因此 2012 年 Booked Up 拆分为两个项目，一个是学校图书馆资源包(school library pack),该项目免费向每个注册的学校提供35本书。一个是Bookbuzz,该项目给注册学校的每个7年级学生提供一本书,按照每个学生2.5英镑向学校收取费用。

学校图书馆资源包面向中学,给每个中学图书馆提供选择好的图书,其中包括5种文学作品,5种非文学作品,还有5种图画小说,其中文学作品每种书提供5本,其他两类都是每种书赠送一本。

Bookbuzz的团队就是原来Booked Up的团队,模式几乎是一样,同样采用比较严格的选书标准,同样支持学生自主从书单中选书,唯一的区别在于资助模式,Booked Up是免费向7年级学生提供图书,而Bookbuzz则是收费的方式,按照一个学生2.5英镑的标准向学校收费。由于Bookbuzz今年才开始运行,没有很多的数据和信息,加上模式和Booked Up除了收费外没有不同,因此本书还是选择了Booked Up案例进行分析。

（赵俊玲　牛曙光撰写）

青少年阅读周(Teen Read Week)

一、青少年阅读周项目简介

青少年阅读周标志

2012 年青少年阅读周海报

近几年在电视、电影、电脑、手机等新媒体的冲击下,北美青少年对阅读的热度却日渐下降,美国图书馆协会欲改变这种趋势,因此在 1998 年推出青少年阅读周活动,青少年阅读周(Teen① Read Week)由美国图书馆协会的分支机构青少年图书馆服务协会(Young Adult Library Service Association,以下简称 YALSA)主办。YALSA 的主旨是通过其协会成员的倡导以及培训、图书馆和图书馆员的参与,提升图书馆面向 12—18 岁青少年的服务水平。青少年阅读周的活动时间为每年 10 月的第三周。美国数千个图书馆开展多项旨在鼓励青少年愉悦阅读的活动,以提升青少年的阅读兴趣。

青少年阅读周欢迎图书馆员、老师、青少年和家长等所有人志愿加入。青少年阅读周的大主题的是“读出它的乐趣”,每一年 YALSA 都会提出几个主题的方案,最后由参与者投票选出一个具体的副主题。

二、青少年阅读周的主要活动

正如上文所言,每年的青少年阅读周的主题都会由参与者共同投票选出,具体活动则根据主题,由学校、图书馆等自行决定,许多组织都为青少年设计出许多与阅读、书籍相关的活动。

---

① Teen:即 teenager,一般指 13—19 岁的孩子,但是由于这个活动主要针对美国年龄段 12—18 岁的初、高中学生,本文为了和国内的说法相符合,采用了青少年的说法。

以2012年为例，活动的副主题是“乐趣来自于图书馆”。目的是让学校及当地图书馆团体了解对青少年的服务的重要性，同时也向青少年传递一种理念：图书馆会带给他们很多乐趣，图书馆内藏着他们成功的秘密。

位于美国加利福尼亚州 Lathemtown 的切洛基中学（Creekview High School）为2012年阅读周设计的活动流程，包括在阅读周活动的这四天内，邀请孩子进图书馆一起享用午餐，观看电影、图片展，自制书籍等。

由国际阅读协会（International Reading Association，简称 IRA）和全国英语教师理事会（National Council of Teachers of English，简称 NCTE）共同批准成立并长期合作的读写想组织（Read Write Think）为2012年青少年阅读周设计了如下活动：

鼓励初中生或高中生：
在学校或公共图书馆读一本书，并积极加入讨论组；
为自己喜爱的音乐家、喜剧演员、政治家或者运动员写传记；
根据自己的爱好阅读书籍；
读一本书，并以幽默的方式总结出它的主题；
单纯为了获得乐趣去读自己想读的书。

前美国图书馆协会主席帕姆·斯潘塞·霍利（Pam Spencer Holley）提出了青少年阅读周的51个设想。

青少年阅读周活动中的游戏

1. 延长图书馆开放时间
2. 增加大量的平装书
3. 为开展活动设置专门的场所和志愿者
4. 设置意见箱,要积极回应所反映的意见
5. 建立青少年咨询小组
6. 设计和建立一个网站/博客/MySpace
7. 收集和发布青少年的评论
8. 配合青少年阅读周设置特赦周①
9. 通宵阅读
10. 图书电影节
11. 播放搞笑怀旧电影的幽默电影节
12. 通宵喜剧之夜
13. 吃比萨大赛
14. 冰淇淋圣代大赛
15. 一整天的游戏
16. 赞助商为冠名权而激烈竞争
17. 重新设计的书籍封面大赛
18. 动画/漫画人物的较量
19. 自卫培训课程
20. 萨尔萨舞
21. 青少年摄影大赛
22. 才艺表演
23. 扮演一个小丑
24. 捐赠书籍
25. 卡拉OK之夜
26. 寻宝
27. 交换磁带或其他工艺品
28. 神秘谋杀案之夜
29. 图书馆员面临的挑战②

① 特赦周,在这周,人们可以推迟归还图书馆书籍,不会受到处罚。

② 图书馆员面临的挑战,一种游戏,孩子可以用一些荒唐的东西与图书馆员交换书籍。原文是:Librarian Challenge[offer something silly in exchange for # books/pages read]。

30. 免费出租 DVD,VHS,有声读物
31. 青少年公共服务公告
32. 学校和公共图书馆成为合作伙伴
33. 家庭活动——青少年为儿童阅读
34. 大火中,你会救哪本书?
35. 问答比赛
36. 创造笑话的比赛
37. 展示照片的青少年阅读的照片
38. 全校一起阅读
39. "开眼界"
40. 青少年推荐书籍的公告板
41. 报纸上青少年评论专版
42. 青少年为医院里的孩子读书
43. 平装书、漫画书交换
44. 光盘交换
45. 分享笑话
46. 为读者提供演唱会的门票
47. 选拔优秀的青少年参加电视直播
48. 电台脱口秀节目采访
49. 写一封信给你最喜欢的作家
50. 阅读马拉松之阅读青少年作品①
51. 把青少年阅读吓人故事的视频放到网上。

三、青少年阅读周特点分析

1. 统一与自由紧密融合

青少年阅读周每年有固定的时间,统一的 logo,在一个主旨"读出乐趣"的

① 阅读马拉松(Read-a-thon):按照维基百科的解释:阅读马拉松是一项培养孩子阅读兴趣并筹款帮助患病儿童的活动,每年有很多学校参加,孩子们通过阅读筹到 100 多万美金,捐献给罗尔德·达尔基金会(The Roald Dahl Foundation,罗尔德·达尔,英国著名作家)和儿童癌症康复机构(CLIC Sargen,Caring for Children with Cancer)笔者理解这里的阅读马拉松主要通过孩子阅读向家长、大众进行筹款,用于学校或者其他公益事业。

指导下却又不拘泥于主题、庆祝形式、阅读内容、载体、场所,不受年龄、地域的限制,使得青少年阅读周活动以形式多样、内容丰富多彩逐渐深入人心。

青少年阅读周活动多种多样,观看电影,表演话剧,邀请受欢迎的演员来演讲,通宵阅读,在商场里阅读,各种阅读比赛,但都围绕一个主题,即快乐。12—18 岁青少年,对于阅读兴趣的培养是至关重要的,一份来自美国艺术基金会的报告指出,当代美国人尤其是青少年的文学阅读兴趣正在逐渐地下降,调查将被调查者按年龄分组,发现最年轻的群体①阅读率下降得最厉害,达到 28%。很多青少年沉迷于电视节目或网络,对电子游戏情有独钟,并为此消耗了大量时间。而青少年的创造力、个人兴趣爱好被激发后,会逐渐喜欢阅读,并学会享受阅读的乐趣。所以应让青少年在参加有趣并富有创造力的活动的同时享受阅读,通过图书馆员、老师或社会各界人士的指导激励,提高他们对阅读的热爱,培养健康的阅读习惯,提升阅读技巧并养成终生阅读的爱好。

虽然名为青少年阅读周,针对的主体也是 12—18 岁的初、高中学生,但是该活动呼吁全社会的积极参与。从指导者到志愿者,从社会精英人士到幼儿园的小孩子,从他们的父母到自己的弟弟妹妹甚至邻居,每个人都是青少年阅读周的一员,与其说这是一个阅读推广活动,不如说是一场全社会的大派对,所有的参与者都乐在其中,所有的参与者都能从中获益。

2. 协会充分发挥指导作用

YALSA 除了设计每年青少年阅读周的活动主题,还提供了统一标志的海报、书签等,除此之外,YALSA 提供了一份包括推荐书目在内的手册,指导图书馆开展具体的阅读推广活动,其中包括图书馆阅读规划工作表模版、公共宣传文稿模版以及具体活动的指导。比如在手册中提到图书馆可以推出怪物装扮环节,并对这个环节进行了充分的指导:

适合人群:6—12 年级

活动内容:学习万圣节或者剧院的一些制作怪物、僵尸、吸血鬼、仙女的小技巧。利用你在书上看到的内容,然后向当地影院、经验丰富的化妆师请教。收集多种多样的万圣节或戏剧装束、纸巾、棉签、一次性喷头、镜子等。用涂料把头发喷成你喜欢的样子,纸巾可以帮助你修改一些不满意的地方。清理出一片区域摆放镜子和化妆台,并为学生准备一把椅子或者其他工具。每一个装束

---

① 即 12—18 岁这个群体。

都要不同。然后给每一个怪物拍照！青少年在等待化妆的时候可以有别的活动，可以准备食物、电影或者其他玩具。记住在化妆前要询问孩子有无过敏史，活动开始前可以展示其他青少年志愿者自己制作的装扮。

活动花费：在折扣店购买万圣节化妆品！

反馈：所有的孩子都十分喜欢这个节目，积极翻阅书籍寻找不同类型的怪物装扮，年轻的孩子可能更喜欢童话或者动物的脸谱。

类似的活动策划在官方网站上还有很多，但委员会仍希望各个学校各个图书馆根据自己的实际情况设计出更多孩子喜欢的活动，在活动后可以将具体的活动流程以评论的方式发表在 Teen Read Week 官方网站上。YALSA 每年会评选出最出色的活动，奖励组织这个活动的图书馆一万美元。

Teen Read Week 网站还邀请参与者进行网络视频会议，内容主要以反馈活动效果为主，及时总结经验，为下一次活动提出建议。

委员会如此做可以从很大程度上减轻活动组织者的负担，节省时间和精力，却又不提出具体要求，有助于更好地发挥各地图书馆及学校的主观能动性。

3. 注意在活动中培养青少年的团队合作意识

青少年阅读周通常以学校图书馆或是当地公共图书馆为活动场所，或以班级为单位在社区内商场、公园进行活动，无形之中促进青少年团队意识的形成。

团队学习，可以让孩子学会沟通与合作。青少年的学习不同于成年人，让孩子独自学习容易产生强烈的孤独感，心智未成熟的孩子与伙伴合作，进行沟通交流，就会有“比学赶帮超”的劲头。青少年在完成小组活动作品时，或许会碰到困难，与朋友共同努力克服，能够帮助他们锻炼危机公关能力，学会分享快乐、分享收获，增加学习的乐趣和动力，让孩子从小形成团队意识，增强团队自豪感和成就感，更可以在团队合作中形成管理项目、管理自我的能力，甚至领导力。

4. 注意培养青少年的社区意识

社区通常是指集中在固定地域内的家庭间相互作用所形成的社会网络。在美国，社会化服务的水平比较高，其服务很大程度上以社区为单位，无论是生活服务或文化方面。在社区中，人们大多在公园、图书馆、文化中心、体育场等文化公共设施中接受社区的文化服务，因此可以利用社区的文化资源为社区居民，尤其是青少年服务，引导他们关心社区，并为社区服务。

而青少年阅读周正是体现了社区文化服务，各种阅读周活动，能加强青少年对本社区历史、现状、文化的了解，向社区居民宣传图书馆在社区中所扮演的角色有助于帮助青少年确立社区主人翁的地位，使他们明白自己既是社区的消费者也是社区的建设者。从而在政府与社区组织、社区居民、非营利组织的共同努力下，改善社区环境，促进社区经济发展，提高社区居民生活质量，最终建造并且维持一个运行良好的文明社区。

四、对我国阅读推广建立青少年阅读周的建议

1. 多方合作

青少年阅读周活动得到各州政府、各级图书馆和各种商业、非政府的公私营机构的帮助，参与者涵盖从演艺明星到专业图书馆员、各界精英的广泛层面，活动的策划机构也包括了图书馆、出版商、书店、学校、商场、福利院、电台电视和网络等，资金来源包括政府资助、出版商广告、非政府组织的捐赠等各个方面。我国目前的阅读推广更多的是图书馆或者学校孤军作战，资金以依靠政府财政拨款为主，受各地政府的重视程度和拨款情况影响严重。宣传手段也比较单一，主要是图书馆网站公告，公民获取信息的来源很有限。

笔者认为，我国也可以借鉴其经验设立青少年阅读周等阅读推广活动，利用电视电台和门户网站的公益广告广泛宣传，也可以利用青少年学生经常使用的 SNS 社交网站，例如 QQ 窗口，人人主页，微博等方式进行宣传，扩大其影响力。以学校为主联合当地图书馆，使青少年学生认识并了解图书馆，认识到图书馆对他们学习生活的重要作用。公益活动并不排斥商业，而合理的商业元素加入更能使公益活动运行更加顺畅、内容更加丰富，例如加强与出版商和书商的合作，可以有效地解决资金问题，可以通过主题书籍展示、Top10 评选、书籍捐赠，使出版商获得经济利益的同时创造更多的社会效益，从而达到双赢的目的。

2. 注重青少年心理研究

无论哪一种阅读推广活动，目的之一都是让青少年热爱阅读！阅读是由动机引起的有目的的活动①。阅读动机是指由与阅读有关的目标所引导、激发和维持的个体阅读活动的内在心理活动和内部动力过程②。有调查显示，在校青少年中，增长知识是他们阅读的最主要动力，在所调查的群体中有 24% 以上的学生把增长知识放在首位。排在前三位的阅读动机为增长知识、开阔视野和完

---

① 彭聃龄．普通心理学［M］．北京：北京师范大学出版社，2004：3.

② 闫国立．阅读发展心理学［M］．合肥：安徽教育出版社，2004：8.

成学业①。不同时期的调查显示各年龄段青少年的阅读偏好不完全相同，青少年选择阅读的内容与时代社会环境以及地域文化、教育文化有很大联系。

所以，我们一定要根据不同教育背景、不同年龄段对青少年设定适合他们的活动，为他们选择既符合其身份，对其成长又有帮助的读物。因此可以以学校或者城市为单位设置青少年推荐书单，书单要体现差异性，而这需要很多专家学者深入实际调研。

（张佳伊撰写）

① 葛明贵，赵媛媛．青少年阅读动机的差异分析与培养策略[J]．图书馆学研究．2011(2)68－74.

英国“夏季阅读挑战”

一、“夏季阅读挑战”活动概况

孩子们非常期盼暑假的到来，而家长和教师在暑假来临之际都有一个担心，担心暑假期间孩子们不能像在学校里那样定期的阅读，担心他们的阅读技能会下降，“夏季阅读挑战”由此产生，该活动始于 1998 年，由英国阅读社①(Reading Agency)主办，旨在鼓励 4 至 12 岁的儿童每年夏季阅读 6 本或更多的书，鼓励儿童去图书馆阅读并享受阅读所带来的乐趣。“夏季阅读挑战”是英国规模最大的阅读推广活动，英国 97% 的公共图书馆和英国广播公司(BBC)等多家主流媒体参与其中，2011 年通过该活动有 78 万儿童从图书馆阅读了 300 万本书。因其深远的影响，2012 年伦敦奥运会期间该项目被列为文化奥运的一项活动，本文希望通过对该阅读推广活动进行深入分析，以期对国内图书馆界阅读活动的开展有所助益。

该活动是完全免费的，活动每年的主题都各有不同。整个暑假，图书馆设计许多奖励活动来为儿童阅读造势。

二、“夏季阅读挑战”活动主办方

“夏季阅读挑战”由英国阅读社(Reading Agency)和各公共图书馆主办。其中英国阅读社主要负责活动整体框架的设计，具体活动的组织由各个公共图书馆负责。

1. 英国阅读社的主要职责

(1)构建阅读推广活动的模式和主题

“夏季阅读挑战”的主要模式：采取一系列措施鼓励 4—12 岁儿童和青少年在暑假期间到图书馆阅读 6 本书，在这个过程中，会持续地给孩子各种鼓励和奖励，如果他们完成 6 本图书的阅读，给孩子颁发证书和阅读奖牌。从 1998 年

① 英国阅读社是一个独立的慈善机构，由艺术委员会资助，主要职责是激励更多人阅读更多书。该机构深信读书能够改变一个人的一生，使更多的社会团体从中收益。多年来，英国阅读协会帮助全国的儿童、青少年和成年人对阅读产生兴趣，并且树立阅读信心。作为英国主要的文化机构之一，英国阅读协会专门负责通过图书馆推广阅读工作。

至今，该活动已经成功举办了15年，为了保证项目的创新性，每年的活动主题都会有所区别。

2004年的主题是“阅读迷宫”（The Reading Maze）

2005年的主题是“阅读之旅”（The Reading Voyage）

2006年的主题是“阅读使命”（The Reading Mission）

2007年的主题是“疯狂阅读”（The Big Wild Read）

2008年的主题是“一起阅读”（Team Read）

2009年的主题是“寻求搜索者”（Quest Seekers）

2010年的主题是“空间跳跃”（Space Hop）

2011年的主题是“杂技明星”（Circus Stars）

2012年的主题是“故事实验室”（Story Lab）

这里结合2011年和2012年的主题进行介绍，2011年的主题是“杂技明星”，项目组设计了5个卡通形象，每个卡通形象有自己拿手的杂技，有的擅长骑独轮车，有的擅长踩高跷，孩子们可以选择自己喜欢的卡通形象在网站上注册。

2011年“杂技之星”的卡通形象

2012年“夏季阅读挑战”活动的主题为“故事实验室”（Story Lab）。所谓的“故事实验室”是存在于“夏季阅读挑战”网络环境中的虚拟空间，它是处在城市中心的一个五角形的高科技立方体。它能够吸引来自世界各地的故事，并把这些故事传播到伦敦和伦敦之外世界的各个角落。在“故事实验室”，你可以阅读、收集、分享、创造、传播和讲故事。

2012年“故事实验室”4个主要人物

故事实验室(Story lab)

“故事实验室”有4个主要人物(如上图所示):Lex(莱克斯),Rani(拉尼),Will(威尔)和Evie(伊维)。Cortex教授是实验室的电脑系统,“故事实验室”由Cortex教授负责监督运行。在“夏季阅读挑战”活动中,Cortex教授要求“故事实验室”的孩子们去寻找丢失的物件,以增强“故事实验室”的想象力。在这期间,实验室的孩子们会接受一只淡黄色的猫伊索(Aesop)的帮助,并在其帮助下完成挑战。每完成一个挑战就会获得相应的奖励(小贴画,奖牌等)。最后完成故事实验室。

这里要重点说明一下:“夏季阅读挑战”活动不是一个竞赛,而是个人挑战活动,并不是要评出一等奖几个、二等奖几个、三等奖几个,而是设定阅读目标,只要孩子完成某一个目标,就发给孩子相应的奖励。

(2)为参加这项活动的图书馆提供精心设计的活动指南和各种宣传品

包括各种PPT、宣传单等。比如提供给图书馆介绍Story Lab的PPT模版,告诉图书馆员在展示的时候应该何时加入奥林匹克的音乐,何时引入自己图书馆的logo等,非常切合图书馆的需要。

宣传海报

宣传海报

(3)为教师提供各种指南

告诉教师如何鼓励孩子参加“夏季阅读挑战”,并且指导教师暑期结束回到学校后,应该如何鼓励孩子继续阅读,活动内容包括关于暑期阅读教师板报的制作,提供让孩子写书评的模板等。

(4)为家长提供各种指南

英国阅读社提供了很多面向家长的指南,主要是关于“夏季阅读挑战”的基本信息,回应家长的一些担心。有的家长担心孩子们上网的安全问题,阅读社在指南中详细解释了“夏季阅读挑战”官网不需要孩子注册真实姓名等保障措施。

(5)为图书馆员提供培训

除了给每个参加的图书馆提供开展“夏季阅读挑战”所需的各种物品,如海报、奖牌、证书等(这些需要图书馆购买),还向图书馆提供电子版和纸版的手册,并且提供培训。

2. 公共图书馆

各个公共图书馆具体组织当地的“夏季阅读挑战”活动,在活动开始前,图书馆会在学校、图书馆网站、各网络媒体宣传此项活动,想参加活动的儿童需要在活动开始前到当地公共图书馆报名注册。儿童参加活动的主要场所就是当地的公共图书馆。报名参加活动的儿童在暑假期间可以根据自己的兴趣选择自己喜欢的6本书,图书馆会安排相应的人员定期对儿童的阅读情况进行检查,并以此评选出儿童可以获得的奖励,活动设置的奖项由图书馆颁发。图书馆还招募志愿者，帮助图书馆馆员进行丰富多彩的阅读活动。公共图书馆还应该努力寻求与其他机构的紧密合作，寻求更多的资金支持。

三、基本流程

1. 英国阅读社设计活动主题和方案，设计宣传海报等产品（见表6-3），对图书馆员进行培训，设计面向家长、教师的指南等。结合孩子们的特点，近几年英国阅读社制作了宣传视频放到官方网站上。

表6-3　“夏季阅读挑战”宣传系列产品

名称	个数	价格（英镑）
彩色邀请函	1000	14.5
实验室模型和贴纸	100	35
证书	100	6.75
奖牌	100	25.5
丝带挂绳	100	10.55
手环	100	14.5
钥匙链	100	13.75
故事编纂者	100	5.6
门吊钩	100	4.4
书签	100	4
冰箱贴	100	9
故事实验室手册	50	12
双面横幅	10	12.65
A3 宣传海报	100	10.25
活动海报	50	6.25
贴纸	25	6.75
提示明信片	100	2.55
家庭传单	100	8.25
工具包	50	35
纯棉 T 恤衫	1	4.75
纯棉棒球帽	1	3.25

2. 各公共图书馆在暑假来临之前主要通过以下途径进行宣传：(1)选择一些孩子担任阅读大使让他们在学校进行宣传；(2)使用视频短片；(3)使用网站促进孩子对年度主题卡通人物的了解；(4)在 You Tube 上进行宣传；(5)在学校开放日等时间向家长介绍夏日阅读挑战；(6)通过学校发放学生参加“夏季阅读挑战”的注册表。

图书馆举行夏季阅读挑战活动

3. 暑假之际学生到公共图书馆注册，阅读挑战正式开始，图书馆会根据本地区注册学生的数量酌情购买资源包的数量。并在整个暑假阅读过程中持续地对孩子进行激励和指导，促使他们整个暑期能够坚持阅读。

4. 发奖及评估总结。每个图书馆在活动结束时会举行相应的颁奖活动，同时项目组织者英国阅读社每年要对该年度的阅读推广效果进行评估。评估数据主要来源于：(1)各公共图书馆完成的网上调查；(2)各公共图书馆的报告；(3)孩子和家长的意见和反馈；(4)官方网站的统计。

“夏季阅读挑战”的证书

四、“夏季阅读挑战”活动的运行

1. 激励机制的设计

每一个想参加“夏季阅读挑战”活动的孩子可以去当地的图书馆注册报名，图书馆工作人员会给孩子一张会员卡和一个资源包，每年资源包中的物品会有所区别，2012 年资源包中的核心材料是一张能折叠成“故事实验室”的卡板，儿童需要根据上面的要求完成挑战。每完成一个阶段的读书任务，就可以到当地图书馆领取相应的贴纸或者其他的物品作为奖励。每年的奖励会根据年度活动主题有所区别，比如 2011 年的主题是“杂技之星”，奖励除了贴纸，还有悠悠球。2012 年的夏季阅读挑战分成三个阶段：第一阶段，读完 2 本书，获得铜牌；第二阶段，读完 4 本书，获得银牌；第三阶段，读完

6 本书获得金牌。每完成一项任务就可以到当地图书馆领取相应的贴纸作为奖励，只有阅读完 6 本书的儿童才能获得奖励证书。

"夏季阅读挑战"的奖牌

除了现实的贴纸和奖牌等奖励，项目组织方为了提高孩子们参与的热情，设计了相关的游戏放到"夏季阅读挑战"官网上。完成一个阶段可以获得相应虚拟物品，并且可以到图书馆询问游戏的解锁密码，然后进行更高一级的游戏，比如 2012 年的游戏激励设计如下：

第一阶段：你需要读 2 本书才能获得铜币（the bronze coin），才可以从博物馆存储库的下方获取一个古老的青铜币。

第二阶段：你需要另外阅读 2 本书获得银镜子（the silver mirror），才能过河后从小岛的岸边收回银镜子。

第三阶段：你需要再读 2 本或更多的书，才能获得隐藏在奥林匹克公园的金牌。

2. 个性化的图书推荐和指导

通常每年在选定一个主题之后，首先由出版商在 9 月提交一个书单，再由儿童图书馆员从中选择合适的书目。然后再由家长和孩子组成的选书委员会最后裁决。最后选出的书目被分成两组，一组是针对 4—8 岁的儿童（Book List-The Younger Collection），一组针对 8—11 岁的孩子（Book List-The Older Collection）。在参加挑战活动之前，图书馆的网站中有对书籍选择的调查（Story Lab Participant Survey），儿童可以根据自己的实际情况完成调查问卷。但是这个书单只是推荐性的，孩子们在进行阅读的时候并不一定从这个书单中选择，只要是从图书馆借的，不管是书，还是杂志等，都计入"夏季阅读挑战"的范围。

除了整体性的推荐书目，阅读社还为孩子们提供了个性化的在线图书推荐活动，主要通过两个方面来进行，一是开发图书选择小程序（Book Sorter），孩子们只要输入自己的性别、年龄、感兴趣的主题，程序就会显示相应的书目。书单中的这些书都是由其他孩子推荐的。二是提供在线的实验室助手服务(Lab Assistants),即图书馆馆员帮助孩子们解决在阅读中遇到的问题。

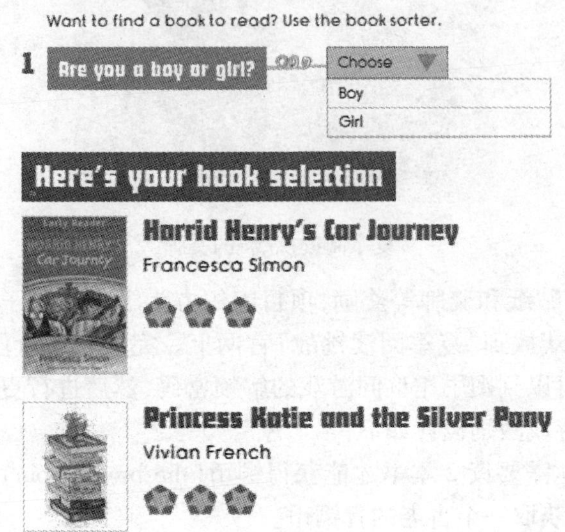

book sorter

3. 故事比赛

有许多的儿童曾经幻想过自己能成为一个写故事的人,他们喜欢读书,同样喜欢写故事,他们认为写故事可以使他们获得同样多的乐趣,因此"夏季阅读挑战"设计了"完成故事比赛"(Finish the Story Competition)环节,该环节是2012年"夏季阅读挑战"活动的亮点。杰奎琳·威尔逊、安迪·斯坦顿、朱莉娅·唐纳森、玛洛丽尔·卢布莱克曼、米歇尔和马库斯·塞奇威克6位著名的儿童作家先创作简短的故事开头,剩下的部分交由孩子们完成。孩子们可以先阅读每个故事的开头部分,选择一个喜欢的开头并完成自己的故事。故事字数不超过500字(除去开头的100字),完成后可以在网站提交自己的故事,截止时间为9月1号,专家小组将做出评判,并于9月14号宣布获奖者。此项活动仅对英国和爱尔兰的居民开放,参赛者必须是12岁及其以下的儿童。

4. 多方合作

(1)学校

项目组织方英国阅读社设计了大量针对教师的指南,指导教师如何在暑期结束后回到学校开展相应的活动。同时各个公共图书馆和当地学校保持密切合作，92%的图书馆都实际走访当地学校，争取学校对“夏季阅读挑战”的支持。

(2)乐购银行(Tesco Bank)

英国阅读社推广阅读工作卓有成效，经常得到社会和个人的肯定和资助。乐购银行主要赞助苏格兰地区的“夏季阅读挑战”活动，旨在鼓励所有年龄段的儿童在暑假期间读书以及使人们能够方便地访问苏格兰成各地区的图书馆。在2011年，乐购银行第一次与英国阅读社合作。2012年，有34 000多名儿童参加了今年的“夏季阅读挑战”活动，比上一年增加了12%。

(3)皇家盲人协会(RNIB)

“夏季阅读挑战”活动一直得到英国皇家盲人协会的支持，在它的支持下印制了专门用于视障儿童或视障儿童家长/监护人的材料。这份材料包括“夏季阅读挑战”活动的信息表和故事实验室的证书。如果你是视障儿童或者视障儿童家长，你可以向你当地的图书馆寻求这些资源。英国皇家盲人协会还为5岁以上的儿童和青少年购买盲文书籍，打印盲文材料和收集音频资料。视障儿童一次也可以借6本书，这些书可以通过邮寄免费递送给孩子。视障儿童也可以用“夏季阅读挑战”活动的图书清单，英国皇家盲人协会将图书清单印成盲文，帮助视障儿童了解图书信息，以此来帮助盲人和弱视儿童完成挑战。

(4)志愿者

为了更好地开展“夏季阅读挑战”，2011年，各公共图书馆一共招聘了3891名志愿者。“夏季阅读挑战”招募志愿者一方面是要扩大图书馆的服务范围，同时还有一个目的就是促进青少年对社区的了解，提升青少年的综合能力，因此招募的志愿者都是12到24岁的青少年。

为了更好地对阅读推广的志愿者进行规范化管理，英国阅读社发起了一个为期三年(2011年至2013年)的志愿者试运行项目，该项目由John Laing慈善信托基金会资助。首先由各图书馆申请参加该项目，英国阅读社从中选定50个图书馆，然后对这50个图书馆进行为期四天的培训，培训内容包括如何制定本馆的志愿者服务策略以及如何和年轻人工作，同时提供各种资料，包括志愿手册、志愿政策、确定志愿者职责的模板等。图书馆员接受培训后，需招募并培训志愿者，一般图书馆会通过网站、图书馆的宣传等多种方式进行招募。招募完成后图书馆会对志愿者进行培训，如果志愿者有特殊要求，比如有的志愿者要重点锻炼自己的组织能力，图书馆会针对这些特殊要求进行专门的讲解。为了更好地发挥志愿者的作用，图书馆鼓励志愿者设计开展富有创造力的阅读活动，并且与本馆的志愿者之间进行竞争，设计出富有创造力的阅读活动的志愿者会得到相应奖励。在“夏季阅读挑战”结束后，要对志愿服务进行评估，经过评估研究发现，这些青少年志愿者提升了志愿服务的技能和信心；提升了他们对图书馆的了解和使用；青少年志愿者的参与能够更好地激励儿童和其他青少年阅读，增加了参加“夏季阅读挑战”儿童的数量，增加了完成挑战的儿童的数量。

五、启示

1. 重点培养青少年的阅读兴趣

阅读与写作不是让孩子们成为作家、艺术家，阅读与写作对于现代社会人是非常重要、不可缺少的一种能力。阅读是通过想象完成的，想象力是一个人形成知识、培养人格的重要方面，写作是从再造想象到创造想象；阅读是通过情感完成的，需要情不自禁地把自己情绪融进去，全身心沉浸。“夏季阅读挑战”活动侧重于以阅读为乐趣（It focuses on reading for pleasure），旨在让儿童去图书馆阅读并享受阅读所带来的乐趣。对儿童来说，阅读不仅让他们拥有读写的能力，同时也可作为他们梦想和志向的起源。阅读和写作为好奇心强的儿童打开了五彩缤纷的世界。

2. 密切结合青少年的特点

我们在进行面向青少年的阅读推广时，需要仔细审视我们选择的推广方式是否符合青少年，“夏季阅读挑战”项目密切结合青少年的特点，青少年对卡通感兴趣，那就设计可能会吸引他们的卡通形象，并且让他们进行角色扮演；青少年对游戏感兴趣，那就将游戏的元素融入到阅读推广中，以游戏激励青少年进行阅读，阅读完 2 本书，就可以升到更高的级别，解锁更高的游戏，获得更好的游戏装备。除了这两点，青少年还有很多其他的特点，如追星，可以让一些青少年喜欢的具有正能量的明星来做阅读宣传；青少年喜欢自己做主，可以让青少年自己选择相应的读物。这里要强调的还是一定要结合青少年的特点，顺势而为，融入时尚、科技等元素，对青少年进行正方向的阅读引导。

3. 品牌建设

“夏季阅读挑战”活动与多家网络媒体都有密切的合作。例如英国广播公司（BBC）第四、第七电台会定时对“夏季阅读挑战”活动中图书以及图书的相关事宜进行宣传。由图书馆组织的成人和儿童的阅读群体会充分利用这些节目的丰富资源。英国阅读社采用了这种合作的关系，使电台和图书馆联合推广

“夏季阅读挑战”活动。在2012年更是与Facebook、Twitter、Google等多家网络媒体合作宣传此项活动。除了加强宣传之外,“夏季阅读挑战”设计了丰富的产品,形成其品牌标志。反观我国的阅读推广活动,在品牌化建设方面还比较薄弱,因此建议借鉴“夏季阅读挑战”的经验,设计丰富的、具有明显标志的阅读推广宣传品,提升阅读推广的品牌。

4. 加快志愿者队伍的规范化管理

目前在国内也有不少图书馆进行阅读推广时借助志愿者的力量,如志愿的故事妈妈、故事姐姐等,也出现了一些专门由志愿者开展的阅读推广项目,如公益小书房。但是目前对于志愿者的管理没有跟上,比较随意,通过英国的“夏季阅读挑战”可以看出,阅读推广项目主办方非常注意对志愿者进行培训。希望国内相关组织加强志愿者队伍管理规范化方面的培训,促进志愿者更好地发挥作用。

（赵俊玲　伊丽洁撰写）

面向寄养儿童的素养项目：英国“信箱俱乐部”计划

最近几十年，由于众多原因，英国的大量儿童进入儿童福利系统接受寄养。现在，家庭寄养已成为寄养儿童照料的主要方式。家庭寄养儿童（looked-after children in foster homes），是指寄养儿童，由寄养家庭负责养育，被寄养儿童享受政府给予的生活、医疗与教育费用。英国国家医疗保健部门和国家教育研究基金会的研究表明：在英国，寄养儿童的读写能力比期望的要低一些。在过去的几年里，这群孩子的教育没有得到充分的重视。相对于同龄非寄养儿童，只有不到一半的寄养儿童的教育水平达到了国家的目标水平。随着地方政府对儿童读写能力的培养越来越重视，他们正致力于研究为这些孩子提供学习上的帮助。“信箱俱乐部”计划（Letterbox Club）就是英国的一个国家项目，该项目向家庭寄养儿童邮寄学习资料，从而提高他们的识数和识字能力。

一、“信箱俱乐部”计划概况

“信箱俱乐部”（Letterbox Club）计划始于2007年，发起人是英国莱斯特大学（the University of Leicester）教育学院的露丝·格里菲斯（Rose Griffiths）教授，由英国慈善组织——图书信托基金会（Booktrust）和莱斯特大学共同合办。该项目面向7—13岁的家庭寄养儿童，每年从5月到10月，连续6个月给家庭寄养儿童邮寄装有书籍，数学游戏以及其他一些学习材料的包裹。参加该活动的孩子在家便可收到俱乐部寄来的包裹。该计划的主要目的包括：提高寄养儿童的识数和识字能力、帮助孩子在家学习、帮助孩子自主学习、提高他们学习的热情、找到学习的乐趣、增强他们的自信感和自尊心。试验表明：原先学习成绩差的孩子经过试验阶段的培养和评估，他们中的绝大多数开始在各自的阅读标准化得分上有了非常大的提高。

“信箱俱乐部”创始人露丝·格里菲斯（Rose Griffiths）教授

从2007年6月开始至今，“信箱俱乐部”计划已经走过了4年历程，以下是该计划的主要发展历程：

1. 2003 年至 2006 年是该计划的早期试验研究阶段，英格兰的莱斯特城和福克斯 2 个地区的 191 名儿童参加了早期试验研究阶段。

2. 2007 年 6 月图书信托基金会正式发起和实施“信箱俱乐部”计划，当时有英格兰 22 个地区的 560 名儿童参与其中。

3. 从 2007 年到 2008 年的两年间，图书信托基金会接受了来自儿童、学校与家庭部（Department for Children, Schools and Families，简称 DCSF）对该计划的经费支持，把项目的规模扩大到了 52 个地区的 1600 名儿童。

4. 2009 年，“信箱俱乐部”向英国所有地区开放，至此已有 128 个地区的 4271 名儿童加入了该俱乐部。

5. 2010 年英格兰、威尔士、苏格兰、北爱尔兰的 140 个地区的近 5000 名寄养儿童参与该计划，建立的网络愈来愈庞大。计划推出至今，其成效广受好评。

6. 2012 年，信息俱乐部走向美国，在美国的 Nebraska 地区开始试运行，并且正在讨论在加拿大实行该计划。

2007 年和 2008 年“信箱俱乐部”免费向参加该项目的地区邮寄包裹，从 2009 年起，该计划成为面向全国的收费项目。各地政府需为每个儿童支付少量的费用才可参加“信箱俱乐部”，如 2011 年政府为每个儿童需要支付 125 英镑（包括增值税），这项费用可用家庭寄养儿童的个人教育津贴来支付。

二、“信箱俱乐部”计划的实施方式

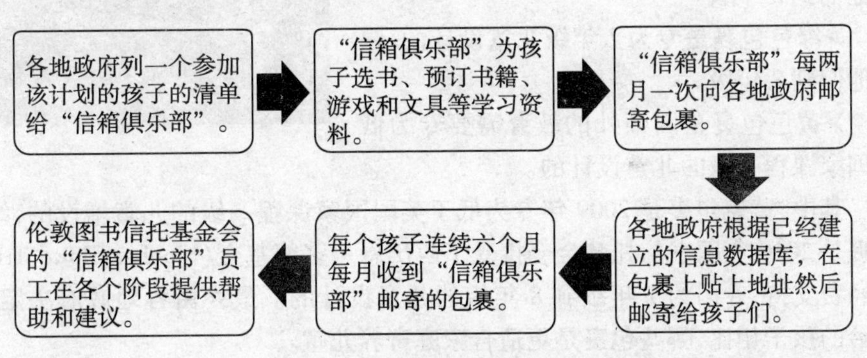

“信箱俱乐部”计划运行图

由上图可知，“信箱俱乐部”计划只有与各地政府通力合作，才能保证包裹准确及时地寄给孩子们。因为寄养的特性，参与该计划的儿童可能会经常转换家庭，这是该项目实施的难点。如果在这 6 个月期间孩子的家庭地址发生变化（或者回归他们的亲生家庭），包裹会寄到新的地址，但前提是“信箱俱乐部”要和当地政府部门及时沟通，保证这些孩子的个人信息及时得到更新。

三、寄养儿童的选择

寄养儿童的选择由当地政府部门负责，在项目试运行阶段，“信箱俱乐部”对当地政府部门选择的寄养儿童的数量有一定的限制，从2009年开始“信箱俱乐部”不再对寄养儿童数量进行限制。网上没有公布政府部门选择参加“信箱俱乐部”的寄养儿童的明确标准，但是倾向于“那些脆弱的，和其他孩子相比差距比较大”的寄养儿童。

四、“信箱俱乐部”包裹（Letterbox Parcels）

学习资料分装在不同颜色的包裹中，根据儿童成长的实际需要，分年龄段邮寄到每个人的家里或住处。有研究证实，暑假期间许多孩子如果不学习便会退步。因此“信箱俱乐部”会在每年5月份也就是暑假前夕邮寄第一个包裹，然后在以后的6个月中每月邮寄包裹，直至每年的10月份新学期开学。

目前“信箱俱乐部”有四种颜色的包裹——蓝色，红色，绿色和黄色。

➢蓝色包裹是专为3年级儿童设计的，跟随他们到4年级。

➢红色包裹是专为5年级儿童设计的，跟随他们到6年级。

➢绿色包裹是专为7年级儿童设计的，跟随他们到8年级。

➢黄色包裹是因额外的教育需要专为低于国家课程一级的儿童设计的。

其中，黄色包裹是2009年专为低于英国国家课程一级的儿童增设的，绿色包裹是2010年图书信托基金会接受了西沃恩·多德基金（Siobhan Dowd Trust）的经费支持，专门为7年级到8年级的儿童设计的。最终由各地政府决定，与同龄的孩子相比，哪些包裹是更适合家庭寄养儿童。

1. 学习材料选择的标准

每个孩子收到的书籍和数学游戏依据孩子的年龄和在参加“信箱俱乐部”之前他们各自的阅读及识字水平的程度而有所不同。其中，书籍是根据孩子们的兴趣年龄（interest age）和阅读年龄而分配的，数学游戏是根据国家课程标准而选定的。

2. 不同包裹及其内容

包裹里的学习材料因地域、孩子的年龄、邮寄时间的差异而稍微有所不同，但每个包裹基本上都装有由“信箱俱乐部”小组为参加该项目的孩子精心挑选的2本书籍，一个数字游戏和一些文具。在这6个月当中，包裹中可能也包括其他一些东西，诸如图书馆卡、有关如何加入图书馆的信息、书签和一些来自儿童作者的信件等。经过为期6个月的收集，孩子们便为自己建立了一个包含书籍和一系列的数字游戏及文具的小型图书馆。

包裹的内容

(1) 书籍

“信箱俱乐部”是专门针对家庭寄养儿童而设立的，所以，选择书籍的标准与图书信托基金会其他的赠书活动有所不同。包裹中的书籍都是经过“信箱俱乐部”员工仔细和谨慎挑选的，每个包裹通常包含两本书，往年非常受孩子们欢迎的书籍会保留在第二年的列表中。各年龄组的包裹中的书籍包含由不同材料做成的不同题材的书，其中包括童话故事、古典故事、现代故事、连环画、笑话书、诗歌以及音像图书等，如杰里米·强(Jeremy Strong)的《小心！番茄杀手》，菲利普·普尔曼(Philip Pullman)的《我是一只老鼠》等。这些书籍反映了孩子的真实生活和英国生活的多样性，或者能扩大孩子的视野，可以激发他们阅读的兴趣。

(2) 数学游戏

每一个包裹中还包含一个数学游戏，如数老鼠游戏、加减游戏、100英镑游戏，这些数学游戏是由“信箱俱乐部”的创始人露丝·格里菲斯所制定的，其中许多游戏出自她的《快速数学》丛书系列。这些数学游戏的使用经过了露丝和培生(Pearson)教育有限公司的许可。这些游戏是根据孩子的年龄和在参加项目之前他们各自的阅读及识字水平来选定的。

(3)文具

"信箱俱乐部"包裹里的文具有些是与当月的数学游戏配合使用的,还有一些文具是为了鼓励和支持孩子们在家自主写字、画画以及学习而配备的,如练习本、铅笔盒、铅笔、计算器、尺子、荧光笔等。预装在包裹里这些文具可以避免给寄养家长带来麻烦,或让孩子感到沮丧。

(4)其他项目

在俱乐部信箱的包裹中可能还包括:

➢给孩子的一封信(可选项目);

➢图书馆的信息如会员信息,开放时间,孩子所在地图书馆的位置等;

➢图书馆的暑假(或寒假)计划;

➢俱乐部所选书籍的作者如杰奎琳·威尔逊、迈克尔·罗森或安东尼·布朗写的一封信;

➢俱乐部的儿童插画家专门为孩子们设计的明信片;

➢个性化的书签。

北爱尔兰年度"信箱俱乐部"欢庆日

五、"信箱俱乐部"计划的合作伙伴

1. 赞助人

"信箱俱乐部"的主要赞助人包括著名的儿童作家杰奎琳·威尔逊(Jacqueline Wilson),诗人莱姆·斯赛(Lemn Sissay),物理学家迈克尔·威廉姆斯(Michael Williams),作家马拉奇·多伊尔(Malachy Doyle)。他们会在参加各种会议或活动时宣传推广"信箱俱乐部"计划,一有机会就宣传该项目产生的积极影响。

(1)杰奎琳·威尔逊(Jacqueline Wilson)

杰奎琳是一名全职作家,她撰写了许多儿童书籍,凭借对现代儿童及对他们的生活方式和他们所遇到的问题的敏感的认识,以及她的幽默感,使她在9岁到11岁的孩子中成为了一位非常受欢迎的作家。她的书已经卖出了1000多万册,而且被翻译成30多种语言。2005年,杰奎琳成为"儿童奖获得者",2007年成为大英帝国勋章(DBE)圣母院指挥官。2007年杰奎琳成为了"信箱俱乐部"的赞助人。她的书在俱乐部的孩子们中很受欢迎,尤其是 *The Story of Tracy Beaker* 特别受孩子们的喜欢。

(2)莱姆·斯赛(Lemn Sissay)

莱姆是国际著名的诗人,他出生在兰开夏郡,他有5个诗集,他还是 *The Fire People* 的主编(1998年),其作品出现在许多诗集当中。他还经常在周六为英国广播公司电台第四台直播节目。在2010年的新年,他荣获大英帝国会员勋章(MBE)。2007年 Lemn Sissay 成为"信箱俱乐部"的赞助人。

(3)迈克尔·威廉姆斯(Sir Peter Michael Williams)

威廉姆斯是英国物理学家,毕业于剑桥大学,之后在塞尔温学院(Selwyn College)进行学术研究。然后,他把工作中心转移到工业上,于1991年开始担任牛津仪器的主席,直到1999年卸任,他目前是英国国家物理实验室主席和皇家计量学会的副主席。他曾任牛津大学圣凯瑟琳学院的校长,物理研究所所长,英国科学协会的主席和英国工程技术协会的主席。1998年在女王的生日授勋名单中被封为爵士。2005年,威廉姆斯成为莱斯特大学第五任校长,2010年7月退休。他同时还是玛丽居里癌症治疗(Marie Curie Cancer Care)研究的赞助人。

(4)马拉奇·多伊尔(Malachy Doyle)

马拉奇是"信箱俱乐部"在威尔士及北爱尔兰的赞助人,他于1954年出生于北爱尔兰,目前是一位全职作家。马拉奇到现在为止一共发表了80多篇文章,他的书被翻译成了23种不同的语言。他为所有年龄段的青年人写书,他的作品包括 *Georgie*, *Cow*, *The Dancing Tiger and Tales from Old Ireland*,这些作品为他赢得了众多的国际大奖。

2. 合作机构

(1)DCSF(the Department for Children, Schools and Families)

图书信托基金会在从2007年到2008年两年间接受来自DCSF对俱乐部的

经费支持，“信箱俱乐部”计划得以成功地在全国开展免费试验，把项目的规模扩大到了52个地区的1600名儿童。

(2)企鹅出版社(Penguin)

除了其正在进行的慈善计划，企鹅出版社一直希望能够在英国找到一个慈善机构能够与其进行长期的合作，希望这个慈善机构不仅能给予青年人经济上的支持，而且它所提供的书籍、专业知识能够使青年人的生活发生重大变化。企鹅出版社认为“信箱俱乐部”计划正是他们所要找的合作对象。因此，“信箱俱乐部”团队一直在与企鹅出版社的工作人员一起合作。企鹅出版社不仅对该计划提供经费支持，而且出版社的员工参与包裹的打包和邮寄。企鹅出版社的参与有助于该项目把包裹及时送达全国各地的寄养儿童手中。

六、“信箱俱乐部”计划的效果

1. 评估方法

评估是在“信箱俱乐部”计划的重要组成部分。在孩子们接收第一个包裹之前，各地政府负责对参加该计划的孩子进行测试以了解他们的学习情况。“信箱俱乐部”计划在评估中使用尼尔阅读能力测量方法(the Neale Measurement of Reading Ability, Neale 1997)来测试儿童的阅读能力，使用露丝·格里菲斯教授的定制数学水平测试方法来测试儿童的识数水平。

2. 成效

“信箱俱乐部”计划已经有三个评估报告：2007—2009年英格兰评估报告、2010年英格兰评估报告以及2011年北欧独立评估报告。该计划的评估报告总结了“信箱俱乐部”计划的主要成效，如下：

➢孩子们因获得了充足的资料，而更多地参与自我学习。

➢孩子们在阅读和数学方面取得了实质性的提高。

➢对孩子来说，能收到一系列个性化的包裹是一件令他们高兴的事情。

➢照顾者(或是抚养者)更多地参与到了孩子的学习和成长中，通过亲子共读增进了亲子互动关系。一个寄养儿童的看护人说：“Andy喜欢好玩滑稽的故事，他也喜欢包裹里其他的东西，比如说笔和笔记本，数学游戏也很棒。”

七、启示

我国现代意义上的家庭寄养始自于20世纪90年代初期，截至2002年年底，我国儿童福利系统中共供养了5.4万名孤儿和弃婴，其中家庭寄养是我国孤残儿童安置的主要方式①。虽然越来越多的人关注社会福利系统的儿童,但大部分研究或者报道关注的焦点是寄养儿童的生理疾病、心理疾病、情绪和行为以及社会适应等问题,而较少关注寄养儿童的教育问题②。寄养儿童接受教育对于他们具有重要的意义,良好的教育不仅可以促使儿童在各方面取得进步,而且可以让他们获得社会适应技能,将来可以独立生活。目前,我国没有针对寄养儿童的阅读推广计划,图书馆也没有开展相关的服务和活动,但为了社会的持续发展,提高全民素质,寄养儿童的阅读培养应当引起重视。

"信箱俱乐部"计划是英国一个全国性的活动,其完善的体制和指导服务能够帮助全国各地顺利开展活动,同时也提供了一个各地区间交流的机会。我国也应发起类似于"信箱俱乐部"计划的项目,将部分城市作为试点,探索适应本土需要的活动开展方式,进而向全国推广,确保弱势儿童和青少年有机会阅读书籍,体验阅读的乐趣,提高他们的识字和识数能力。

（宋家梅　王凤暄撰写）

① 王先进．从机构照顾到家庭寄养看我国儿童福利服务政策的转变[J]．长沙民政职业技术学院学报,2007(1):8.

② 谌小猛,钱志亮．美国寄养儿童教育对我国的启示[J]．中国特殊教育,2010(7)16－22.

美国国会图书馆阅读推广活动分析

一、美国国会图书馆图书中心介绍

国会图书馆第十二任馆长
Daniel Joseph Boorstin

美国国会图书馆图书中心(Center for the Book in the Library of Congress)是由美国国会图书馆第十二任馆长丹尼尔(Daniel Joseph Boorstin,1914—2004)于1977年倡导创建的,初衷是加强国家对图书的关注,树立国家范围的读书意识,并协调国家对图书在政策、物资方面的支持。由于得到国会图书馆的支持,图书中心可以借用大量的国会图书馆的优秀馆藏资源进行全美公众的阅读推广,培养全民的读写能力,引导公众更好地利用图书和图书馆。

为了扩大阅读推广的影响范围,1984年,美国国会图书馆图书中心开始在美国的各个州陆续成立州图书中心作为其附属机构(包括哥伦比亚特区和美国维尔京群岛),州图书中心的主要任务是在各州举办丰富的活动来呼吁社会关注图书、关注阅读,配合国会图书馆图书中心阅读活动的推广,同时鼓励州图书中心在阅读推广过程中融入当地特色的文化。至今,国会图书馆图书中心已经完成美国全部50个州的州图书中心的建立,推广对象包含儿童、少年、成人、教育者、弱势群体等不同年龄段不同社会角色的各阶层民众,在多个阅读推广项目的影响下,美国的公众正在感受阅读给他们的生活带来变化。尤其是在数字时代,美国国会图书馆图书中心已经超越其建立之初的目标与任务,更趋向于国际化、数字化的阅读推广活动,目前已经是美国图书馆最有活力的教育推广方案之一。

二、美国国会图书馆图书中心的组织结构

美国国会图书馆图书中心包括中心总部和各州的分中心,同时辅之以广泛的合作伙伴网络。

1. 国会图书馆图书中心总部

国会图书馆图书中心的人员设置非常简单，其工作人员只有一个执行董事和一名助手，但他们却可以在适当的时候调用国会图书馆的专家和重要馆藏；还有一个独特的部门——图书中心的国家咨询委员会，它专门负责制定阅读推广计划、参与项目讨论或是代表国会图书馆图书中心出席各种场合。国会图书馆图书中心的核心任务主要分为两部分，对内主要为美国的阅读推广计划制订指导性的政策，而具体的活动资金、人员分配、计划安排则由各州中心承担；对外与其他国家级的非营利组织及海外的合作机构进行沟通与交流，目前，包括美国本土及海外的合作伙伴已经超过100个。图书中心策划的所有项目的资金来源于个人捐赠以及国会图书馆的支持。

2. 州图书中心

州图书中心分布在美国各个州，且相对独立，通过他们所举办的活动可以方便地将阅读宣传到美国的任何一个角落，而它的建立有助于形成一个从作者到读者的图书社区，各州图书中心通过组织研讨会、讲座，开展图书展，出版专刊等具有各州特色的活动形式并借助当地的广播、电视进行阅读推广活动，重点突出图书及图书馆在公众生活中所扮演的重要角色。

州图书中心一般设立在各州的州立图书馆中，即使例外，按规定州立图书馆也必须成为州图书中心的重要合作伙伴，且在其管理、资金、技术、人员及举办活动等方面都必须受到州级相关部门的支持，以便形成真正意义上的全州化规模。各州的实际情况不同，各州立图书馆或州人文科学理事会的介入程度不同，以及潜在的资金来源的差异等，导致各州图书中心会呈现出不同的组织结构，但其共同之处就是必须在当地成为代表图书、图书馆、企业、公民、教育组织的联合体去挖掘更多潜在的参与者加入到推广活动中去。

部分州图书中心标识

3. 国会图书馆图书中心与州图书中心的关系

国会图书馆图书中心与州图书中心的关系集中体现在双方的隶属关系上，这种隶属关系一般会持续三年，三年期限满后，州图书中心需要向国会图书馆图书中心提出续期的正式申请，此时双方会根据三年间所举办的活动成效来讨论他们是否要继续保持这种隶属的关系，讨论的关键在于在共同努力下，双方是否为图书和阅读的推广提供了具有创造性、建设性和有意义的方法和途径，如果这其中存在有任何疑问，那么这种隶属关系可能会被立即终止。

另一方面，二者的隶属关系决定了其在许多方面的交流与沟通是必不可少的，特别是在关于活动方案的规划、资金的筹备以及国会图书馆图书中心名称的使用等方面。每年春季和秋季，将会举办图书中心执行委员会（National Center's Executive Committee）会议，会上各州图书中心的组织者需要向国会图书馆图书中心提交一份拟定的活动方案，而这些方案要在理念上与国会图书馆图书中心一致，内容则必须包含活动的名称、详细计划、咨询委员会成员的名单以及活动方案的建设性。由于国会图书馆图书中心不直接向州图书中心提供财政上的支持，所以方案中还应包含其活动的资金来源情况。每年春季同样会举办交流大会，各州图书中心都会派代表向参会人员报告他们的活动安排与成效，这也成为各州图书中心互相交流学习的绝佳机会。

三、美国国会图书馆图书中心的合作网络

美国国会图书馆图书中心于1987年开始建设与发展其阅读推广的合作伙伴，目前有超过百余家国内外组织参与到合作网络中，其中大多是国家级组织或国际合作机构，它们不仅致力于进行图书与阅读的推广、文学素养的培养和图书馆利用的宣传，而且乐于通过合作的方式共同推进这些项目的运行。与州图书中心类似，国会图书馆图书中心同样会在每年的春季都组织思想交流会议为这些合作伙伴提供互相学习、交流和借鉴的机会，使自己的推广项目获得更好的效果。美国国会图书馆图书中心每三年会对每个合作伙伴的合作关系重新评估一次，如果三年中该合作伙伴经常处于不活跃状态，那么图书中心与它的合作关系就会被降级。

此外，各州图书中心与其他教育组织或是民间组织也建立起了良好的合作关系，其中包括地方出版社、图书馆团体或其他图书协会等，州图书中心特别强调与其他组织的关系是合作共勉而非竞争，这种紧密的关系往往有助于推进阅

读推广、图书馆利用以及文化素养提高。同时，很多国际组织在取得了国会图书馆图书中心的合作关系之后，还希望进一步取得州图书中心这一级的合作关系，以便形成更深入的合作网络。

四、美国国会图书馆图书中心阅读推广的主要项目

1. “图书·超越”作者系列讲座（“Books & Beyond” Author Lecture Series）

“图书·超越”作者系列讲座是国会图书馆图书中心的项目之一，创办于1996年1月。在系列讲座中会邀请图书馆近期新上架书籍的作者来讲述其著作的内容与表达的思想，有时也会涉及作者自身的研究方向，许多作家在此都可以获得展示自己著作与看法的机会，同时读者还可以提问作家各种所关心的问题。国会图书馆图书中心通过这样的形式为读者与作者之间搭建了一个非常好的沟通桥梁，是阅读推广过程中一种有效的方式。讲座的内容都会免费公开发布在国会图书馆的相关出版物中，其讲座内容涵盖历史、文化、政治、教育、科学等众多领域。

早期的系列讲座只做现场演讲，而从2000年6月开始，国会图书馆开始采用网络传播的方式将现场作者的讲座制作成录像，放在官网上供大家学习，并附有每位演讲者的背景介绍与讲座内容，这样，读者与作者沟通的渠道较以往就增加了，同时也契合了国会图书馆图书中心在数字时代变革的大方向。从“图书·超越”系列讲座创办至今，已经有来自美国各地接近200位优秀作者被邀请来做现场演讲，在图书馆和公众一起分享他们的工作、生活、经历以及他们如何使用国会图书馆中非凡的资源。

2. 国家图书节（National Book Festival）

美国国家图书节是美国第一夫人劳拉·布什（Laura Bush）在2001年发起的、由国会图书馆组织和赞助的一项国家级的盛大的图书推广活动，每年的9月末都会在华盛顿的国家广场如期举行。在图书节上会有超过100位著名的作家、插画家、诗人被邀请前来与参加活动的公众进行面对面的交流，朗读他们的作品，聆听读者的声音，除众多作家外，还会有图书馆、书商等组织积极参与进来。

而国会图书馆图书中心在国家图书节举办的过程中扮演着不可缺少的角色，整个图书节的顺利举行很大程度上依靠国会图书馆图书中心来维护，图书中心主要负责以下事宜：

——负责联系知名的作家同时不断去开发潜在的作家，在图书节上协调安

排所有受邀作家、插画家，保证活动的顺利进行，2011 年的图书节共邀请了 110 名演讲作家。

——负责国家图书节手册和网站内容的全部文案工作。

——由于全美 50 个州都有其附属图书中心，国会图书馆图书中心还要在图书节上组织管理来自各州的展位，协助他们的合作伙伴共同借此机会促进阅读推广。

——对整个图书节进行规划和管理。

劳拉·布什在 2010 年图书节上讲话

3. LAL 项目（Letter About Literature）

LAL 项目是国会图书馆图书中心主办的另一个国家阅读推广项目，其合作伙伴是美国著名折扣零售商塔吉特（Target）。该项目鼓励孩子们在阅读完某本书后将自己的感想写下来，并以书信的形式邮寄给项目组参加比赛。每年各个州图书中心会收到大量的参赛书信，然后由评审小组评选出州最佳书信奖，随后，国会图书馆图书中心会从州级优秀作品中评选出国家最佳书信奖和荣誉奖。2011 年，约有 7000 多名 4—12 年级的学生参加了这个竞赛，评出 6 名国家最佳书信奖和 12 名荣誉奖得主。州级优秀奖可以获得来自合作伙伴塔吉特提供的购物礼品卡，而国家最佳书信奖和荣誉奖的获得者不仅会获得丰厚的礼品卡奖励，还将获得来自 LAL 的 1000 美元的阅读推广奖金。国家和州级比赛都会进行相应的表彰仪式和活动。

国家 LAL 项目获奖者

俄亥俄州 LAL 活动情况

LAL 认为，孩子们手里捧着书，并不保证就能获得成功的阅读经验，而他们对阅读的回应与反思才是有效的收获。学生通过读写过程直接与作者进行交流而不是单纯接受教师对文字内容的理解，这是学生自身对文字记忆、感悟和创新的挑战，这一过程被称之为"Reader Responds"，另一个与之紧密联系的过程"Reflective Writing"要求学生用自己的语言诚实地、充分地表达个人经历和想法。LAL 坚信这种读与写的转换方式可以使学生的阅读更有效，写作能力更强，有的作者还会写信回应部分信件，这样就无形中又加强了读者和作者的联系。更有趣的是，邮寄过来的信件封皮上被孩子们涂上了有趣的图画与文字，

LAL 会把他们中的一些拿出来与大家分享，这些信封展现出孩子们无限的想象力与创造力，被工作人员亲切地称为信封艺术（Envelope Art）。

4. 青少年图书中心项目（Library of Congress Young Readers Center）

设立在美国国会图书馆的青少年读者图书中心是专门为青少年读者量身设计的，图书中心专藏有适合青少年各个年龄阶段阅读的书籍，在这里，工作人员鼓励孩子们阅读各种最新的和经典的书籍，家长们也可以在此大声地为自己的孩子读故事。青少年图书中心还申请了专门针对青少年阅读推广的项目，例如“国家青少年文学大使”项目、针对青少年的作家讲座、教学帮助等。

某参赛选手的信封

5. 国家青少年文学大使项目（National Ambassador for Young People's Literature）

这一项目成立于 2008 年，重点在于宣传阅读的重要性，借此进行阅读推广活动。同青少年图书中心一同支持这一项目的还有儿童图书协会（Children's Book Council，简称 CBC）和儿童图书协会基金项目（Every Child a Reader）。项目会选择杰出的作家或是在儿童阅读推广方面有突出贡献的人当选文学大使，文学大使由国会图书馆馆长任命，任期两年，选择标准包括以下几个方面：

——小说或者非小说图书的作者或者插图作者

——居住在美国的美国公民

——良好的沟通能力

——和孩子沟通交互的能力

——对青少年文学作出突出贡献

——深受青少年喜爱和同行的尊重

第一任大使是 Jon Scieszka，第二任大使是 Katherine Paterson，现任第三任大使是 Walter Dean Myer。

大使的具体工作范围涉及青少年的教育及其发展、终生文化素养的培养等，各地相关的组织和学校都会积极提出申请期望文学大使可以前来访问，青少年文学大使的突出身份往往会给阅读推广活动带来非常好的效果，而每到达一个地方，都会受到国会图书馆州图书中心的大力支持。

三任文学大使合影

第二任文学大使凯塞琳·帕特森（Katherine Paterson）和孩子们交流

说明：凯塞琳·帕特森是美国享有国际声誉的儿童作家，多部作品获得纽伯瑞大奖，此外还两次获得美国儿童文学国家图书奖，1998年获得童书界的“诺贝尔奖”——国际安徒生大奖，是当代最杰出的美国儿童文学作家之一。

6. 公益宣传

为了促进儿童和成年人阅读，自2000年起，国会图书馆和广告理事会合作发起了一项公共服务宣传运动，以著名的卡通形象为标志，其中包括白雪公主、奥兹国、好奇的乔治等，制作了不同风格的视频、音频和海报，这些资源都可以从图书中心的网站上下载。广告理事会负责在全国范围内进行宣传。

约翰·卡特为主题的宣传海报

说明：电影《约翰·卡特》又名《火星上的约翰·卡特》，改编自著名科幻作家埃德加·赖斯·巴勒斯创作的小说，原小说发表于1912年。本片根据该系列小说的第一本改编而来，讲述美国内战时饱受创伤的前军官John Carter莫名其妙地被带到了火星，由于引力不同，约翰成为了力大无穷、弹跳如飞的“超人”，随后被迫卷入了当地居民间的一场空前冲突。

好奇的乔治是美国经典的卡通形象，采用这个形象进行宣传主要是为了促进家长和孩子一起阅读。

好奇的乔治宣传海报

五、美国国会图书馆图书中心的阅读推广模式对我国的启示

1. 庞大的国内外阅读推广合作网络

从美国国会图书馆图书中心的组织结构中我们可以清晰地看到，美国50个州均设立有隶属于国会图书馆图书中心的州图书馆中心，毫无疑问这形成了美国内部强大的阅读推广合作网络，他们所扮演的不同角色发挥着其各自的作用。首先国会图书馆图书中心的核心定位与核心任务非常明确，他们希望不同年龄段的人都能去发现阅读中那些引人入胜的人、物、事，而阅读的推广活动作为近几年国会图书馆图书中心的工作重点，其大部分项目都在为此努力，特殊的组织性质与明确的发展方向使国会图书馆图书中心扮演着把握整体布局与政策的重要角色；各州图书中心则往往根据国会图书馆图书中心的要求，在各州积极开展丰富多彩的阅读推广活动，扩大阅读推广的影响范围，突出各州的地域文化特色。同时，二者通过严格的组织管理制度，畅通的沟通交流渠道，协力将阅读推送至每一位市民，力求从外部不断刺激他们的阅读意识，形成全民的阅读习惯。

如果说国会图书馆图书中心与州图书中心共同形成了美国纵向的阅读推广合作网络，那么国会图书馆图书中心与众多相关国际组织的合作关系则营造了美国庞大的横向阅读推广合作网络，甚至超越国家间的合作，建立了不同国度地区间的合作关系，这使得阅读推广快速延伸至世界各地。他们因为同一个奋斗目标彼此合作，在扩大了自身力量的同时，更扩大了阅读的影响范围，在文学作品快速传播、各国文化融合的背景下，这样的合作显得必不可少。

美国这种纵横交错的阅读推广合作网络，让阅读推广变得异常有力量，国会图书馆图书中心在核心位置发挥着重要作用，相比较而言，我国阅读推广进程中缺少这样一个具有明确定位的角色，而众多的阅读推广活动零星分布在各个不同地区不同级别的图书馆中，影响范围有限，因此在推广力量与效果上未免不尽如人意。

2. 多层次的阅读推广服务对象

因为青少年时期是读写能力形成的重要时期，所以大部分国家的阅读推广活动把主要的推广对象设定为青少年儿童。虽然青少年独有的成长特性使对其阅读能力的培养不可或缺，但事实上，阅读推广对象的范围应该更加广泛，青少年群体只能作为推广对象的重要组成部分之一。美国国会图书馆图书中心对阅读推广的对象有相对细致的划分，分为未成年人、成年人两部分，而未成年人按年龄又划分为 kid 和 teen 两阶段，其他按社会角色又划分出教育者、父母、包括盲人、身体障碍等的弱势群体。针对不同群体的内在特征，美国国会图书馆图书中心制定相应的阅读推广政策，为不同群体提供参考推荐书目，制作适合其发展的阅读指导讲座，举办适宜的活动鼓励他们参与。

我国阅读推广对象大多局限于少年儿童，它在一定程度上辅助了学校教育的正常运行，其他针对成年人的阅读推广活动一般停留在书目推荐等简单形式，效果甚微。从阅读推广的社会背景角度来看，在实际实施的过程中应充分考虑到一国国情，而在我国教育程度不均衡的现实情况下，阅读推广应适当扩大范围，如专门针对离校后的中低等教育程度群体进行阅读指导，或是大量的农村流动人口及其子女的阅读推广活动。因此，如果想要营造整个城市的读书气氛，就必须要适当扩大阅读推广的服务对象。

3. 丰富的阅读推广活动形式

数字时代，由于互联网、电视等众多媒体的进入，信息获取渠道较以往大大增加，这一过程中阅读在人们日常的生活中开始缩减，社会整体的阅读率都在下降。如何最大限度地挖掘读者的阅读兴趣成为众多图书馆进行阅读推广计划时考虑的重要问题。美国国会图书馆图书中心所举办的一系列阅读推广活动，借助丰富的活动形式，从各种角度和途径激发读者的阅读兴趣，且非常善于利用现代社会的高速传播渠道，加速并扩大了阅读推广的辐射范围和效果。同时，美国国会图书馆在阅读推广过程中非常强调读者与作者间的互动与交流，如国家图书节上邀请的众多优秀作家到现场与读者互动，系列讲座中邀请作者亲自解读自己的著作等，这样的推广模式又为深入阅读创造了良好的条件。此外，美国国会图书馆图书中心的项目还具有延续性强、影响范围广等特点，有效的推广措施总需要一定的时间来验证，而推广措施同样需要时间来不断优化。

我国的阅读推广形式相对重复单一，未形成系统的有特色的阅读推广模式，且大多采用被动的形式，例如读书日宣传口号、图书展销会、新书推荐等，这种单向的推广模式并不能把公民引入到读书的环境当中。只有对书籍的充分诠释和恰当引导，并且让读者充分发表个人见解这样的互动模式，才可能达到阅读推广真正期望的效果。

阅读推广系列活动的实施，尤其是在其做为国家级文化战略的组成部分时，它所需要的不仅仅是契合主题的活动，还应受到更多相关部门的全力支持以及完善有效的整体规划。我国在阅读推广实施过程中，一是缺乏核心组织部门，同时也没有形成适合国情的有效的运作模式，这成为我国阅读推广的最大障碍。我国的阅读推广计划制定与实施时必须确立一个明确的目标，配合推广的反馈结果，反复修改推广计划，让读者能够体会到阅读推广的真正意义。

（赵俊玲撰写）

英国阅读社成人阅读能力提升策略分析及启示

一、成人阅读能力现状

在社会和经济发展迅速的今天,人的阅读能力被看做是当今社会人们获得成功的基础。因此在我们的教育体系中,近年来特别重视阅读能力的提升,尤其是儿童阅读能力的培养。根据笔者对CNKI的检索,输入"儿童阅读或者青少年阅读",会出现900多条检索结果,而输入"成人阅读"或者"成人读写能力"则出现100多条检索结果,其中大多数是关于成人英语阅读能力的培养。那么成人的阅读能力已经无需提升了吗?当然不是。有数据显示,2008年我国成年人图书阅读率为49.3%①,也就是说,有一半的成年人并不进行阅读。发达国家同样面临成人阅读的问题。经济合作与发展组织一项针对城市居民阅读和电视观看习惯的调查显示,很多西方国家的国民面临严峻的文化困境。经合组织教育处负责人约翰·马丁称,在欧洲"至少15%的成年人仅具备相当于最初级的文化水平"②。在英国,56%的成年人的素养水平达不到GCSE水平(General Certificate of Secondary Education,普通中等教育证书),针对这种情况,英国开展了方式多样的成人素养提升项目(Adult Literacy)。下面主要对英国阅读社(the Reading Agency)的成人阅读能力提升策略进行分析,以期抛砖引玉,对提升国内成人的阅读能力有所借鉴。

二、英国阅读社的成人阅读活动

英国阅读社(the Reading Agency)成立于2002年,是英国促进阅读方面的一家慈善组织。该机构认为阅读能力是最基本的素质,因此该机构的使命是"让更多的人阅读更多"。该机构不仅在青少年的阅读提升方面做了大量工作,同时在提高成人的阅读能力方面进行了深入细致的工作。

1. 图书推荐数据库(Find a Read)

---

① 2008年成年人图书阅读率49.3%[EB/OL].[2011-12-06].http://culture.people.com.cn/GB/87423/9186430.html.

② 多国国民面临文化困境:疏于阅读或影响读写能力[EB/OL].[2011-12-06].http://finance.sina.com.cn/roll/20100915/19008663374.shtml.

阅读能力低下的人进行阅读时首先面临的问题是不知道该读什么，针对这个问题，英国阅读社制作了一个数据库，主要针对识字水平比较低的读者，按照作品类型、主题和阅读能力3个维度进行推荐。考虑到当前人们阅读的多元化，该数据库中的推荐读物除了传统的纸质书之外，还包括音频、视频、电子书、游戏、大字体书（国外针对视力不好的读者专门出版的字体比较大的书）、报纸、杂志、网站等。能够进入到该数据库的读物必须符合以下标准①：

（1）适合识字水平较低的读者。

（2）不能多于200页。字体须是12号或者更高。

（3）使用简单的语言和词汇。

（4）一段不要超过10行，一句话平均15个单词，句子结构简单。

（5）封面吸引人。

（6）如果是小说类作品，情节要吸引人，如果是非小说作品，需要作者是知名作家、和电视节目绑定等吸引读者的元素。

由于成人的识字水平有比较大的区别，英国阅读社按照SMOG（一种评价文本可读性的方法）方法对读物的可读性进行了分级。

阅读社的分级	SMOG
Pre-entry（入门前）	没有文字的书
Entry1－2（入门级1－2）	SMOG8
Entry3（入门级3）	SMOG9－10
Level1（1级）	SMOG11－12
Level2（2级）	SMOG13－14

目前该推荐图书数据库大约有900多条，为读者提供了充分的指导，读者可以按照不同的途径进行浏览，也可以进行检索。阅读社的很多活动，如下文提到的“阅读六本图书”挑战赛和“聊聊书”等都是基于这个数据库的图书推荐工作展开的。

2.“阅读六本图书”挑战赛

成年人在进行阅读时的障碍除了前面提到的不知道应该阅读什么之外，还面临着阅读持续性的问题，因此英国阅读社开展了“阅读六本图书”挑战赛，希

① Find a read [EB/OL]. [2011－12－06]. http://www.readingagency.org.uk/findaread/recommend-a-read.html.

望那些不爱读书的或者在阅读方面不自信的成年人能够养成他们的阅读习惯。

该挑战赛每年一月份到六月份举行，所有年满16周岁的人都可以参加该挑战赛。主要是通过组织让识字水平不高的成年人阅读六本书，要求他们记录阅读感受和随想。通过这样的方式，不仅让成人能够坚持半年的阅读，从而形成他们的阅读习惯，同时能够提高他们的写作能力。参加该挑战的成年人完成挑战会获得一份证书，并且有机会获得国家级大奖。该项目从2008年开始实施，大约有39 500位成年人注册参加这项活动，其中17 000人完成了该挑战赛。

英国阅读社并不实际组织具体的阅读活动，而是面向对成年人进行教育培训或者需要提升成员读写能力的机构，如成人教育学院、图书馆、监狱、工厂、公司等，英国阅读社主要负责撰写活动指南、安排奖项等，具体的报名、阅读活动的组织、参加人员阅读活动的指导等由具体机构负责。上述机构对参与这项活动热情很高：每年有三分之二的英国图书馆参加该项目。2011年大约有40所成人教育学院、100所监狱、90所公司或者单位参加该项目，其中包括英国一家化妆品公司Boots、伦敦交通部门（Transport for London）等。该挑战赛的基本程序如下：

（1）在每年下半年做好来年挑战赛的安排，包括挑战赛的资源包的构成，奖项和奖品的安排。一般来说，挑战赛在每年的1月份到6月份进行。撰写面向不同机构的指南，阅读社分别向准备参加挑战赛的成人教育学院和学习中心、图书馆、监狱、公司、工厂等撰写不同版本的指南。

2013年"阅读六本图书"挑战赛宣传海报

(2)具体机构在决定组织读者参加大奖赛后，首先要进行宣传，估计可能参加的人数以及可能的合作伙伴。一般在每年的年底做出计划。

(3)具体机构组织公众进行报名，从英国阅读社购买资源包，一个面向50个成人的资源包大约70英镑，其中包括50个阅读日记本，50个证书、不同形式宣传单(含A3、A4和A5版)、100个书签等，所有的物品都印有"阅读六本图书"这项活动的标志。除此之外，如果参加的机构要更好地激励员工或者读者参加，该项目还提供带有专门标志的钥匙链、杯子、棉布包、笔等物品。

(4)对参加阅读挑战赛的公众的阅读活动进行指导和管理，比如指导公众制定六本书的阅读计划、帮助他们找到适合读的第一本书、组织相应的集体读书活动。活动在6月份结束时，举行相应仪式，向读者颁发由本机构或者组织机构主管签字的证书。

(5)活动结束后，英国阅读社要对每个参加机构的活动开展情况进行评估，决定获奖机构和个人。对于机构来说，分别设置了四种类型的奖项：面向监狱的挑战奖等、面向成人教育学院和学习中心的挑战奖、面向工作场所(工厂、公司等)的挑战奖等。2012年针对机构的奖品是和著名作家的见面会；对于个人来说，奖品是为获奖者提供冬季伦敦游，包括交通、住宿、演出以及额外的150英镑的现金。同时对挑战赛的整体效果进行评估，考察参加挑战赛的成人取得了哪些方面的进展。

3. 阅读小组网(Chat about)

阅读的魅力不仅在于学习和体会，同时还在于分享和交流。近年来分享阅读成为一种时尚和理念。在英国，各种各样的阅读小组(读书俱乐部)成长很快，据英国阅读社的数据显示，在英格兰和威尔士，在过去的四年中，阅读小组的数量增长了149%。英国阅读社希望每一个成年人读者，尤其是刚开始阅读之旅的读者，能够有机会属于某一个阅读小组，有机会和其他读者进行交流。因此英国阅读社建立了网站Chat about，在这个网站上，成年人可以查找其所在区域有哪些阅读小组，可以加入感兴趣的阅读小组，同时各阅读小组在该网站交流阅读小组成功的经验、失败的教训，为各阅读小组更好地开展活动提供帮助。英国阅读社还将每年的10月8日定为阅读小组网活动日，在这一天，举行大规模的现场研讨和经验交流活动。

三、启示

1. 重视成人阅读推广工作的开展。我国阅读推广对象大多局限于少年儿童,其他针对成年人的阅读推广活动一般停留在书目推荐等简单形式,效果甚微。在我国教育程度不均衡的现实情况下,阅读推广应适当扩大其推广范围,如专门针对中低等教育程度群体的阅读指导。我国教育部职业教育与成人教育司目前主要针对职业教育、技能培训等方面规划,建议加大对成人阅读能力提升方面的宏观指导和规划,提高成人的人文素养和综合素质。

2. 加强成人教育部门和各类机构的合作。提升成人阅读能力是成人教育部门的责任,在这个过程中,需要成人教育部门和社会各方的合作,其中包括和各级各类工会部门、文明办、图书馆、出版社、大众媒体等机构的合作。从英国阅读社的例子来看,英国阅读社将很多机构的资源整合到一起。成人阅读能力的提升不单纯是成人教育机构的事情,也是全社会的事情,成人教育机构除了从事具体的阅读指导活动之外,更重要的是要成为成人阅读能力提升的组织者,组织能够合作的所有力量和资源,大范围地开展相关活动,提升社会影响力。

3. 将分级的理念贯彻到阅读能力提升中。成人的阅读能力差别会很大,即使是读写能力比较低的人群,其能力也有高低之分。因此在进行阅读方面的指导时应该根据阅读能力的不同而推荐不同的读物和阅读方法。目前国内阅读推荐主要是按照主题进行推荐,比如推荐经济学方面的读物、推荐烹饪读物、推荐文学读物,忽略了公众阅读能力的差别。这方面可以借鉴英国阅读社的做法,按照阅读能力分级国际或者国家标准进行有针对性的推荐。

4. 重视对阅读推广效果的评估。效果评估不仅是英国阅读社的特点,同时也是笔者看到的国外众多阅读推广项目的共同特点。其中很多项目的评估包括事前评估和事后评估。以英国阅读社的"阅读六本图书"挑战赛为例,在挑战之前,要求参加人员填写一个网络问卷,包括对阅读的看法,喜欢看什么方面的书等,挑战赛结束之后,同样要求参加人员填写问卷,包括对自己阅读能力的评估,未来的阅读计划等。78%的公众认为他们比以前喜欢阅读了,67%的公众认为他们提高了在阅读方面的信息。只有进行评估,我们才能了解阅读指导项目是否达到了初始目标,哪些因素导致没有完成初始目标,进行未来的阅读指导规划时需要注意哪些因素。

全民阅读能力和水平是一个国家和民族人文素养综合体现,全民,不仅仅指儿童和少年,更包括成人,成人是孩子的榜样,是社会的中坚力量。笔者在进行国外阅读推广模式研究的过程中发现国外对于成人阅读能力提升非常重视,形成了比较成熟的模式,这里选择一个案例进行分析,希望能够引起国内相关部门和学者的注意,开发设计出适合国内成人阅读能力提升的路径,促进社会全体成员素养的全面提高。

（赵俊玲　马瓛撰写）

志愿阅读推广的典范:“每方都是赢家”(Everybody Wins!)

“每方都是赢家”(Everybody Wins!)是美国的一个非营利组织,该组织致力于通过让孩子与一个有责任心的志愿者分享阅读经历来提高他们的读写能力和阅读兴趣。

“每方都是赢家”标志

“每方都是赢家”的创始人亚瑟·坦尼巴姆(Arthur Tannenbaum)

一、“每方都是赢家”简介

“每方都是赢家”的创始人亚瑟·坦尼巴姆(Arthur Tannenbaum)是纽约一家公司的CEO,他和妻子经常给孩子读书。读了《朗读手册》[①](*Read Aloud Handbook*)这本书之后,他认识到还有很多孩子没有机会和大人一起读书,因此萌生了一个念头:每个星期去附近的学校一次,利用午餐时间给学校的学生朗读。很快他找到4个人和他一起进行每周一次的阅读指导,并将其命名为力量午餐,这种模式的效果很快显现出来,孩子开始喜欢上阅读。不久,来自其他公司的志愿者加入力量午餐的行列,第二年,他的阅读项目扩展到10个公司。

① 《朗读手册》是一本阅读方面的经典读物,1979年初版,多次修订,作者吉姆·崔利斯(Jim Trelease)是美国著名的阅读研究专家,被国际阅读组织评为20世纪80年代对阅读推广最有贡献的8人之一。

1991年他退休之后成立了非营利机构——"每方都是赢家"。

该组织之所以命名为"每方都是赢家",主要是组织的创始人认为通过这种阅读推广模式,相关各方都会获益。

1. 孩子:孩子们通过参加相关活动认识到阅读的乐趣,并且了解到有人在关心他们,从而对未来更有信心,孩子们的行为习惯也得到锻炼和提高。

2. 志愿者:志愿者的志愿阅读行为给孩子带来深刻的影响,这是志愿服务的最大回报。

3. 学校:学校通过加入"每方都是赢家",使学生整体的阅读能力和行为习惯得到提升。

4. 公司和其他机构:通过加入到志愿服务的行列中,体现该机构的社会责任感,提升社会知名度。

目前"每方都是赢家"在美国已经有15家分支机构,位于亚特拉大、底特律、明尼苏达等15个州。这些分支机构自主负责当地的阅读推广活动。2011年一年的时间里,"每方都是赢家"的7885个阅读志愿导师为184所学校的12 000个学生提供了阅读指导服务①。

"每方都是赢家"开展的主要项目有"力量午餐"、"故事时间"、"读书俱乐部"等,其中力量午餐是它的旗舰项目,其他几个阅读推广项目均是在力量午餐的基础上发展起来的,下面就重点分析"力量午餐"的推广模式。

二、"力量午餐"(Power Lunch)

1. "力量午餐"的特点

"力量午餐"主要通过志愿者利用午餐时间到附近的小学,给来自低收入家庭的小学生进行一个小时的志愿阅读,来激发孩子对书籍和阅读的热情、帮助孩子克服阅读的困难和恐惧、提高孩子的听说能力和理解能力并扩展孩子的词汇量。简单说就是在同一时间同一个志愿者和同一个学生的共同阅读。和许多阅读推广项目不同,"力量午餐"项目提供的是一对一的志愿服务,这种一对一的方式有利于阅读志愿引导者和学生进行深入的交流,从而加深对阅读的理解。

2. 志愿者的招募

"力量午餐"一个非常显著的特点是该项目在招聘志愿者时并不是针对个

① Everybody Wins! USA. About us[EB/OL]. [2011 - 12 - 20]. http://everybodywins.org/about.

人,而是先确定志愿机构,“力量午餐”阅读推广项目中的志愿者作为所在志愿机构的代表来参加志愿者服务。以“每方都是赢家”华盛顿分支机构为例①,其志愿机构包括美国国会、国防部、教育部、能源部等,还有美国银行、时代周刊等机构。这些机构不仅为“力量午餐”提供志愿者,同时提供对“力量午餐”项目的后勤支持和资金支持,包括为“力量午餐”项目的实施安排办公场所,组织讲座或会议,使更多的人参加到“力量午餐中”。而志愿机构提供的资金支持主要用来丰富扩充一些对孩子有教育意义的活动或项目、对志愿者进行奖赏、购置书籍、购买志愿者的劳动保险、“力量午餐”组织中全职人员的工资和其他一些开展活动的经费。

志愿机构确定后,这些机构的雇员可以提交志愿申请,“力量午餐”项目会对这些申请者进行筛查和审核,审查其是否有犯罪记录等。审核通过后志愿者才可以提供志愿服务。力量午餐的组织人员会对志愿者进行培训,然后根据公司、机构所在的位置来确定临近的所要搭档的学校。

3.“力量午餐”对志愿者的管理

为了加强阅读引导志愿者的服务,力量午餐制作了《阅读引导志愿者手册》②,帮助志愿者了解在提供志愿服务时应该注意的事项:

(1)志愿者要和所搭档的学生共进午餐,并和学生进行交谈和大声阅读,通过讨论或探索新的书籍培养孩子的阅读兴趣。

(2)“力量午餐”认为只有持续的指导才能使学生从中获得最大的收益,因此志愿者要为学生至少提供一学年的志愿服务,同时力量午餐的组织者也鼓励志愿者在下一个学年和同一个学生进行阅读活动。

(3)为了使学生避免可能的伤害,力量午餐制定了比较详细的规则,如阅读志愿者和学生必须和其他阅读小组共用一个房间。阅读志愿者和学生在任何情况下都不能单独在一起。志愿者不可以陪伴学生一起去休息室。志愿者和学生只能在“力量午餐”时间在学校见面或者在其他“力量午餐”特别的活动中见面。同时也禁止志愿者和学生之间的电话联系和周末的家庭访问。

(4)“力量午餐”项目认为除了时间、关心和友谊,其他的赠予都会有损“力量午餐”项目目标的实现。如果志愿者带着礼物或特别的午餐会使其他同学感

---

① Everybody Wins DC. Power Lunch Participating Companies &Organizations[EB/OL].[2011-12-20]. http://www.everybodywinsdc.org/power-lunch-partners.php.

② Everybody Wins DC. Read Mentor handbook[EB/OL].[2011-12-20]. http://www.everybodywinsdc.org/pdfs/RMHandbook.pdf.

到泄气和迷惑，并且也会给其他志愿者带来压力，因此禁止阅读志愿者和学生互赠礼物和午餐。

(5)志愿者要及时向学校的协调人员通知或报告一些重要的信息，例如工作职位的改变等。如果志愿者不得不改变时间安排或缺席几周或者再不能参加这项活动，也要事先通知学校的协调人员。力量午餐组织倡导和鼓励这些志愿者在所搭档的学生没有新的志愿者的情况下和学生见最后一面。如果可能的话力量午餐组织者也非常希望志愿者可以帮助学校的协调人员为这个学生找到新的志愿者。

阅读导师和学生一起阅读

除此之外，"力量午餐"还设计一些激励机制，比如评选五星合作机构，除了精神上的激励，"力量午餐"和其他一些机构开展合作，为志愿者提供一些物质上的奖励，比如和迪斯尼乐园合作，为"力量午餐"的志愿者提供一次免费游玩券。

4. 学校和学生的选择

所有的学校都可以申请加入力量午餐，"力量午餐"的组织方会根据志愿机构的情况，选择和志愿机构相邻的学校，附近没有志愿机构的学校可以参加另外两个项目：阅读者才能成为领导者和故事时间。在学生的选择上，倾向于那些来自低收入家庭或者读写能力比较差的学生。

5. "力量午餐"项目中的学校协调人员

在"力量午餐"项目中除了志愿者和学生，还有一个起重要作用的角色，那就是学校的协调人员，协调人员负责给志愿者和学生提供帮助和支持，并解答疑问，以保证志愿者和学生都有一次有意义的阅读经历。学校的协调人员还负责吸引学生和有责任心的志愿者的参加力量午餐的各种活动。

6. 效果

“力量午餐”每年都会对该项目的实施效果进行评估，除了该项目的自评外，还有一些第三方机构对“力量午餐”进行的评估，其中比较重要的有两项，一项是美国教育局实施的评估，一项是芝加哥洛约拉大学实施的评估。这两项评估深入比较参加力量午餐的学生以及未参加“力量午餐”学生在阅读理解能力、阅读兴趣、课堂表现等多个方面的差异，同时对教师、阅读志愿者和学生进行访谈，评估表明参加“力量午餐”项目的学生在阅读技巧和阅读态度上有很大提高和进步，学生的阅读信心得到增强，学习成绩也有较大提高。主要评估数据如下①：

(1)参加“力量午餐”项目的学生中，64%的学生在升级考试中成绩都有明显提高，而在未参加的“力量午餐”项目的学生中这个比例仅是38%。

(2)参加“力量午餐”项目的学生中，51%的学生在平时都积极阅读并能享受阅读的乐趣，而在未参加的“力量午餐”项目的学生中这个比例仅是31%。

(3)参加“力量午餐”项目的学生中，87%的学生提高了阅读综合能力，35%的学生明显提高了阅读中快速浏览的能力，94%的学生大大扩展了词汇量。

(4)参加“力量午餐”项目的学生中，提高课堂表现的学生数量是未参加的“力量午餐”项目的学生中提高课堂表现学生数量的5倍。

(5)参加“力量午餐”项目的老师和志愿者中94%的人表示对“力量午餐”项目感到满意或非常满意。

儿童如是说：“哇哦，多么美好的一年，我喜欢我们一起读过的那些书，我正在读你们给我的书，我读到第三章了，我喜欢这本书。非常感谢你们，我是最幸福的“力量午餐”的学生！非常感谢您做我“力量午餐”的阅读导师，您也是我最好的朋友，我爱您，我希望今年夏天还能看到您，感谢您给我的爱和尊重。”

阅读导师如是说：“第一年我和一个小男孩一起阅读，他是一个很好的阅读者，同时他还喜欢讲他家庭和朋友的故事。看到他跑进图书馆准备和我一起阅读，我觉得非常开心，我们都渴望每周一次的阅读，到阅读辅导结束的时候，他已经非常喜欢阅读，尽管他已经不需要参加暑期学校，他还是参加了暑期学校，

① Power lunch，Proven Results［EB/OL］.［2011－12－20］. http://everybodywins.org/provenresults.

这样我们每周还能再见一次。每周五(我们一起阅读的日子)无论对他还是对我都是一周内最幸福的时间。”

家长如是说：“‘每方都是赢家’不仅仅是阅读，它提供了一种让孩子获得和提高自信的途径，作为家长，我清楚了解该项目对孩子的正面影响。”

三、其他项目

1.“阅读者才能成为领导者”

效仿“力量午餐”的模式，“阅读者才能成为领导者”项目是主要通过高年级的学生和低年级的学生结组来促进学习的阅读推广项目。

2.“故事时间”

“故事时间”项目将一些擅长讲故事的人和当地的作家请到小学，用音乐、舞蹈等形式表现他们的故事。

3.“读书俱乐部”

4年级和5年级的学生以及他们的阅读志愿者(导师)每个月选择一本书进行阅读，在特定的一天，俱乐部成员聚在一起，在学校图书馆员或者阅读导师的引导下进行小组讨论。

四、合作伙伴

“每方都是赢家”和众多的机构进行合作，其中包括政府部门、大学等多类机构。

1. 美国教育部：美国教育部为“每方都是赢家”提供部分资金，并且对“每方都是赢家”进行效果评估。

2. 菲尼克斯大学：该大学主要为“每方都是赢家”提供部分资金，捐赠童书、书签，提供部分志愿者工作。

3. 国家和社区服务公司：为“每方都是赢家”提供协调员，帮助招聘阅读志愿者。

4. Mrs. P. com公司：帮助“每方都是赢家”进行宣传推广。

五、对我国志愿阅读推广服务的启示

我国志愿阅读推广服务主要有以下三种方式：一是民间阅读推广机构的志愿服务。民间阅读机构近几年发展很快，比如说蒲公英乡村图书馆、上海微笑青年公益组织的故事小屋等，这些机构主要通过志愿者的服务来推广阅读。二是公共图书馆阅读推广中的志愿服务。阅读服务是公共图书馆志愿服务中增长比较快的一个领域，一些公共图书馆招募志愿者担任故事姐姐、故事哥哥来进行阅读引导。三是大学生群体志愿者。多是大学生利用寒假暑假的时间组成的志愿小团队，在自己的家乡或者社区开展的志愿服务。

目前我国的志愿阅读推广服务在志愿者的招募、培训、激励等方面形成了一些特色，比如蒲公英乡村图书馆制订了志愿者培训手册，详细地列出了志愿者应该知晓的阅读推广方面的基础知识。首都图书馆主办的“播撒幸福的种子”儿童阅读推广计划对于种子故事人进行培训，培训的内容①包括儿童文学的素养、对儿童与儿童教育的理解、与儿童沟通的能力以及面对儿童群体说故事的经验。但是这其中也存在一些问题，以公共图书馆为例，存在志愿者流动性较大，队伍不固定，短期行为比较明显，因而缺乏长期的服务意识②的问题。笔者这里结合“每方都是赢家”的经验探讨我国阅读推广的志愿服务开展的策略。

一是创新志愿者的招募模式，增加面向机构的招募。目前我国的志愿者主要是向个人进行的招募，建议适当引入面向机构的招募，这种模式下，每个志愿者都是代表自己所在的机构进行志愿服务，无形中会给志愿者形成提供优质志愿服务的压力。另外这种模式可以同时招募志愿者和相关资源，如财力、物力上的支持，减少相关的沟通推广成本。

二是引入一对一的阅读引导模式。目前国内的阅读推广主要是以一对多的形式进行，这种方式的益处在于可以充分使用资源，特别是目前阅读引导者数量并不充足的情况下，这种方式可以让更多的孩子接受阅读引导服务。但是这种方式也有其不足的地方，一对多的交流不如一对一的方式深入。因此建议在有条件的地区，比如北京市、上海市等志愿资源比较充裕的地区，可以考虑引入一对一的阅读引导模式，仿效“力量午餐”，志愿机构的员工可利用午餐时间到附近的小学为学生进行志愿阅读服务。

三是坚持志愿阅读引导的长期性和连续性。志愿阅读服务和其他志愿服务有比较大的区别，阅读习惯的培养是一个长期的过程，必须要有足够长的时间，比如一学期或者一学年，才能培养巩固孩子的阅读习惯。因此阅读志愿服务不能和车站的行李搬运等志愿服务采用相同的模式，阅读志愿服务的组织方

---

① 首图招募“讲故事种子”志愿者[N/OL]. 中国文化报，2011－08－02[2011－12－20]. http://epaper.ccdy.cn/html/2011－08/02/content_55114.html.

② 代晓飞. 公共图书馆志愿服务调查研究[J]. 图书馆界，2010(2):10－12.

在项目设计时就要将阅读引导的特性考虑进去，不能只是完成假期实践任务而进行一次或者两次的阅读引导，那样对于培养孩子的阅读兴趣没有太大意义，甚至还有负面作用，在设计阅读志愿项目时一定要切切实实地从孩子的角度出发，考虑什么样的模式最适合孩子，只有这样才能达到阅读志愿服务的终极目标。

有人说"志愿精神是公民社会的精髓"，相信随着我国公民社会的逐渐成熟，志愿服务会越来越多的应用到各个领域和行业，对于阅读推广，特别是面向儿童和青少年服务的阅读推广无疑会成为志愿服务的重要内容，因此我们应该加快对阅读推广志愿服务领域的研究和实践总结，从而更好地推动阅读推广活动的开展。

（赵俊玲撰写）

美国"一城一书"活动及其启示

2004年美国全国艺术捐赠基金(The National Endowment for the Arts)的年度报告——《Reading At Risk: A Survey of Literary Reading in America》中对美国17 000个成年人进行调查,调查他们在过去12个月内,在休闲时间内阅读小说、短篇故事、戏剧、诗歌的情况。报告数据显示,1982年美国成年人在休闲时间进行阅读的比例为56.9%,1992年下降到54%,到2002年继续下降到46.7%。在10年时间里,成年人在休闲时间内的阅读率下降了10%;而根据中国出版科学研究所所长郝振省在2006年4月21日全国国民阅读调查发布会公布的结果,2005年我国广义的国民图书阅读率为42.2%[有阅读行为的读者群体在全体国民(包括不识字者)中所占比例];而狭义的识字者阅读率(指每年至少有读一本书行为的读者总体与识字者总体之比)为48.7%,比2003年下降3%,比1999年则下降了11.7%。在中美两国阅读率不断下降的情况下,举办促进全民阅读的活动是十分必要的,同时从对方的活动中相互借鉴经验是十分有益的。

一、"一城一书"活动的背景

1. 活动起源

美国"一城一书"活动起源于1998年Nancy Pearl在西雅图公共图书馆举办的"假如西雅图民众共读一本书"(If All of Seattle Read the Same Book)的活动。目的是通过阅读同一本书来提高公民的阅读率,促进社区的关系,引起社区公民的共鸣,增进社区公民的归属感。那次活动所选择的书是《The Sweet Hereafter》,中文译名为《意外的春天》或者是《甜蜜来生》,讲述的是冬天一场学校交通车的意外事故,使得Sam Dent小镇上的父母们失去了他们的孩子,正在悲伤的时刻,一位城市的律师来到了小镇,开始说服父母们联合起来打一场官司,控告那看不见的罪魁祸首,在访查的过程中,平静小镇中不为人知的一面逐渐显露出来,而这些真相将会使小镇分崩离析。人们要如何从这场伤痛之中重新站起来,重新掌握未来的春天呢?

由Nancy Pearl发起的"一城一书"活动,由里拉·沃雷斯读者阅读基金会(Lila Wallace Reader's Digest Fund)和当地几个赞助商资助,同时在1998年10月邀请书的作者Russell Banks到西雅图三天,参加见面会和读书讨论会。活动通过提倡社区居民共同阅读，让社区居民有共同讨论的话题，借着读书讨论的开展，居民们聚在同一个地点讨论书的内容，分享每个人的思想，促进相互之间的认识，从而使社区关系更和谐融洽。

2. 活动相关机构

美国“一城一书”活动由美国图书馆协会（American Library Association）的公共计划部门提倡并发展到全美，逐渐向全世界延伸。美国图书馆协会的公共计划部把“一城一书”活动称为“One Book One Community”，以社区作为“一城一书”活动的最小活动范围，美国图书馆协会还负责发行此项活动的计划指南书或光盘。

同时，美国国会图书馆（American Congress Library）的阅读中心（The Center for the Books）负责保存美国“一城一书”活动的开展情况的记录，在阅读中心的主页上同时登记有根据州、城市、书的作者和书名来分类的活动记录，并有相关记录的网站链接，阅读中心还负责登记举办过的“一城一书”活动的相关记录，现在还不断地接受新的活动记录登记。

3. 活动的定义

美国图书馆协会的社区阅读的指南中，华盛顿的 MaryMcGrory 指出社区阅读活动是由共同的书开始，在非常和睦的情况下结束的阅读活动；而“一城一书”活动的发起者 Nancy Pearl 表示，社区居民很少与家庭以外与陌生人聊天，社会几乎没有提供机会给不同文化传统、不同经济水平或不同年龄的人坐下聊天，社区的阅读计划就可以提供这样的机会，它让不同背景的社区人们坐下聊天、讨论以促进人与人之间的距离；而奥斯汀市长 Gus Garcia 指出，他希望社区居民能互相联系，希望有一种方式作为社区居民交谈的基础，阅读计划就是这种交谈机会的开端。

二、“一城一书”活动状况

1. 美国的开展情况

根据美国国会图书馆的主页登记情况统计，美国 51 个州有 383 个社区举办“一城一书”活动，覆盖了美国大部分地区，还发展到加拿大、英国和澳大利亚等国家。几乎每个州开办的“一城一书”活动都有自己的标志。有的州一年举行两次，比如芝加哥图书馆的“一城一书”活动每年在春季和秋季分别举办一次。

2. 美国“一城一书”计划指南

美国图书馆协会对“一城一书”的计划指南具体分为以下的几个部分：

第一是计划目标的确定。阅读计划目标的确定既有利于书籍的选择，也有利于活动的宣传与推广，更有利于图书馆组织者有目标地寻求赞助商。阅读计划的目标确定是由以下几个方面组成，首先是计划目标——从开始到结束，可以获得什么？图书馆如何从中获益？图书馆将如何进行计划？其次是读者目标——服务对象是谁（年龄、图书馆用户、人口）？为什么选择这些读者？读者的爱好是什么？然后是专题目标——主题与图书馆或社区焦点问题是否相关？是否与所强调的馆藏领域相关？最后是社区目标——观点与日程表是否与社区相关？哪些社区组织与目标相关或相似？

第二是制定计划的时间表。指南书中指出活动从计划到实施通常需要一年的时间准备，在计划指南书中有制定时间表的一个具体例子：

9 月：最初计划，目标制定。罗列可能的合作者和协会成员、赞助者，联系当地政府，罗列可能的书籍；

10 月：发送委员会邀请函，寻求合作者、赞助商和基金会；

11 月：书籍挑选，邀请作者，通知出版商书籍订购数量；

12 月：确定作者，与网站计划小组会面，与计划合作者会面；

第二年 1 月：布置阅读指导研究，扩展相关计划；

2—3 月：开展阅读指导计划，联系演讲者；

4—5 月：设计印刷材料，确定相关计划演讲者，对外宣布计划；

8 月：发布公众宣传材料，培训相关人员；

9 月：最后确认作者，发放宣传材料，组织全系统职员会面；

10 月：开始社区阅读计划，评估，最后形成报告。

第三是书籍选择。书是社区阅读计划的核心，书籍的选择是由组织者和相关赞助商做最后决定，例如美国亚历桑那州的“一城一书”活动是由民众在网页上推荐书籍，通过登记推荐书的内容、作者介绍和必要的看法来推荐第二年“一城一书”活动所要选择的书籍。那么图书馆相关人员选择书籍所要考虑的因素有目标群体的文化程度、年龄范围、语言习惯；书的内容、小说或非小说、经典或非经典；或者其他因素例如印刷数量、翻译语种、纸质版本、合理价格等。

第四是发展相关活动。这些活动可以是书的讨论会、学术研讨会、作者的访谈、作者过往作品展览、作者见面会、由书所改编的电影放映、相关学校阅读计划等，组织者应丰富活动的内容，而且通过不同的活动扩大阅读的影响。

第五是"一城一书"活动的推广计划。其中包括利用报纸、杂志、电视、广播、网络主页等五大媒体的报告以及网络社区、公共服务宣传区；还有通过私人关系宣传：公共演讲、电话、电子邮件、直接聊天、邀请重要人物、信件等；另外还包括广告：印刷品广告、电视广告、广播广告、旗帜、书签、宣传画、横幅、宣传册子和展览等。

最后就是活动的评估。"一城一书"十分注重活动的评估，活动的评估有利于改进活动的不足，也有利于激励工作人员，同时评估活动也有利于资源的有效利用，提高活动的效率。

3. 美国"一城一书"活动成果

2002年美国林奇堡（Lynchburg）图书馆举办了"一城一书"活动，所选用的书是 *The Color of Water*，在此次活动中林奇堡图书馆所收到的赞助费总共是4500美元，其中有2500美元是来自林奇堡社区的 The Greater Lynchburg Community Trust 的赞助，有1000美元是来自邻馆的 Frito Lay 的赞助，有500美元是来自林奇堡零售协会（Lynchburg Retail Association）的赞助，还有500美元是来自附近图书馆组织的赞助①。

此次所举办的相关活动有读书讨论会、电影观赏和讨论、演讲活动和作品展览等，其中因为作者 James McBride 既是作家，也是爵士乐的音乐家，在作者见面会当天，除了安排作者出席了签名会、游览了相关学校、书店，图书馆还在晚上组织了作者的演唱会，当天晚上有超过600个人参加了作者的演唱会，黑人、白人、年轻人、老年人、女人、男人、阅读的爱好者、爵士乐的爱好者都欢聚一堂。

根据图书馆统计，超过300个人查询过"一城一书"的主题书 *The Color of the Water*；超过500个人参加这次"一城一书"的活动，其中375个人浏览过高中学校举办"一城一书"活动的作品；图书馆33本主题书被借阅175次；书店中的主题书销售超过500本。

由此看来，林奇堡图书馆所举办的"一城一书"活动是十分成功的，不仅使书店的销售量大大增加，而且使同一个地区的人们通过相关活动走在一起，认识同一个地区的居民，通过同一个主题一起讨论，了解各自的观点和思想。对

① Candice Michalik. One Book, One City, One Great Experience[J]. Va Library, 2003, 49(4): 7–9.

于图书馆而言，举办这样的活动吸引了更多的新用户，扩大了图书馆在同地区居民中的影响力，增强了图书馆在居民心目中的地位。而一些无法用数据说明的事实是，“一城一书”活动可以促进社区居民之间的感情，至少促进社区居民的相互了解，而且通过阅读书所启发的人生意义，激励居民的生活热情和信心。

三、美国一城一书活动对我国全民阅读活动的启示

1. 明确而仔细的行动指南

美国一城一书活动是在美国图书馆协会提倡下所推广到全国的阅读计划，并在美国图书馆协会的公共计划中有详细的活动行动指南，它为准备举办相关阅读计划的机构提供明确的行动方案，其中包括很多详细而具体的例子和活动所要注意的细节。同时在美国国会图书馆的主页下有美国举办过的“一城一书”活动的记录，并有相关的联系方式和主页，使即将主办阅读计划的机构可以得到很多活动的资料，并可以向举办过的机构请教举办活动的经验。笔者认为，我国全民阅读活动应该由图书馆协会出版相关活动举办的记录和相关的行动指南，邀请举办过此类活动的图书馆将其举办阅读活动的具体做法详细而明确地记录下来，提供给全国各地需要举办图书馆阅读推广活动的机构实用的行动指南。其中应该包括如何设立阅读活动的目标、如何选择阅读活动的主题、如何邀请相关作者出席推广活动、具体的成功举办阅读推广活动的图书馆案例分析等，为图书馆主办机构指明具体的举办方法，而不是简单的活动经过的记录或者是重要的举办活动的通知。

2. 主题鲜明，贴近生活，促进交流

美国的“一城一书”活动的主旨就是促进同一社区、地区、城市或者国家的人际关系和谐，活动的主题鲜明，选用一本书作为社区活动的基点，并发展相关的活动在促进阅读的同时，也加强了人与人之间的交流。同时“一城一书”活动所选择的书籍通常是与社区紧密相关，或者是与社区的发展相关，或者作者是本社区的居民，或者书籍所讲述的内容是本社区的历史等。

而我国的全民阅读活动也称得上多种多样、形式灵活多变，全民阅读月包含“中国文化风”系列讲座、文化展览、支援西部和贫困地区图书馆、建立“公众科普资源多媒体传播平台”等活动。全国各地的图书馆普遍开展全民阅读月的活动，组织各种各样的活动，促进“倡导全民读书，建设阅读社会”为宗旨的知识工程。其中不乏有内容鲜明的石景山区图书馆纪念毛泽东主席诞辰110周年“诗歌朗诵比赛”、“灯谜竞猜”、专题书展和读者个人家庭笔会、百副春联赠读

者、为残疾读者送书上门等活动;2003 年全民读书月,北京市西城区图书馆开展物价知识讲座,内容关系到市民“医疗收费、教育收费”等问题,切合了市民需求;以“上图新感觉——阅读—悦读”为主题的上海图书馆“读书月”开展的系列活动包括“图书推荐——我推你评,你评我奖”、“信息服务——知识获取”体验上图新感觉等等。

与遍布全美的“一城一书”活动相比,我国的全民阅读活动形式更多样,但是“一城一书”的活动更注重促进社区居民的和谐关系,在阅读的同时也促进社区居民的相互了解,阅读的主题更贴近居民的日常生活。在我国提倡建设和谐社会的背景下,我国图书馆在举办的全民阅读月活动在保证阅读活动主题鲜明的同时,还应该把阅读活动的主题更贴近居民的生活,例如举办与居民息息相关的生活信息讲座,如疾病防护讲座、生活健康讲座、烹饪饮食讲座、老年人健康锻炼讲座、儿童智力发展讲座等;或者举办类似美国“一城一书”的活动,由图书馆组织,在基于同一个话题的基础上举办各种各样的活动,一方面符合我国全民阅读月的主旨,另一方面也促进居民之间相互了解。而且在提高全民阅读率的同时,还应该提供各种机会促进居民相互了解与感情交流,例如举办主妇烹饪比赛、老年人舞蹈比赛、年轻人的读书讨论会等。笔者认为在我国举办的全民阅读月活动中,要添加更多的与居民生活相关的活动元素,在促进居民关系的同时,也相应扩大社区图书馆或者公共图书馆的影响,提高居民阅读的乐趣,寓阅读于生活中,更能提高全民阅读的兴趣。

3. 注重居民的实际参与

美国的“一城一书”活动的对象是社区居民,不分年龄、性别、知识背景、社会地位等,只要社区或者城市的居民阅读过这本书,有时间愿意参加讨论会,都可以发表自己的意见。我国的全民阅读月活动也十分注重全民的参与,其中也包括石景山区图书馆为残疾读者送书上门活动;西安市永寿县图书馆设立流动服务点,并为监狱看守所服刑人员送书送刊;西安市凤翔县图书馆将编印的科技资料专程送到县西部青年高效蔬菜种植园等。

但是笔者认为,在送书的同时,应该借鉴美国“一城一书”活动的经验,举办相关的活动促进阅读活动的深入,书是送了,但是无法知道书是否被阅读?或者送书是否得到预期的效果?图书馆应该举办相关的读书讨论会,让读者亲身体会到阅读的乐趣,尽管可能参与讨论会人数不多,但是毕竟是让相关的社区居民、城市居民和乡村居民参与阅读讨论中,表达自己的观点,聆听别人的高见或者分享自己的经验和吸取别人的教训;或者借鉴美国“一城一书”活动的时间安排，将读书讨论会、主题讲座、书法比赛、朗诵比赛等安排在居民应该可以参与的时间段，例如城市居民的午餐讨论会、晚间读书阅读会、周末的阅读时间，农村居民非农忙时节、晚上活动时间等。笔者认为，全民阅读月的活动在继承活动形式多样、阅读对象广泛的同时，还应该注重实际的阅读时间，通过活动的灵活安排提高活动实际效果，为建立学习型家庭、学习型组织和学习型社会而努力。

4. 注重活动的评估

活动的评估既是激励的手段，也是改进的手段，更是提高资源有效利用的手段。美国"一城一书"活动十分注重活动的评估活动，美国图书馆协会的"一城一书"活动指南书中，就具体指明活动评估是活动的最后一个步骤。在我国的2003年全民阅读月的活动综述中，并不见明确的活动评估的报告，不过有全国各地的活动报告，包括各地图书馆举办全民阅读月所取得的活动效果和相关的活动经验。

笔者认为活动评估是使活动可持续发展的一种必要手段，我国在进行全民阅读月活动的同时，还应该注重活动的评估活动。不仅应该有机构与机构之间的评估活动，还更应该注重民众对活动的评估，通过问卷调查、设立活动建议箱等方式，通过民众的声音评估活动举办所取得的效果，既有利于激励图书馆工作人员工作的信心，也有利于改进举办活动的不足，更有利于下次活动资源的有效利用。

（刘盈盈撰写）

清华大学"爱上图书馆"项目

2012年3月,国际图联第10届国际营销奖(10th IFLA International Marketing Award)揭晓,第一名颁给了中国的一个图书馆项目,这是中国项目第一次获得该奖项。获奖的这个项目是清华大学图书馆"爱上图书馆"项目。国际图联的颁奖公告中这样写道:"该项目中,馆员和学生一起创作了一个低成本的五集娱乐短片,主要讲述两个本科生在图书馆相遇的故事。该剧不仅讲述了一个在图书馆相恋的温情故事,富含幽默,而且把图书馆品牌意识、图书馆素养融入其中——这些能帮助学生(特别是新生)积极主动地利用图书馆服务并从中受益。"8月,项目组的代表韩丽风、王媛应邀在芬兰赫尔辛基召开的第78届IFLA大会上领取该奖,除荣誉以外,他们还获得了1000美元的奖金,大会还为二位代表提供了前往赫尔辛基的机票和住宿。

一、"爱上图书馆"项目概况

2011年10月24日起,清华大学图书馆陆续推出"爱上图书馆"系列短剧,在清华学子和图书馆业界引起了强烈反响。这是国内首部由图书馆员指导,学生自编、自导、自演的图书馆主题营销视频系列短片。

1. 缘起

现代人足不出户,动动鼠标,上搜索引擎就可以查找到大量信息。在这种新的信息环境下,图书馆的作用与功能面临着挑战与危机。而事实上,图书馆的很多信息资源和服务项目并不为读者所全面知晓、了解与充分利用。在这种背景下,图书馆需要利用营销的手段,主动推广自己的资源和服务。

目前高校里的在校本科生,都是成长在90后的一代,他们喜欢新鲜事物,喜欢上网,习惯在社会化媒体上展示自己,并乐于在社会化媒体上分享。他们还喜欢自己制作视频。因此,走到学生中去,用年轻学生更喜闻乐见的形式来宣传图书馆,是催生此项目的动机。

常规的图书馆营销,主要有服务宣传月、读书月等推广活动。清华大学图书馆在过去的几年中一直在举办营销类的宣传活动,如"图书馆宣传月"等,活动内容通常有发放宣传资料、资源专题讲座、读者座谈、现场咨询、主题展览等。但这些传统的营销形式多局限于单向的服务推广。在本项目之前,清华大学图书馆信息参考部已经尝试应用新营销手段来宣传图书馆:他们于2010年推出了教学培训宣传短片《我的神秘助手》,以故事短片的形式推广参考咨询服务,获得了学生和业界好评。让他们受启发的还有一个案例:2008年9月,台湾大学图书馆编排推出的MTV《早安,图书馆》在YouTube上广为流传,不仅受到了广大学生的欢迎,也向全社会积极地宣传了图书馆。

在以上两个案例的影响下,参与成员集思广益,经过大约一年的努力,一个新的图书馆营销项目诞生了,即2011年10月—11月清华大学图书馆发布的"爱上图书馆"系列短剧。

2."爱上图书馆"目标

"爱上图书馆"面向清华大学图书馆的年轻学生(收看视频的也有很多校外观众、已经毕业的大学生,所以它实际的效果还扩大到校园外),由图书馆员指导本科学生拍摄系列短剧,通过短剧的发布来宣传图书馆,让他们爱上图书馆并更多地利用图书馆。

3."爱上图书馆"发展进程

(1)立项

2010年,清华大学图书馆向学校教务处申请了SRT项目"基于用户环境的图书馆教学视频设计与实现",而后获学校支持,成功立项。SRT是清华大学大学生研究训练计划(Students Research Training)的简称,目的是培养学生创新能力,使本科生及早接受科研训练,锻炼实际才干,鼓励教学和科研相结合,跨学科培养学生创新能力。参与学生可获得SRT学分。虽然申请项目是在2010年,但"爱上阅读"项目正式启动是2011年初。

(2)成立项目小组

2011年初,图书馆信息参考部3位老师——韩丽风、王媛、林佳,4位招募来的有专长的在校本科生,共同组建了项目小组。

招募通知在清华大学信息门户、网络学堂、图书馆主页等平台发布之后,很快收到大量学生的报名,报名同学来自建筑学院、美术学院、电子系、外语系、新闻传播学院等,最终图书馆从中选择了4位同学:仇晟和连慧阳来自医学院,陆志聪来自电子工程系,而何文荟来自工程物理系。仇晟有丰富的视频制作经验,他制作的《中国故事》获得过"半夏的纪念"最佳实验短片奖;连慧阳是清华学生艺术团曲艺队的成员,虽是一个学理工科的姑娘,但文学功底颇优秀;何文荟是清华电视台的学生记者,而陆志聪则是一个编程高手,并且选修了美术双学位。

项目小组团队组建之后，他们确立了项目的目标、团队分工，并制定了定期例会制度，以便整个项目能有计划地进行。

(3)剧本写作和招募演员(2011年1月—5月)

编剧是项目团队集体完成的。项目小组通过调研，从吸引受众的角度出发，确定了短剧的故事类型为爱情故事，风格为清新唯美加诙谐幽默。同时，确定了短剧的名字为“爱上图书馆”。

从图书馆的服务宣传和形象推广的角度来说，本项目的目的是用视频推广图书馆的一些服务，寓教于乐，展示图书馆的美好，并拉近与读者的距离。因而，项目组在剧情设置上，将男女主角设定为经常去图书馆的学生，在他们的相识、相知、相恋的过程中巧妙地加入图书馆的相关服务，如两人因一本超期书籍而相识、用短信发送索书号表白……同时，在剧情中设置了不少矛盾和包袱，吸引读者，产生幽默效果。

表6-4 “爱上图书馆”各集涉及的图书馆元素

集名	图书馆相关服务	图书馆场地
预告片		老馆与逸夫馆
第一集 痴情女苦等成正果 多情男错意绪难平	预约图书、超期罚款 流通通知	开架区
第二集 匆忙忙少年表心意 冷冰冰佳人不领情	老馆自习、反占座 老馆猫	老馆普阅
第三集 苦中乐隔窗常相伴 忙偷闲纸条把情传	文明阅览、留言墙	小单间、涂鸦墙
第四集 争新旧亦芙现怒容 传书名凯峰表真心	短信服务、馆名之新规定	新文科馆、大厅检索区
第五集 岁月短暂缘分待续 回忆悠长无问前程	借阅历史功能、研讨区	大厅展览区、研讨小间、工具书阅览室

剧本编好后，项日组便开始向全校招募演员，通过试镜，最后确定了四五个

演员，主演是两位。

(4)视频拍摄和后期剪辑(2011年5月底至10月)

2011年5月底至7月，短剧拍摄。因为参与者时间都非常紧张，大部分的拍摄工作是在周末完成的。9月，团队就着手对录制的视频进行后期制作了。比起前期筹备和拍摄，后制工作更多更杂，剪辑、调色、配乐、加字幕……这些工作绝大多数都是由项目小组的四名学生来完成的。

(5)发布(2011年10—11月)

2011年10月24日起，清华大学图书馆陆续推出“爱上图书馆”系列短剧，具体安排如下：

2011年10月24日(星期一)，发布预告片；

2011年10月26日(星期三)，发布第1集(痴情女苦等成正果　多情男错意绪难平)；

2011年10月29日(星期六)，发布第2集(匆忙忙少年表心意　冷冰冰佳人不领情)；

2011年11月1日(星期二)，发布第3集(苦中乐隔窗常相伴　忙偷闲纸条把情传)；

2011年11月4日(星期五)，发布“爱上图书馆之排架也疯狂”小游戏；

2011年11月9日(星期三)，发布第4集(争新旧亦芙现怒容　传书名凯峰表真心)；

2011年11月11日(星期五)，发布第5集(岁月短暂缘分待续　回忆悠长无问前程)。

至此，第一季全部五集(外加预告片)全部发布。

2012年1月13日(星期五)，又发布中英文字幕版，这一方面是为了方便留学生观看，另一方面是为了国际交流，项目组的图书馆员当时已经收到IFLA征集图书馆营销奖案例的通知，有意用本案例去申报。

发布平台和发布周期，在每个细节，项目小组都考虑得很仔细，以便使之发挥最大的效果。发布的基本频率是：每周2集，同时项目组及时捕捉线上用户的关注度，在上一集已经引起了足够的关注并不再持续上涨后，再发布下一集。

短剧发布的主要平台是优酷网高清视频和图书馆主页的flv嵌入，随后也与酷6网合作发布并多次被推上该网站首页。在短剧发布的过程中，图书馆采取了多样的宣传策略，以求扩大在校园内和网络平台上的影响：

• 五集短剧发布之前，项目小组制作了一个预告片，发布在优酷上，为系列短剧的发布先行造势。

• 张贴海报。项目小组共制作了四版的系列海报，在学校内主要教学区和宿舍区进行张贴，海报上写有视频的相关信息，并推广清华大学图书馆的新浪微博。

• 发布书签。制作共三版的系列书签，在学校餐厅门口进行发放，书签上写有视频的相关信息，并推广清华大学图书馆的新浪微博。

• 微博传播。以清华大学图书馆微博为主账号，转贴优酷的视频链接。同时，通知（微博中的@功能）校内其他组织的微博账号进行转发，如清华大学学生会，清华大学微博协会等。

• SNS社区传播。利用主创人员的人人网账号，转贴优酷的视频链接，在人人网进行分享和扩散。

• 校内媒体传播。短剧在网络上的热播很快引起校内媒体的关注，清华大学图书馆同意清华大学电视台、校内餐厅电视滚动播放短剧，主创人员接受校内媒体采访。

• 口口相传。在图书馆开设的相关课程中对学生进行短剧的介绍，主创人员与同学的口口相传。

二、运作与组织模式

“爱上图书馆”最显著的特征在于运用校园爱情视频短片这种新颖的形式，同时充分发挥网络新媒体传播在青年目标受众中强大的传播效果，获得人气。这个项目是以清华大学SRT（大学生研究训练）的一个项目的形式，在学校立项，然后选拔招募四名学生参与，与图书馆信息参考部三位馆员一起组成项目团队。参与的学生可以通过这个项目获得学分，这对参与者也有一定吸引力。

具体来说，这个项目的全部参与者主要有：

图书馆信息参考部三位老师：韩丽风、王媛、林佳。

招募来的4名学生：仇晟、连慧阳、陆志聪、何文荟。

以上7人组成项目小组团队。团队组建后，他们确立了项目的目标、团队分工，并制定了定期例会制度，以便能使整个项目有计划地进行。

老师和学生的分工如下：

学生：导演、编剧、摄像、编程、后期制作；

图书馆老师：总体规划、把握方向、后勤保障。

在这7人之外，还招募了短剧需要的四五位演员。

三、相关成果——开发 Flash 排架游戏

为了达到宣传图书馆、吸引更多年轻学生走进图书馆这一共同目的，“爱上图书馆”项目组除创作《爱上图书馆》系列短剧以外，还策划了相关成果——开发 Flash 排架游戏。

Flash 排架游戏主要由学生陆志聪在图书馆老师指导下来完成。他在开发游戏之前，调研了国外图书馆游戏的一些成功案例，如卡耐基梅隆大学的 I'll get it 和 Within Range，北卡罗来纳大学的棋类在线问答游戏，密歇根大学的 Defense of Hidgeon 等。

由于人力和时间有限，项目小组最终决定本项目参考卡耐基梅隆大学的 I'll get it 游戏，做一款新的排架游戏。在设计上，清华大学图书馆的这款游戏更贴近清华大学图书馆的实际情况；题目选择上，分出几种不同难度等级，达到循序渐进的效果，增强玩家的信心。排架小游戏的制作，采用 Flash CS5 为平台，用 Action Script 3.0 脚本语言编写程序，还用到了 Adobe Illustrator 来绘制素材。游戏制作中，绘制了许多与图书馆有关的素材，如书籍、书架、书桌、钟表等。排架游戏将大家在书架上找书时的常见问题以大家喜闻乐见的形式呈现出来，帮助读者掌握图书馆的馆藏分布和索书号的排列原则，以期提高学生在书库找书的效率。

由于技术的原因，游戏的发布平台还只能嵌在图书馆网站的主页上，未能在其他网络社区中以应用形式上线。但图书馆采用“微博助推”的宣传方式，鼓励读者将自己游戏通关后得到的称号画面保存下来，并发布到微博上。图书馆给率先试玩并且成绩较好的读者一定的物质奖励。这种宣传方式吸引了很多读者前来尝试游戏，并且很多同学都在微博上通过发布称号来进行互动。

项目组还尝试把游戏与同学们经常上的“人人网”相连接，读者可以在“人人网”的个人主页上很方便地发布自己的游戏动态，方便读者之间的互动。

四、资助方和合作方

正如国际图联在颁奖公告中给本项目的评价，这个项目很重要的一个特

点,是“低成本”。整个项目是图书馆员引导学生发挥自己的创意、特长来自编、自导、自演(招募学生来演)一部以校园爱情为主题、充分展示图书馆元素的短片连续剧,发布到酷6网等大众视频上传网站,整个过程费用相当少。通过在学校成功立项,项目组大约获得了1500元钱。这个项目需要用到的摄录机等设备是借图书馆的,或学生借的。平时的花费不过是大家一起工作后偶尔聚个餐。

在合作的网站方面,项目组主要联系了酷6网,在首页上发布“爱上图书馆”的视频。

与低成本形成巨大反差的是,这个项目的效果却是极好的,人气超旺。爱情主题一直深受青年人喜爱,发生在校园这种青年人熟悉的生活背景下的爱情,由跟他们一样的学生来自编自演,对大量青年受众来说,很亲切,而且他们往往还有评论要发,或衍生出新的版本(如后文将提到的“解说版”)。在图书馆员的指导下,该剧成功地嵌入了多种图书馆元素:资源、服务、技术、设施等,使它有别于以往“图书馆”主题视频仅仅单纯是借用图书馆场地,从而达到了更深层次地宣传图书馆的目的。

五、效果评估及成就

“爱上图书馆”系列短剧和游戏发布之后,相关视频在网络上获得了20余万的点击次数,在校内学生、图书馆业界以及社会中引起了广泛讨论。它的主要传播效果有以下几方面:广泛传播了图书馆的服务,助力学生的成长、成才,加强了广大校友的母校情结,提高了图书馆的亲和力,有助于提升图书馆在社会上的形象。

表6-5 “爱上图书馆”访问量统计

	优酷	酷6	微博转发	微博评论	图书馆公告访问统计
短剧	144 578	28 074	766	203	11 788
总计	172 652				
平均每天	5755 人次/天				
游戏(限校内访问)2264					
未包含图书馆网页版、手机图书馆访问量					

清华大学图书馆发布的微博被各大高校图书馆和公共图书馆的微博账号转载,校内媒体如《清新时报》、学通社以及校外媒体如凤凰网、《法制晚报》等

均对短剧进行了报道。可以说,图书馆最初的目标基本都达成了。

在图书馆领域,这个项目的好评如潮。竹帛斋主(程焕文)说:“唉,中大有那么多的DV和动漫发烧友,而且水平不输任何高校,何不做点类似清华和台大学生做的这种图书馆宣传片呢？自导自演,很好的体验呀。”书骨精(王波)在微博里说:“推荐《爱上图书馆》,清华大学图书馆短剧序曲。感觉清华的学生比北大的还文艺。人美馆也美。”

通过视频的传播,图书馆的相关服务得到了广泛的传播,通过了解图书馆的资源和服务,又使学生的图书馆素养得到了提升。

视频在清华校友中也引起了积极反响和普遍的回忆,许多校友看完短剧之后表示非常怀念在清华读书的时光,怀念在图书馆里用功的岁月,从而加深了广大校友的母校情结。特别要提到的是其中一位校友——网名“天使大哥”于2011年10月27日,在第1集上映1天之后,网友“天使大哥”在优酷网上发布了解说版,以配音解说的方式,幽默地调侃视频中出现的一些穿帮镜头或是诙谐解读清华学生的生活,在网络上引起热议。以后每集后都会推出相应的“解说版”。解说版在优酷上的点击量总计达到了16 926次的访问和8938次的引用次(截至11月13日)。这种善意搞笑解说版更进一步推动了“爱上图书馆”系列短剧的传播。在意识到这种“吐槽版”视频对短剧的推广也起到了不小的作用后,项目小组也有意识地在上一集的“吐槽版”发布后再发布下一集,形成一个连续的广告效应。

而对于参与整个项目的学生而言,他们的收获更是全方位的,一方面他们的图书馆素养得到了极大的提高。连慧阳同学在自己的总结中写道:“回想在刚开始创作剧本的时候,我对图书馆的了解还仅限于自习场所、数据库网站入口的层面上……而今我也走遍了图书馆的每一个角落,了解了所有常用的服务,甚至也能在排架游戏中一试身手、获得一个‘达人’的称号。”这次的锻炼和成功促进了参与学生的成长,团队中有2位同学已经本科毕业,将继续在传媒专业深造。

许多同学和网友在网上留言,希望还有“爱上图书馆”第二季、第三季……项目组当初给前5集命名为第一季,就为将来再做第二季、第三季埋下了伏笔。当然,如果他们想到更好的手段和形式,将来也完全有可能用新的手段来做下一次的图书馆营销。只要有创意,新的项目是一定会有的。

目前,该项目获得的荣誉有:从近千个项目中脱颖而出,荣获2011年清华大学SRT优秀项目二等奖。更重要的一个行业奖项,即前面提到的2012年

IFLA国际营销奖第一名。

六、对其他图书馆的启示

1. 用户视角,用户参与,用户体验

无论是图书馆营销方式、还是阅读推广活动计划的设计,大家普遍感到瓶颈就在缺少创新,因而难以吸引受众。“爱上图书馆”项目给我们最大的启示是它在很多方面都有创新,主要的创新点表现在“以用户为中心”:短剧以学生(用户)喜欢的方式呈现(爱情故事),从他的信息环境出发,请他直接参与,剧情生动、有趣、不说教,不生硬,寓教于乐。

“以用户为中心”这句话喊了很多年了,成功地运用它,不仅需要奉献精神,也需要创意。“爱上图书馆”从策划、编剧、表演、制作、发布的每个环节,都充分体现了主创团队的创意。团队间的交流,对诞生更好的创意也起到了积极的作用,正如他们自己总结所言:“团队的每次开会和头脑风暴诞生了不少火花。”

2. 利用新媒体新技术,走到用户中去推广我们的服务

目前,社会化媒体、手机的用户很多,“爱上图书馆”系列短剧的制作和发布,引起几十万点播次数(至 2012 年 9 月 12 日,其预告片在优酷上的点播率已超过 11 万),这样的关注率是传统营销模式下,任何一个项目也不可能达到的,因为“爱上图书馆”成功实现了“到用户在的地方推广我们的服务”。

3. 充分利用读者资源,发挥组织能力,凝成合力

图书馆有哪些资源?那些珍本古籍、汗牛充栋的图书、电脑……当然是我们的资源。但另一方面,读者更是我们的资源。每个图书馆都应当弄清楚自己的读者资源优势在哪。在这个项目中,清华大学图书馆相当清楚那些青涩的学生就是他们的资源。多才多艺兼有专业优势的学生,虽然还不很成熟,但是如果加以适当的引导,他们的才能就能得到灿烂的绽放。图书馆身处其中,应该更好地发挥组织才能,把读者资源有效地组织起来,开展各种有效的活动。这样的活动,对图书馆自身来说,往往是互补的。图书馆的人才不具备的一些才能,可能就在读者中就具备。只要图书馆能够组织发动他们,我们的事业会更美好。

在本项目中,清华大学图书馆参与馆员发挥了自己的优势:熟悉图书馆资源与服务;熟悉读者需求;全程参与,从专业内容上进行指导、把关;团队组织上,主要起到鼓舞和带动的作用;他们展现给学生的是专业、敬业、乐业、创意、激情。总之,他们起到了总策划和总组织者的角色。正如参与的图书馆员所

言:“我们发现将图书馆的创意、学生的能力和网络新媒体技术结合在一起会打开另外一扇大门——图书馆新媒体营销的大门。”

4. 后续跟进

随着这个项目的完成,它的营销效果和热点是否也会渐行渐远?对所有营销项目来说,如何保持它的营销效果都是一个重要话题。

至笔者写作时,距2011年底短片首次发布已经10个月过去了,这个视频还有效果吗?总点播量现在只是有缓慢地增长,也就是说现在点播的人的确是少了。项目组的王媛对笔者回复说:“我们还会有下一季的作品。”是的,上一季作品已经达到了它的效果。下一季作品值得期待,由于已经有第一季的成功运作模式和经验,后续跟进可以依然采用短剧的模式,最难的地方应该在于内容创意方面——必须要足够的创意,才能吸引受众。这需要新一批学生跟图书馆员一起努力。

5. 问题

这类单个推广项目都有一个普遍问题,以后怎么做?如何做到常态化,甚至走出一个馆、成为一个行业的品牌项目?2011年,清华大学图书馆的“爱上图书馆”项目组用一年的努力,发布了他们的成果,但是2012年大半年过去了,没有后续的成果。下一季或下一轮的成果要等到何时?是否能有一个运作机制来推动它,图书馆在人员和制度上予以保证,使它能够有计划地不断开展下去?比如规定每年要有一季作品?

此外,如果能将这个“爱上图书馆”系列短剧项目扩大到其他图书馆,成为一个品牌,使这个由清华大学图书馆开创的项目,获得更多图书馆的加入,产生“爱上图书馆”北大版、中大版、首图版……也是很不错的创意,将是图书馆品牌营销的共赢。现在不同图书馆各自为政,冥思苦想出林林总总的推广项目,在某种程度上说,也是一种资源浪费,而且各馆单个项目的效果往往也受到限制。这种联合的大品牌营销策略,或许在将来我们国内的图书馆中可以看到。

（邓咏秋撰写）

用漫画绘出阅读的激情:全国读书漫画大赛

图书馆界长期以来致力于阅读的推广,致力于让民众喜欢阅读,享受阅读的乐趣,并为此采用各种各样的方法,比赛评奖是一种比较常见的方法,比如书评比赛等。那么如何使这种方法更加让人们喜欢,采用一种人们喜闻乐见的方式让人们感受到阅读的快乐,这并不是一件容易的事情,天津市和平区图书馆在这方面做了非常有益的尝试,取得了很好的效果,那就是将漫画和阅读完美地结合起来,下面我们对此案例进行深入剖析。

一、发展历程

全国读书漫画大赛始于2008年,由中国新闻漫画研究会、中国图书馆学会、中共天津市和平区委员会、天津市和平区人民政府联合主办,天津市美协漫画专业委员会、天津图书馆、中共天津市和平区委宣传部、天津市和平区文化和旅游局协办,天津市和平区图书馆承办的。每两年举办一次,到现在为止举行了三届。

全国读书漫画大赛会徽(天津市和平区图书馆提供)

历届大赛收到的参赛作品数量从第一届的1400余件,到第二届的2000余件,再到第三届的7000余件,公众的参与热情日益高涨。大赛的奖项设置除了常规的一、二、三等奖及优秀作品奖、入选作品奖、特邀作品奖外,还依据实际情况增加获奖作品数量和增设奖项。在数量上,评选出的获奖作品由第一届的120多件增加到第三届的150多件;在奖项设置上,第三届针对青少年作品增多的情况增设“新星奖”,针对组织大量作品集体参赛的个人增设“优秀组织奖”。

每届赛事都得到了国内外漫画作者的强烈反响,大赛共收到全国 20 多个省市(包括台湾省)的作者来稿,另外自 2008 年第一届比赛举办以来,澳大利亚、美国、日本、土耳其等国外漫友的作品也逐渐增多,该赛事得到了国际上的广泛关注和好评。

二、主要流程

主要流程包括以下几个方面:确定主题和方案、启动、收集整理稿件、评审、颁奖、后续展览以及成果展示等,下面对各个环节进行具体介绍。

1. 确定活动主题和方案

活动主题每年都有变化,比如 2008 年第一届全国读书漫画大赛的主题包括:“科技奥运、绿色奥运”体育漫画;“读书方法”幽默漫画;以及“书的发展史”幽默漫画。2010 年第二届全国读书漫画大赛的主题为“读书使人生更快乐”,包括:名人格言(与书籍有关)的漫画;读书生活漫画以及中外文学作家肖像漫画。2012 年第三届全国读书漫画大赛的主题是“读书—博爱道德”,包括:

(1)以开卷有益为题,倡导多读书、读好书,从中汲取营养,启迪人生;

(2)以博爱道德为题,结合党的十七届六中全会精神,弘扬时代精神;结合社会时尚,弘扬社会功德;结合传统礼教,弘扬读书育人。

除了活动主题,还要确定奖项设置、征稿方式和时间、参赛要求、投稿方式等细节。在活动方案设计好之后,举行一个正式的项目启动仪式。同时将相关信息报送给天津的主流媒体,如《今晚报》、《天津日报》、天津卫视等。

第二届全国读书漫画大赛启动仪式(天津市和平区图书馆提供)

2. 稿件征集

采用比赛的形式进行推广，有利于激发公众的参与热情，为了增强公众的关注度和活动的影响力，比较重要的一个问题是吸引更多的人参加，为了做到这一点，和平区图书馆采用多种方式对大赛进行宣传，进行了多种形式的宣传和稿件征集，包括：(1)通过报纸、电视等媒体和互联网络向国内外漫画爱好者征稿。(2)通过中国新闻漫画研究会向全国各地漫画界征稿。(3)通过中国图书馆学会向全国各地图书馆会员和工作者征稿。(4)通过相关渠道向全国著名漫画家约稿。由于征稿要求，所收集的稿件绝大部分是电子稿件，只有特约作品为纸质手绘稿。和平图书馆设置专门人员对稿件进行收集和整理，最终呈报给评审小组审议。

3. 评审

为了保证比赛的专业性和权威性，大赛组委会主要由图书馆界和漫画界的专家和艺术家组成，大赛评委由国内和本市著名漫画家担任，在评审环节更是特邀漫画界的权威专家进行审定。如第一届大赛组委会特邀请天津美术家协会漫画专业委员会委员段纪夫、左川、李殿光、曹开翔、朱森林以及天津市和平区图书馆馆长等对大赛的千余件作品进行评审；第三届特聘国内知名漫画家方成、李滨声为顾问，著名漫画家张耀宁、徐鹏飞、段纪夫等做评委评审。评审共分为初审、复审、终审 3 个环节，每一个评审环节，诸位漫画家们精心筛选，最终选定的作品在构思、绘制等方面都极具创意，体现出作者们非凡的漫画功底，也体现出作者们对阅读的深刻理解和体会。

评审现场(天津市和平区图书馆提供)

4. 成果展示

成果展示是该活动的重要内容，有利于让更多的人了解该活动，参与该活动，扩大这项活动的影响力，传播阅读精神，使更多的人通过漫画这一生动活泼的形式关注阅读、喜欢上阅读。展示的方式大体上有两种，一是将部分优秀作品集结成书，二是将获奖作品进行巡回展览。展览作为重要的展示方式，主要是指将漫画大赛的获奖作品，在天津地区图书馆、展览馆等有关场馆进行巡回展览，同时在中国图书馆学会的支持下，获奖作品在国内图书馆范围内巡展，除了在图书馆界巡展，和平区图书馆走出图书馆界，走近农村，走进劳教所，走进弱势群体，起到了很好的宣传推广效果。

恩施市小学生参观读书漫画展（天津市和平区图书馆提供）

2011年9月23日和平区图书馆组织全国“读书”漫画大赛作品展暨文化进大墙活动，深入天津市未成年犯管教所，对青少年开展生动的宣讲帮教活动，并从两届全国读书漫画大赛作品中精选百幅漫画进行为期一周的巡回展出。

漫画进大墙（何成摄，天津市和平区图书馆提供）

2011年8月28日，和平区文化和旅游局、和平区图书馆开展送文化下乡活动，到蓟县下营镇东山村举办“情系三农全国读书漫画大赛作品展”。活动受到了当地群众的热烈欢迎，附近的村民们，得知消息后都相约前来参观。

村民欣赏读书漫画大赛作品（天津市和平区图书馆提供）

此外，在2011年的国际图联大会上，也展出了漫画大赛的获奖作品，并得到了国外图书馆专家的好评，而天津市和平区图书馆的这一推广全民阅读的做法，更是得到了IFLA的官员以及国外图书馆业内人士的高度评价。

三、读书漫画大赛的特点分析

1. 各机构组织的大力支持

全国读书漫画大赛是全国性的大型赛事，评选作品涉及海内外，能够连续三届成功举办的重要原因之一，就是有相关机构组织的大力支持作保障。一方面是天津市和平区图书馆自身在政策、人员、资金上对该活动的大力支持。作为一个区级的图书馆，和平图书馆仍能够尽自己所能开展阅读推广活动，成立专门的大赛组委会办公室负责该项比赛，并设立专项经费为每届比赛提供20万元的资金支持。另一方面，还有其他机构组织的大力支持，涵盖了党组织、政府机关、事业单位和学术团体，各机构竭尽所能，发挥其各自的作用，为活动的宣传、开展以及后续的成果展示等方面提供了强大的推动力。各机构组织的合作与支持，是全国读书漫画大赛成功举办的重要保证。

2. 借助漫画形式激发公众阅读热情

全民阅读推广活动的传统方式也会采用比赛的形式，但从内容而言，主要是征文比赛、书评比赛、朗诵比赛等，缺乏新意，公众对这类比赛兴趣不大，参与的群体主要是青少年，也无法达到全民参与的目的。而和平图书馆则另辟蹊径，借助漫画的形式激发公众的阅读热情。尽管每届的比赛主题都不同，但是主旋律依然是“读书”漫画，漫画的主题仍离不开阅读。漫画参赛者只有真正投入到阅读之中，对读书有一定的理解和体会，才能获得创作的灵感。即便是对文学家肖像的绘画，也需要创作者首先了解文学家的生平、作品，才能够更好地描绘出优秀的漫画作品。将漫画的元素融入到阅读推广的活动之中，以漫画比赛为途径，看似以漫画为主，却在无形中强化了公众的阅读意识，激发了公众的阅读热情。根据对来稿作者的统计，参赛者有 80 多岁高龄的老者，也有不足 10 岁的孩子，且在年龄梯次上呈现出广泛化的趋势，这体现出全民参与的特点。此外，在成果展示环节，获奖作品在全国范围内的图书馆进行巡回展览，包括省、市、县级图书馆、高校图书馆等，将公众带入到图书馆之中，有利于公众了解图书馆，使用图书馆，有利于培养阅读意识，传播阅读精神。国内知名漫画家，只参赛，不参评，将更多获奖机会留给读者，同时在很大程度上提升活动的影响力。

3. 国内外影响广泛

全国读书漫画大赛面向国内外漫画爱好者征集漫画作品，没有年龄、职业、国别限制，所面向的对象群体广泛，能够在最大范围内产生影响。此外，在整个的比赛过程中，从前期宣传阶段、征集稿件阶段、赛事进行阶段、颁奖阶段以及最后的成果展示阶段，均利用互联网、报纸、电视等媒介告知公众，在社会中产生了很大影响。从征集的作品结果来看，我国大陆有多达 28 个省份的漫画爱好者寄送了参赛作品，另有台湾省的漫画爱好者也积极参与其中；从稿件作者的年龄、职业来看，参赛者有几岁的孩子，也有高龄的老者，其职业也分布在各行各业，这表明该项大赛在全国范围内的影响广泛。就国际影响而言，外国参赛者参加的数量和国家数量逐届增加，参赛国家从亚洲也扩展到大洋洲、美洲、欧洲等。此外，大赛的获奖作品还通过展览的方式在国际上进行了展出，得到一致好评，形成很好的国际影响。该大赛能够得到国内外的广泛关注与好评，得益于赛事本身的权威性、规范性与广泛性。

4. 与时俱进采取新技术手段

技术的发展和应用为该项比赛的开展提供了很多便利条件，尤其体现在赛事信息的传播方面。为了将赛事信息及时、准确地发布给公众，赛事除了借助报纸、电视等传统媒介形式外，还充分利用现代网络的便捷、快速、传播速度快、影响范围广等优势，与时俱进采用新的技术手段。具体而言，借助图书馆网站、漫画网站、漫画爱好者的微博以及QQ群等途径，将比赛的征稿信息、评审信息、颁奖信息等告知给公众。此外，值得一提的是，该漫画大赛改变了传统的收稿方式，要求参赛稿件通过电子邮件的方式发送到指定邮箱，以电子版的形式提交作品，待通过审核后再寄送纸质版漫画原稿。这样既方便了工作人员对漫画稿件的整理，又简化了大赛的投稿过程，方便了参赛者，还符合了环保节约的要求。与时俱进关注技术手段的新发展，并将其运用到阅读推广活动之中，是该活动取得成功的又一秘诀。

四、和平区图书馆经验推广

以读书为主题的全国漫画大赛，将读书与漫画结合起来，天津市和平区图书馆举办的这一活动在全国具有首创性，是精神文明建设的又一朵奇葩。它从另一个角度展示了读书的意义，同时为漫画爱好者创建一个相互交流和展示自身才华的平台，同时也拓展了图书馆的服务渠道，为公共图书馆事业的发展创造良机，为文化事业的大发展、大繁荣做出突出贡献。尽管这项活动只举办了三届，但是和平区图书馆积累了相当丰富的经验，为我国的全民阅读推广活动的开展提供了重要参考和借鉴。

1. 加强图书馆与其他组织机构的合作

在开展全民阅读活动的过程中，图书馆发挥着举足轻重的作用，图书馆是直接倡导者、引领者，又是活动的实践者。但是在阅读推广的过程中，仅仅依靠图书馆的力量是不够的，必须加强图书馆与其他机构的合作，借助其他机构的优势与条件，将阅读推广活动持续地开展下去。在这方面，天津市和平图书馆举办的全国读书漫画大赛堪称典范。阅读推广是文化事业发展的重要内容，对提升国民素质，提升国家软实力有极为重要的意义，各相关机构组织有责任也有能力在阅读推广中发挥其各自的作用。因此，图书馆在阅读推广活动中，积极发挥图书馆、政府、学会组织、学校等各方的作用，让不同性质的机构组织以其各自所擅长的方式共同推进活动的开展与实施，才能让阅读推广工程的开展更具影响力和持久力。具体而言，图书馆开展阅读推广活动，首先应加强与政府部门的合作，取得政府在政策、资金等方面的支持；其次应与学术团体合作，获得其专业性的指导；再次，应与媒体加强沟通，充分发挥媒体信息传播的作用，将宣传工作做到位。

2. 拓宽阅读推广的开展路径

阅读推广是一种倡导，但具体内容和形式需要用实际行动来落实。为了达到宣传效果，使公众真正爱上阅读，掀起全民阅读的浪潮，则要求在实施的过程中，所举办的活动应具备以下几个特点：一是能够对公众产生较强的吸引力，所采用的形式应该是公众喜闻乐见的，能够激励公众积极参与的；二是能够适合各个年龄梯次的，除了少年阅读外，还应为青年、中年和老年人阅读提供更多的宣传和参与平台；三是能够使公众在活动参与中提高对阅读的重视，真正体会到读书的乐趣。书籍给人以智慧和启迪，对提升个人素养有重要意义，但是在当今这个浮躁的时代，读书对很多人而言是一件很枯燥无趣的事情。因此，在阅读推广活动中，采用生动活泼、有创意的形式让公众重新认识到阅读的意义，找回读书的乐趣是十分必要的。和平区图书馆采用以读书为主题的漫画比赛来激发人们读书的方法十分值得借鉴，这种形式不仅吸引了国内外的漫画爱好者，还激发了各个年龄段的人们参与其中，使公众通过漫画比赛体验到读书的快乐。

3. 提升阅读推广活动的内在影响力（比赛、展览）

自国家号召全民阅读以来，全国各地的阅读推广活动如雨后春笋般出现，最为典型的就是每年的4月23日世界读书日当天，各地政府文化宣传部门、学术团体、书店、学校等都会不约而同地开展相应的阅读推广活动。但是就活动效果来看，往往只是短时间内有显著影响，长远来看对公众在阅读方面的影响有限。一方面是因为大多都活动都是随着读书日的过去而逐渐淡出公众的视野，活动开展缺乏连续性；另一方面是因为活动本身的影响力不足，活动的开展以形式化居多，只是表面工作，没能深入地对公众产生影响。因此，在阅读推广活动开展的过程中，不能只关注活动的场面，更要注重实效，注重活动开展之后产生的实际影响。公众只有从活动中真正认识到读书的重要性，将阅读当做一件有意义的事去做，阅读推广活动才能称得上是成功的、有效果的。和平图书馆开展的全国读书漫画大赛，吸引了众多漫友参加，而这些漫友亦是书友，每一幅漫画都体现出作者对读书的深切理解和体会，而这样的活动更增强了他们对读书的热爱与执著。

4. 借助新技术拓宽新思路

在全国读书漫画大赛中，天津市和平区图书馆与时俱进，应用网站、微博、QQ、邮箱等多种现代化技术手段，推动了活动的顺利开展。在现代化日益增强的今天，新的技术手段层出不穷，而公众也对新鲜事物也颇感兴趣，因此，现代化的技术手段不仅为阅读推广活动提供了新的思路，而且为拉近公众与读书的距离提供了便利。阅读推广活动的开展可借助于新的技术手段，在活动的宣传准备阶段,通过网络、移动设备、交互软件等方式可以提高信息的传播速度,扩大相关活动信息在社会中的影响力,提高公众参与的概率;在活动的开展过程中,可通过公众提交视频资料、演示 PPT、发布微博等多种方式激发公民的参与热情,真正实现全民参与的目的。

总之,和平图书馆举办的全国读书漫画大赛为我国的阅读推广提供了很好的典范和借鉴,在今后的阅读推广活动中,应借鉴该活动的特点和优势,把我国的阅读推广工程推向一个新的高度,在全国范围掀起全民阅读新的浪潮,期待着这一美好愿景的实现

(和婧　赵俊玲撰写)

附:

“和平杯”第三届全国“读书”漫画大赛

实施方案

为进一步在全社会营造更加浓郁的读书氛围,引导广大公众更多的参与到读书活动之中,逐步养成良好的阅读习惯,多读书、读好书,享受读书带给人们的乐趣,不断提高个人文化修养和道德水平。中国新闻漫画研究会、中国图书馆学会、中共天津市和平区委、区政府将联合主办“和平杯”第三届全国“读书”漫画大赛活动,活动方案如下:

一、大赛主题:

1. 本届大赛主题为“读书—博爱道德”,包括:

(1)以开卷有益为题,倡导多读书、读好书,从中汲取营养,启迪人生。

(2)以博爱道德为题,结合党的十七届六中全会精神,弘扬时代精神;结合社会时尚,弘扬社会公德;结合传统礼教,弘扬读书育人。

二、大赛组织

本届大赛主办单位是中国新闻漫画研究会、中国图书馆学会、中共天津市和平区委、和平区人民政府。

本届大赛协办单位是天津美术家协会漫画专业委员会、和平区委宣传部、和平区文化和旅游局、天津图书馆。

本届大赛承办单位是天津市和平区图书馆。

三、奖项设置：

一等奖：1 名；二等奖：2 名；三等奖：5 名；优秀奖：20 名；入选作品奖 90 名；特邀作品奖 20 名。

另外设立优秀组织奖、优秀辅导老师奖和优秀组织单位奖各 10 名。

四、征稿时间：

2012 年 5 月上旬月至 7 月下旬。

五、征稿方式：

1. 通过宣传媒体和网络向国内外漫画爱好者征稿。

2. 通过中国新闻漫画研究会向全国各地漫画界征稿。

3. 通过中国图书馆学会向全国各地图书馆会员和工作者征稿。

4. 通过相关渠道向全国著名漫画家约稿。

六、征稿要求：

1. 参赛作品数量不限，表现手法不限，彩色黑白均可。要适合展览及网上发布。

2. 参加本届大赛的作品必须是本人原创。在其他比赛中获奖的作品不能作为本届参赛作品，但可参加组委会组织的漫画展览或集结成书等活动，作者应做必要说明。

3. 作品要紧扣主题，可采用读书漫画、名人肖像漫画等形式。

七、投稿方式（详情参看 http://www.tjhpl.com/与 http://www.lsc.org.cn/CN/index.html）：

1. 作品形式不限，单幅或四格、多格均可。参赛作品应在作品背面右下角注明作品标题、作者姓名、通讯地址、邮编、电话、传真、电子信箱等真实信息。

2. 采用纸质投稿方式，尺寸不小于 42 × 29.7cm（A3 纸）。

3. 采用电子邮件投稿方式，图像文件格式为 JPEG，像素分辨率为 300dpi。

4. 请将作品编号。来稿请勿折叠，并请在信封上注明“读书漫画大赛稿”。请作者自留底稿，来稿一律不退。

稿件邮寄地址：天津市和平区吴家窑二号路 42 号，天津市和平区图书馆办公室。

联系人：李殿光　郝娟　杨明

邮政编码：300070　　联系电话：022 - 27113880

电子信箱：hpmh2012@163.com（每封电子邮件可发 3 幅作品）

中央民族大学外国语学院“同读一本书”活动①

“同读一本书”活动在中央民族大学外国语学院创始于2009年8月。从当年秋季起，在外语学院的新生“开学典礼”上，学院都会为入学新生（包括本科生和研究生，及转专业而来的新同学）指定一本书，让大家共同阅读，随后展开包括“读后感评优”等一系列活动。这个活动案是要求所有进入中央民大外语学院的新生，都要阅读“同一本书”（因在学院内，师生们都把它简称为“同读”活动，接下来，本文沿用这一简称）。

“同读一本书”活动计划是在借鉴美国高校有关阅读活动形式的基础上，由我倡议发起，并经院领导班子集体讨论、研究后决定实施的。其宗旨在于倡导大学生养成多读书、会读书、读好书的良好习惯，启发他们去思考和审视自己的人生，认识和了解中国以及世界，并提供一种交流思想、互相学习的平台。

从2009年开始，“同读一本书”活动开展了四年，先后推荐了《巨人三传》、《中国，少了一味药》、《历史深处的忧虑——近距离看美国之一》、《如何读，为什么读》四部好书，并且开展了有关的活动，受到了师生们的好评和欢迎，得到了校方的充分肯定，也引起了国内教育家朱永新、阅读学专家徐雁等先生的关注、支持和鼓励。那么，“同读”活动的源起是什么？具体如何开展？书目是如何选择的？选择的标准或预期目标是什么？如何开展后续活动？作为倡导者，对“同读一本书”的未来设想又如何？我希望借此机会总结过去、畅想未来，但更多的是就教于各位方家。

一、中国内地的大学生与美国大学生的巨大阅读差距

2008年我在美国（西雅图）华盛顿大学（University of Washington）时注意到，该校自2006年开始，每年向新生推荐一部书，他们称之为“Common Book”（同一本书），其目的只有一个，即给大学新生在刚上大学之际，提供一个围绕文本阅读的共享体验。他们希望借此搭建一个平台，供学生探讨问题、交流看法、尝试写作，或者让学生开阔眼界、深入思考、引人向上。后来我也了解到，美国

① 此案例作者系中央民族大学外国语学院院长郭英剑先生，“同读一本书”活动的负责人。

其他一些知名高校,像加州大学洛杉矶分校(UCLA)、弗吉尼亚理工大学等,都有类似的阅读活动。这就是我们"同读"活动的渊源。

我们之所以决定要开展"同读"活动,是因为就大的背景来说,是对中国内地大学生的阅读状况有所忧虑。说中国内地大学生不读书显然不合事实,但说他们更多地读的是"教科书",或许有几分道理。而如果与美国大学生相比,中国内地大学生的阅读差别可能显得很大。

就拿我现在所在的哈佛大学来说,我在英文系专门选修了两门本科生的课程,就是要深入了解美国顶尖高校大学生的学习状况。我发现,哈佛大学生的阅读,不仅是数量多,更多的是质量高、思考深入。在这里,如果不提前预习以及阅读资料,那么,教授的课程学生根本就听不懂。据我的观察,哈佛学生在课堂上能听懂的原因,不仅体现在前期的大量阅读之上,更多地取决于学生的积极与独立的思考。

我所在学院的"同读"活动虽说是借鉴而来,但并非是对美国高校阅读活动的简单照搬,而是在深刻评估中国内地大学生基本阅读状况的基础上,结合本学院的特征及学科特点举办的活动,其中加入了我们的思考和分析,并有针对性地选择推荐有关的读物,开展系列活动。

二、"同读一本书"的"顶层设计"

那么,如何改善中国内地大学生的阅读现状呢?我个人认为,要想有所改变,仅仅呼吁政府的介入、教育家们的积极推进、全社会的努力还不够——尽管其重要性是不言而喻的,但更需要每个人的积极努力。

现在比较流行的一个词是"顶层设计",但人们似乎更多地将这里的"顶层"理解为高不可攀的机构。其实,每一个级别的机构都应有各自的"顶层设计"。就教育系统而言,教育部有"顶层设计",各教育厅或者教委有"顶层设计",大学也应有"顶层设计",而学院也应有自己的"顶层设计"。我的看法是,其实,凡是有点"权力"的人,都可以在自己的"权限"范围之内,做出自己的"顶层设计"。部长、厅长之于教育界可以有自己的"顶层设计";校长、院长之于大学和学院可以有自己的"顶层设计";教师和父母之于学生和孩子,同样可以有自己的"顶层设计"。人们不必非要等候上一级的"顶层设计"。

作为学院的负责人,我们当时思考的问题是:在我们现行的管理体制中,我们有大批爱岗敬业的负责党团与学生工作的管理人员,如何在学院这一层面上,使学生的管理工作与学院的教学科研工作相结合,从而使学生受惠于大学四年的教育,是个非常值得探讨的大课题。

为此,在我们学院,我们就以"同读"活动为结合点,也可以说是一个突破口,在这方面试图做出一点尝试。

我们对"同读"活动"顶层设计"的目的有三:第一,号召大家共同读书,通过这样的集体活动,使新生能够尽快融入到学院这个集体当中;第二,使学生不仅在新生入学时,也会在今后三到四年的时光里,有共同的话题,同时能够参与到共同的活动之中,拥有共享的经验;第三,一本书是一个"纽带","同读"书目将成为同一届学生的一张终身的"名片"。

三、如何精选"同读"书目

所有美好的愿望,都需要配以缜密的行动路线图才能得以落地生根、开花结果。

对于"同读"活动来说,首要的任务自然是要选好阅读书目。为此,我们的思路非常清晰,即要"精选同读书目"。经典书目汗牛充栋。对于书目选择者来说,最重要的是要确定选择的标准,以及所期望达到的目的。

经过大家的共同商议,我们达成的共识是:古典、现代不论,中外书目皆可,但凡所选的书目,要在结合专业特征的基础上,促使学生去思考问题,提高大家的自身素养,帮助他们了解中国、认识世界。

这样的标准是宽泛的,但对于目的读者——大学生来说,我们的期望清晰可见。

我们这四年来所选择的书目,大致可以反映我们上述"精选同读书目"的思路。

2009 年是我们的第一届活动。当时,我们选择的是《巨人三传》(天津社会科学出版社 2009 年版)。当时我说过,这是一部由伟人所写、伟大的翻译家所译、三个伟人的传记。《巨人三传》分别是三部传记,讲述了德国音乐家贝多芬,意大利画家、雕塑家米开朗基罗和俄国作家托尔斯泰的故事。三个伟人的传记,全都出自法国大作家罗曼·罗兰之手。而把这部书翻译成中文的,则是中国的大翻译家傅雷先生。

选择这部书,突出体现了我们作为外语学科与外语专业的特点。至少我本人是希望,我们的学生除了向伟人学习之外,在专业上,还应该以傅雷这样的翻译家为标杆。

2010 年,我们选择了林达的《历史深处的忧虑——近距离看美国之一》(三联书店2006年第2版)。该书系林达《近距离看美国》系列丛书之一,原书共计4本。关于选择该书的理由,我曾经说过,该书从还原历史事件的角度出发,把历史与当下结合起来,让我们更深刻地看到了一个更为真实的美国。但还有一点不能忽视的是,美国总统奥巴马自上台以来,在他到各地演讲中以及很多种场合的讲话中,都时不时地会提到中国,并且还多次提到过要向中国学习。但实际上,在我个人看来,21世纪的中国,更应该向美国这个世界强国学习。而在当下的世界格局中,中美在很多方面都还存在这样那样的问题甚至是摩擦和冲突,就更需要两国人民,特别是青年一代加强相互的交流和认识、了解和理解,从而增加彼此在文化和文明中的沟通与融合,为世界和平做出各自的贡献。

因此,作为外语专业(特别是英语专业)的学生,更应该深入了解美国文化与社会,在中美文化交流中,应该走在同代人的前面。

2011年,我们选择的是慕容雪村的《中国,少了一味药》(中国和平出版社2010年版)。这本书的作者不顾个人安危深入传销组织获得珍贵资料与故事,从一个侧面深刻探索了中国社会存在的问题。我曾经跟同学们说,我们必须牢记的是,读书不是为了死记硬背,读书应该是为了生活,而生活中无疑充满了各种各样的问题,那么,读书除了增长知识之外,最大的一个功能,就是要促使我们去学习思考身边的问题(无论是个人的,还是社会的),学会明辨是非,并做出正确的判断和选择。

我们希望同学们可以通过这本书,更多地了解我们所处的国家。其实,无论什么专业的学生,都应该了解自己所生长的国家。读书,是深刻认识国家与社会的方式之一。

2012年,我们选择了《如何读,为什么读》(译林出版社2011年版)。该书的作者是美国耶鲁大学著名的文学批评家、教授布鲁姆(Harold Bloom)。他是一位世界闻名的文学批评界的巨人,著名的莎士比亚研究专家。他的《影响的焦虑》、《西方正典》等著作,在学术界都有巨大的影响力。译者是翻译家黄灿然先生。正如书名所说,布鲁姆教授在这部书中,通过对我们几乎都听说过,但却未必读过的世界著名作家的代表作的简单点评,告诉我们究竟该怎样去读文学经典,又为什么要去读这些经典。

我也告诉大家我个人对本书的阅读体验——如听大师在身边轻声细语地教诲。我说,这本书可以跳着读,即不一定是从头读到尾的那种阅读,可以从任何一个章节开始,然后跳到另外一个章节继续读。也可以挑着读,即随便翻到自己喜欢的章节,专门阅读这一章节,从而满足此时此刻的阅读欲望或者满足那一时刻的好奇心。

虽说这是一本可以跳着读，也可以挑着读的书，但它是需要知识储备、认真阅读、深入思考的大众性质的学术书籍，我们希望大家能够从中发现文学经典的奥秘。

四、四个“演讲嘉宾”的故事

组织好“同读”活动的第二个重要措施，就是重视学院每年的“开学典礼”，而且，我们把“同读”活动的启动仪式，也放在“开学典礼”后连续进行。重要的是，在学院的“开学典礼”上，我们都会邀请“演讲嘉宾”到场发表讲话。

还是从2009年开始，我们不仅是象征性地举行学院的开学典礼和毕业典礼，而是把这两个典礼“仪式化”，加强仪式的庄严性和人文含量。从那时起，我们学院每年都会邀请两位知名人士或学者，分别在学院的开学典礼上和毕业典礼上做演讲，请他们为刚刚入学的新生和即将走上社会的毕业生，上进入大学的“第一课”或大学教育的“最后一课”。

虽然在国内高校的学院层次上，较少有这样正式的典礼，但这并不是我们自己的发明，而是西方大学中的通行做法。之所以要引进这种方法，主要是希望借助名人或学者的演讲，把他们像火炬般光明的人生智慧与经验传递给我们大家，使我们师生从中获益。

且以“开学典礼”所请到的演讲嘉宾为例：

2009年9月，优秀的女学者、文学研究者和文化学者——中国社会科学院文学研究所的研究员孙歌女士，以“打开外语这扇窗”为题，从个人留学国外的亲身经历，提出了站在全球语境中做一个有全球意识的中国人的重要性。

2010年9月，杰出的科学家——英国诺丁汉大学现任校长、我国复旦大学原校长、现任中国科学协会副主席杨福家院士，以“做一个全面发展的人”为题，清晰地表达了自己对中国大学生的殷切期望。

2011年9月，出色的青年作家——慕容雪村先生，以“文明的祝福”为题，表达了他对大学生的期望：首先做人，其次是公民，然后是合格的大学生。在他这看似平淡无奇的演讲题目下面，却是富含睿智、深刻和批判意识的思想，后来这篇演讲分别以“梨花飘落的瞬间”和“我们只向真理低头”为题，在网络上广泛传播。

2012年9月，卓越的社会活动家，新教育问题专家——全国政协常委，中国民主促进会中央副主席朱永新教授，以“一个人的世界有多大”为题，从阅读、行走、理想三个方面，阐释了一个人的世界可以因这三个方面的内容而发生“巨大的改变”。他的这种诗意的想象力、敏锐的洞察力，既见微知著，又高屋建瓴，为青年学子指明了前进的方向，也为我们教育工作者提出了一个崭新的思路和发展方向。

我们当然期望能够邀请到所选书目的作者成为我们的演讲嘉宾，但这并非我们的着力点。在这些仁人志士的演讲中，没有人不谈读书，没有人不涉及阅读所带给自己的变化，没有人不对正在读书的青年学子给予厚望。

有朋友问我：“像这样名人你们都是怎么请到的。”我都说：“通过邮件。”真是如此。我们在邀请这些学者的时候，先前其实与他们并不熟识，甚至无一面之缘。我们只是通过邮件联系，但他们在听取了我们的教育理念，了解了我们的做法之后，都欣然同意到我们学院（而非学校）来做演讲嘉宾！所有应邀前来的专家都没有询问过他们的报酬问题（其中慕容雪村先生和朱永新先生把我院支付给他们的报酬，分别捐给了学生和转捐给了教育基金会）。

原复旦大学校长杨福家先生说过一句话，令我印象极为深刻。当时身在耶鲁大学的他在给我的邮件中说：I’m a humbled teacher.（我只是一位普普通通的教师而已）。我想，这句话或许可以代表所有前来我们学院做演讲嘉宾的名人和学者的心声——无论职位多高，无论名声多大，他们只是把自己看成一个普通人，为了一种信仰和理想而来。

我想，这些演讲嘉宾，他们不仅用自己的言辞，更用自己的实际行动，诠释着他们思想的价值、人生的魅力与人格的力量。

五、读书，需要引导

对于学生而言，读书需要引导。在中国高等教育尚缺乏对学生独立思考能力和批评性思维的培养的时期，这一点显得尤为重要。

在我们所选的书目中，以《历史身处的忧虑》和《中国，少了一味药》为例，学生有可能会从中得出一个简单的结论，如美国好或者中国有问题。仅得出简单的贴标签式的结论，绝不是我们所想要的读书结果。

为避免类似的情况出现，从选择书目开始，我们就注意加以引导。比如，在推荐《中国，少了一味药》时我就明确指出，《中国，少了一味药》可能让学生看到社会黑暗的一面，但是，这个世界有阳光，就一定有黑夜；有蓝天白云，就一定有狂风暴雨；有好人，就一定有坏人与恶人。因此，要学会去面对所有的一切。但《中国，少了一味药》最让人欣赏的一点是，作者不断地在反思这种黑暗、骗局产生的原因它究竟是什么。为此，我也强烈建议我们的师生，大家共同地深入思考一下这个问题。为什么像传销这样简简单单的骗局，就会“迷倒”了无数善良的人！读这本书不会感到轻松，但我觉得读了以后，在面对一些类似骗局的时候，它会让我们知道该怎样轻松地去应对，而不至于再次稀里糊涂地上当受骗。

我曾经写过文章，对当下“阅读”变成了“悦读”而感到有所疑虑。这是因为我认为，过分提倡“悦读”，或许能够使人走向“阅读”，但也可能令人忽略了“阅读”的“思考”的功能，甚至会令从“悦读”走向“阅读”的人，因为“阅读”的不“悦”和难点而放弃了“阅读”。况且，并非所有的书目阅读体验，都会令人感到愉悦，甚至恰恰相反，历史上大多数的经典都不会令人感到愉悦，这方面的例子可谓举不胜举。

因此，在推举“同读”书目的时候，我们也考虑到了这样的因素，仅推举有趣的或者人们喜闻乐见的书目，显然不行。在这方面，同样也需要引导。

对于2012年的书目——《如何读，为什么读》，我向同学们提出，阅读这本书是一个挑战。因为它是需要知识储备的，即虽然大家可能听说过书中提到的很多著名作家，如莎士比亚、狄更斯、海明威、福克纳等，但却不一定看过他们的作品。如果是这样，那看本书的评论，就不会有太深刻的印象。为此，我提出了建议：遇到某个自己想要了解的作家及其作品，不妨先找来作品或者相关作家介绍，在有所了解和阅读作品的基础上，再来阅读这本书，相信一定会大有裨益。同时，这部书是需要认真阅读和深入思考的一部书。如果仅只是接受布鲁姆这位世界知名的批评家的看法，那就可能失去了与名师大家“交流”的机会，因此，要学着去独立的思考，对作者的真知灼见也要学会有自己的看法和认识。

同时，为了开展好“同读”活动，而不仅仅是提供一个书目，我们学院的党团和学生工作管理人员和学生一起，想了很多好的办法，每次都带领学生开展后续系列活动。

在“同读”启动之后，学生们会开展演讲与辩论、征文大赛等活动，会在院刊中开辟专刊刊登征文大赛优秀作品和读书笔记。另外，还会在学院网页上建立专区提供交流平台，开展“读一本好书，推一本好书”的活动，推荐好书以及共享好书。在举行颁奖活动时，学院领导都会参加，而且也会邀请学校的职能部门（如学生工作部、学生处）领导出席并讲话。

在一次围绕“同读”书目的知识大赛表彰结束后，我们学院的党总支书记的讲话，很好地阐释了我们开展“同读”活动的目的。她以“读书好，读好书，好读书”勉励各位同学认真读书，了解其他国家的风俗文化，不断完善自己的个人品格，提高自身素质。她说，比赛的结果并不重要，重要的是同学们要在阅读中了解自己，了解他人，开阔眼界，认识世界。

六、遗憾与期许

“同读一本书”活动，虽然已成为中央民族大学外国语学院的精品学生活动之一，但在实践中也并非没有遗憾之处：

第一，在最初的时候，我们是希望能够成立一个“同读一本书”专门推荐委员会的，但因为各种原因，还没有能够实现；

第二，我们也希望能够在推出“同读一本书”计划的同时，附带再推出5—10本推荐书目，供学生后期进行选择性阅读，但这个目标也未能实现；

第三，四年过去了，在去年本想举办大学毕业时再回首看“同读”征文比赛，也因为事情太多而未能实现。

我们希望在未来，能够把“同读”活动开展得更好，把尚未实现的目标都逐渐加以落实。也希望能有更多的学院乃至学校，加入到我们这样的“同读”活动中来，共同营造全民阅读的大好局面。

当然，我们深知，阅读一本书是远远不够的。但对于青年学子来说，一本书，就可能是一个起点，一个灯塔，一个象征。我们真切希望大学生能够从这里出发，踏上阅读之路，进入书林学海，如同朱永新先生所说的在阅读、行走与理想的道路上，扩大自己的世界与视野。

在发达国家，阅读是一种习惯和一种生活方式。我期待，所有的中国学生至少在大学本科期间，就能逐步让阅读成为自己的一种习惯和一种生活方式！

（郭英剑撰写）

后　记

编这本书的想法源于2010年的初冬时节，时值中国图书馆学会阅读推广委员会推荐书目专业委员会工作会议召开之际，郭腊梅、邓咏秋两位主任提议编一本阅读推广金牌案例之类的书，得到众委员的热烈响应，并将本书的编写工作交由我具体负责。惭愧的是，由于教学任务繁重，编书的工作时断时续。在大家的鼎力支持下，书稿终于在2013年"世界读书日"前完成。翻阅这近20万字的书稿，有种完成任务的轻松，轻松之后又非常忐忑。

两年来，由于对阅读推广认识的逐步深入，书稿比当时的设想有了更进一步的完善。当时设想的是仅对阅读推广的经典案例进行分析，但如果仅止于此，读者就了解不到全球范围阅读推广开展的整体情况。本书首先明确阅读和阅读推广的概念，其次对全球范围内阅读推广呈现的特点和趋势进行总结和分析，进而对国际组织、各国、不同类型机构的阅读推广活动和面向不同人群的阅读推广进行了分析。这些分析更多的是为大家提供阅读推广的全景图，在深度上还有待完善。最后对20个国内外阅读推广案例进行深入剖析，这些案例主要是从IFLA素养与阅读分委员会网站上的项目、德国阅读促进基金会提供的全球阅读推广项目以及IBBY的阅读推广奖的获奖名单中遴选而来，由于语言的限制，进行深入分析的国外案例基本上以美国、英国和澳大利亚为主。鉴于国内阅读推广如火如荼，出现了很多经典案例，本书精选了4个案例，它们都是推荐书目委员会委员熟悉的，甚至参与的。国内案例相对国外案例来说偏少，我们主要是考虑到本项目暂时没有专项经费支持，所以没有开展实地调研，加之国内已有阅读推广案例方面的书出版，如国家图书馆出版社出版的《播撒阅读种子，守望少儿幸福——青少年阅读推广理论与实践》，因此这次对国内案例就没有着墨太多，希望今后有机会继续研究。

希望这本书可以达到三方面的目标，一是希望能给国内从事阅读推广的同行提供一个国内外阅读推广开展情况的全景图，使他们能从中比较全面地了解阅读推广的开展情况，包括不同国家的阅读推广、不同类型机构的阅读推广、面向不同人群的阅读推广。二是希望能够为国内同行、广大读者提供一些操作应用层面的参考，书中对具体阅读推广项目的开展进行了总结，特别是案例分析部分,比较深入地分析了各个阅读推广项目的流程、模式、特点等。三是希望为从事阅读推广的研究人员提供参考,书中除了深入分析的20个案例,还介绍了100多个案例的情况。

本书在编写过程中得到了很多专家老师的关爱和支持,中国图书馆学会阅读推广委员会吴晞主任、窦英杰秘书长一直关心本书的编写出版。中国图书馆学会阅读推广委员会副主任徐雁教授作为分管推荐书目委员会的指导主任,屡次来电垂询编写进度,积极出谋划策,给予颇多建议,对编者是一种莫大的支持和鞭策。国家图书馆出版社的金丽萍老师和编辑们尽其所能提供了很大的帮助,对书稿提出了很多宝贵意见,使本书得以进一步完善,在此表示深深的谢意。我还要感谢清华大学图书馆、苏州图书馆、天津和平区图书馆、河北科技大学图书馆、中央民族大学图书馆等机构提供详细的阅读推广案例资料,感谢国外的阅读推广机构对本书作者疑问的详细回复,使我们对案例有了更深入的了解。此外,还要感谢我可爱的学生们,他们搜集整理了大量国外阅读推广案例,张佳伊、汪玉杰两位同学做了很多校对工作,尤其是张佳伊同学对书稿提出了不少建设性的意见。

把最后的感谢送给那些在阅读推广领域默默工作的人们,借此书向他们致敬!

由于本人学养浅薄,书中如有错误失当之处,还望专家学者指正,望读者见谅!

赵俊玲

2013年4月15日